国際協力機構（JICA）［編］

JICA×SDGs

国際協力で「サステナブルな世界」へ

山川出版社

参加してみよう！

JICA×SDGs

(詳しくは本書5章へ)

世界とのつながりを体感しよう！

JICA地球ひろば体験ゾーン

途上国の人たちに必要とされる物を送ろう！

「世界の笑顔のために」プログラム

海外でボランティア
してみよう！
JICA海外協力隊
corn direct
bean direct
pakchoi nursery
国際協力の仕事を
のぞいてみよう！
PARTNER

写真提供／JICA

参加してみよう！
JICA×SDGs
（詳しくは本書5章へ）

「持続可能な社会の創り手」を育てる！

国際理解教育・開発教育指導者研修

写真提供／JICA

海外でプロジェクトに挑戦！

草の根技術協力事業

写真提供／特定非営利活動法人Global Bridge Network

1章　*Prosperity*　豊かさ

3章　*Peace*　平和

はじめに

国際協力機構(JICA)理事長 **田中明彦**

私たち国際協力機構(JICA)は、日本の政府開発援助(ODA)を一元的に行う実施機関です。「信頼で世界をつなぐ」というビジョンのもと、開発途上国の人づくり、国づくりを支援することで、SDGsの達成に取り組んでいます。

JICAは、すべての人が、生命や生活を脅かされることなく、尊厳をもって生きられる社会を目指す「人間の安全保障」、自然環境を損なうことなく格差の少ない持続的な成長を目指す「質の高い成長」の2つをミッションに掲げています。

この本では、私たちJICAが開発途上国のSDGs達成のために、どんな取り組みを行っているのかをご紹介します。

最初に、SDGsのおさらいをしてみましょう。

SDGsは2030年までの達成を目指す「持続可能な開発目標(Sustainable Development Goals)」で、2015年に国際連合で採択されました。「誰ひとり取り残さない」という理念のもと、経済、社会、環境の3つのバランスがとれた社会を目指し、17の目標と、それを達成するための169のターゲットを掲げた、開発途上国と先進国を含めた世界共通の目標です。

SDGsの達成には、一人ひとりの意識の変革が必要なことはもちろん、これまでにない技術の開発や資金が欠かせません。そのため、政府、企業、国際機関、民間団体、市民など、すべての人が力を合わせていく必要があります。

では、SDGsは順調に達成へと向かっているのでしょうか。残念ながらそうではありません。気候変動の影響や新型コロナウイルス感染症の拡大、そしてロシアのウクライナ侵攻をはじめとする各地の紛争などにより、その進捗(しんちょく)は遅れています。

例えば「極度の貧困状態にある人々の数」は、コロナ禍前は2022年に5億

たなか・あきひこ/米マサチューセッツ工科大大学院博士課程修了。専門は国際政治学。東京大学副学長、政策研究大学院大学長などを経て2022年4月より現職。JICA理事長への就任は2012年~15年に次ぎ2回目。著書に『新しい中世』、『ワード・ポリティクス』、『ポストモダンの「近代」』など。

8100万人と予測されていましたが、その数値はコロナなどの影響から、6億5700万人〜6億7600万人に増えるといわれています。

また、迫害、紛争、暴力、人権侵害などにより「故郷を追われた人の数」は2021年末時点で約8930万人でしたが、ウクライナをはじめ世界各地で発生している人道危機で、2022年5月に1億人を超えています。脆弱(せいじゃく)な立場に置かれた人々の数が増えていることから、「誰ひとり取り残さない」ことが今強く求められています。

また近年、ひとつの出来事が世界規模でさまざまな問題に連鎖していることが浮き彫りになっています。例えばロシアのウクライナ侵攻は、難民の増加だけでなくエネルギーや食糧供給の危機、世界的な物価上昇を引き起こし、開発途上国だけでなく私たちの生活にも多大な影響を与えています。

このように、複数の課題のつながりを見ながら、さまざまな人と協力する「パートナーシップ」と、これまでになかった新しい発想やデジタル技術で、複雑化する課題を解決する「イノベーション」が求められています。

SDGsの17の目標は、People（人間）、Prosperity（豊かさ）、Planet（地球）、Peace（平和）、Partnership（パートナーシップ）という5つの"P"に分けられています。JICAのすべての事業は国内外のさまざまな方々とのパートナーシップによって実施されていますが、残る4つの"P"については「JICAグローバル・アジェンダ」という20の事業戦略に沿って、1〜4章でご紹介します。

また5章では、SDGsや日本の国際協力をもっと知りたい方、活動したい方へのメニューを載せています。物品を現地へ届ける「世界の笑顔のために」プログラム、開発途上国の現状や世界と私たちとのつながりを体験できる「JICA地球ひろばの体験ゾーン」など、皆さんが参加できるJICAの事業をご覧いただけます。

この本で、日本人が開発途上国のSDGs達成のために奮闘していることを知っていただきたいと思います。そして、SDGsを通して世界のことを「自分ごと」としてとらえて、みなさんが行動するきっかけになればと願っています。

JICAには子どもたちの「生き延びる力」を育むヒントがある！

教育評論家　**尾木直樹**

私は、JICAとはいくつかのご縁があります。そのひとつが「JICA国際協力中学生・高校生エッセイコンテスト」で、中学生の部の審査員長を受けもっています。応募してくれるのは未来の国際協力を担う全国の子どもたちです。毎年生き生きとしたエッセイがたくさん届きます。海外に行ったことがない生徒でも、身近なテーマから国際協力につながる課題を探し、疑問点などを自分で調べて、どうしたらいいのかを考えてまとめます。世界に視野を広げたり、子どもたちの探究心を育むうえでとてもいいきっかけになっているコンテストです。

2017年の応募のなかに「平和のかけ橋」と題された中学3年生（当時）の生徒の作品がありました。ある日、タイからきた転校生がクラスメートになったそうです。その少し前に発生したパリ（フランス）での同時多発テロ事件のニュースを聞いた子どもたちの間で「外国人って怖い」「何を考えているのかわからない」というイメージが広がっており、日本語が話せないその転校生は誰からも話しかけられず、クラスのなかで孤立していきました。でも転校生がさびしそうにしている姿を見て、この男子生徒は勇気を出して英語で話しかけます。それがきっかけで2人の間に友情が生まれ、クラスのみんなも打ち解けていくのですが、その経験から「外国人は怖い」という偏見が対立や戦争を生むこと、異なる文化や考え方をもつ相手を知ろうとする努力が「平和のかけ橋」になる、という鋭い気づきにいたるエッセイです。

この作品は優秀賞を受賞していますが、その後、中学校の教科書のSDGsを紹介するページにも掲載されることになりました。同年代の中学生の実体験をもとにしたエッセイが授業に使われるのなら、こんなに最適な教材はありません。

2018年に、JICAが支援するモンゴルの教育現場を視察しました。現地に着いて驚いたのは、インフラ整備のひどい遅れです。ウランバートルの中心部から

おぎ・なおき／1947年滋賀県生まれ。教育評論家、法政大学名誉教授、臨床教育研究所「虹」所長。中高の教師として22年、その後法政大学教授などとして大学教育に22年携わる。子ども・教育問題を中心に調査・研究、講演、評論活動を続けるかたわら、「尾木ママ」の愛称で様々なメディアで活躍中。著作多数。

街中を見渡すと、遠くの小高い丘にびっしりとゲル(伝統的な遊牧民のテント)や簡素な建物が立ち並んでいます。地方から出てきて許可なく家を建てて住んでいる人もいるそうですが、こうした地域には貧困層も多く、貧富の差の大きさを実感しました。道路には歩道も少なく段差だらけです。そのせいか、車いすや白杖を使っている人はほとんど見かけませんでした。

モンゴルの学校は近年の人口増加で校舎が足りず、基本的に小·中·高一貫校で授業は2〜3部制です。1クラス50人を超える教室もあります。3部制の学校では子どもが日中に家の手伝いをしてから登校し、授業が終わるのは夜の8時。氷点下40度まで下がる冬の夜に帰宅する小学生にとっては命がけともいえます。

想像以上に厳しい教育環境でしたが、そのなかでもインクルーシブ教育の推進や、開発が進むモンゴルで働き手の要となる人材を育成する工学系高等学校の支援など、JICAはさまざまなプロジェクトを進めていました。

児童中心型教育やカリキュラム·マネジメントの定着を進めるため、教員として理科を教える青年海外協力隊員(現JICA海外協力隊)の授業を視察しました。授業の組み立て方や子どもたちとのコミュニケーションのとり方など、モンゴルの教員にとって大変参考になるものだと思いました。またそうした厳しい教育環境にあっても、子どもや若者たちは希望に満ち、「目が輝いていた」のがとても印象的でした。

その後も、4名の元協力隊員の方々を交えてのパネルディスカッションに参加し、帰国後日本でどんな活躍をしておられるのかをうかがう機会がありました。理数科教師としてフィリピンで活動したあと、故郷の廃校に自然学校を設立して、地域の自然を生かした環境教育プログラムを実践している大西かおりさん、バングラデシュへの派遣後、民間企業で日本各地の地域活性化事業に関わり、現在は出身地の岐阜県でクラフトビール醸造会社を経営する東恵理子さん、元協力隊員同士のご夫婦で森の豊かな群馬県みなかみ町に移住し、間伐材を使ったアロマオイルの抽出·販売をしている長壁総一郎·早也花さんご夫妻らそれぞれのお話は、教育論的に見ても大変参考になる生き方でした。

こうしたJICAとの関わりを通じてあらためて実感したのは、国際協力とは「人を育てる」ことであり、JICAも「人を育てる」組織なのだということです。

「人を育てる」という意味では、日本でも2020年度から新しい学習指導要領が始まり、そこでは子どもたちを「持続可能な社会の創り手」として育むことが明記されるようになりました。これはまさに国連のSDGs（持続可能な開発目標）をふまえたものです。また、何を学ぶかだけではなく「どう学ぶか」が重視されるようになりました。これまでのように知識を詰め込むのではなく、答えがひとつとは限らない課題を仲間と協力して解決していくことが求められ、アクティブラーニング（主体的・対話的で深い学び）なども導入されています。

ここで大切なのは、これからの時代に子どもたちにとって必要な学力とは何かということです。国連でのSDGsの採択（2015年）に連動して、国際機関である経済協力開発機構（OECD）が世界から教育の専門家を集結させ、2030年という近未来に子どもたちに求められる学力とはどのようなものかを議論しました。それは「エデュケーション2030」として2018年に公表されています。

そこでは、人工知能（AI）の発展やデジタル化、気候変動という地球規模のトレンドとともに、これからの世界はVUCA（不安定、不確実、複雑、あいまい）が急速に進展していくなか、「教育のあり方次第で直面する課題を解決できるのか、それとも解決できずに敗れることになるのかが変わってくる」と指摘しています。そのうえで、2030年に向けて子どもたちに求められるのは「生き延びる力」であると定義したのです。

この「生き延びる力」には、「新しい価値を創造する力」「対立やジレンマを克服する力」「責任ある行動をとる力」の3つの要素が必要だとされています。さまざまなことに好奇心をもち、他者をオープンに受け入れながら新しい価値をつくり出していくこと。そして地球環境や政治・経済の問題など、無限に存在するかもしれない答えのなかから意見を調整し、武力による支配ではない方法を導き出していくこと。他人まかせにするのではなく、「自分事」として責任をもって実行していくことが求められるのです。

とりわけ2020年に世界を襲った「新型コロナ」パンデミックや、ロシアによるウクライナ侵攻の問題などは、まさに「生き延びる力」を私たちに問うています。

この力を育むお手本となるのが、各地の開発途上国で複雑な課題の解決に日々挑戦しているJICAの取り組みではないでしょうか。JICAには、学校の先生だけでなく、子どもたちの保護者の方々にとっても有益な人材やコンテンツが豊富ですから、ぜひアクセスして世界とつながってみてください。そこには必ず、未来を生きる子どもたちの「生き延びる力」を育むヒントがあるはずです。

Q&A JICAとSDGs

Q JICAって何をしているところですか？

JICAは、開発途上国の課題解決に取り組んでいます。

◉JICAの事業分野と実績

以下の手法を組み合わせて、開発途上国の異なる課題やニーズに合わせた効果の高い協力を行っています。

- 技術協力
- 有償資金協力
- 無償資金協力
- JICA海外協力隊派遣
- 市民参加協力
- 移住者·日系人支援
- 国際緊急援助
- 調査、研究
- 民間連携事業

JICAの事業規模（2021年度）

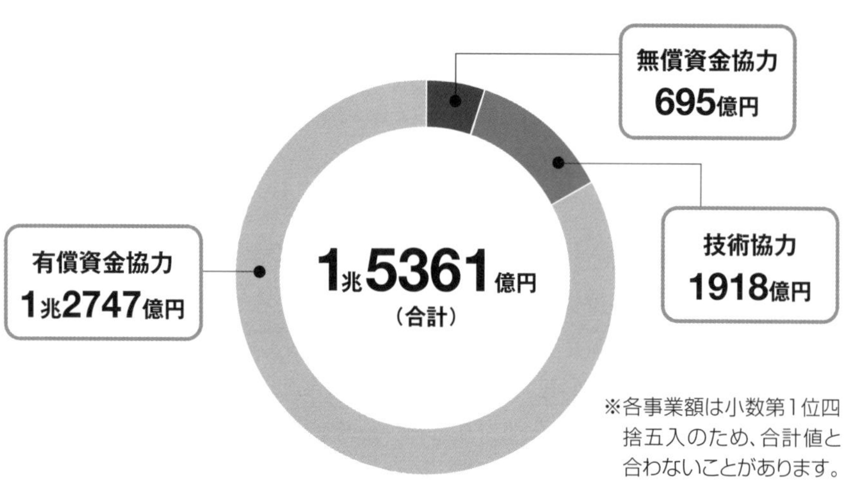

※各事業額は小数第1位四捨五入のため、合計値と合わないことがあります。

◉信頼の基礎となる人と人とのつながりの構築

JICAは、専門家やJICA海外協力隊を途上国へ派遣するとともに、途上国から行政官や技術者などの研修員や留学生を日本に受け入れています。人材育成を通じた人と人とのつながりは、途上国と日本の信頼の礎です。

Q JICAとSDGsはどう関係しますか？

JICAは、「人間の安全保障」と「質の高い成長」の2つをミッションに掲げています。

すべての人が生命や生活を脅かされることなく、尊厳を持って生きられる社会を目指す「人間の安全保障」は、「誰ひとり取り残さない」というSDGsの理念に通じるものです。

自然環境を損なうことなく、格差の少ない持続的な成長を目指す「質の高い成長」は、経済活動を通じて富や価値を生み出す経済開発、社会的に弱い立場の人も含め一人ひとりの人権を尊重する社会的包摂、環境保護の3つのバランスがとれた社会を目指すSDGsの理念と高い親和性があります。

①人間の安全保障

緒方貞子*、アマルティア・セン（ハーバード大学教授。ノーベル経済学賞受賞）を共同議長とする「人間の安全保障委員会」が作成した最終報告書で、「人間の生にとってかけがいのない中枢部分を守り、すべての人の自由と可能性を実現すること」と定義された概念です。紛争や気候変動、感染症の拡大など、国家の枠組みで人間の安全を守ることが困難な脅威に対し、人間一人ひとりの命や生活の尊厳を守るため、「国」ではなく「人間」を中心にとらえ、人々が着実に力をつけて自立することを重視する考え方です。

②質の高い成長

「包摂的」で「持続可能」な、「強靭性」を備えた成長

包摂性（インクルーシブネス）
成長の果実が社会全体に行き渡り、誰ひとり取り残されないこと

持続可能性（サステナビリティ）
環境への配慮や地球温暖化対策から、経済・社会が世代を超えて持続的に成長すること

強靭性（レジリエンス）
経済危機や自然災害などへの耐性、回復力に富んでいること

*緒方貞子（1927～2019）　日本の国際政治学者、元JICA理事長。日本人として初めて国連難民高等弁務官（1991～2000）を務めたほか、アフガニスタン支援政府特別代表、国連人権委員会日本政府代表などを歴任した。

Q JICAはSDGsの達成にどう取り組みますか？

①パートナーシップとイノベーション

SDGsは、さまざまな問題を同時に解決することを目指しています。SDGsの各目標の背景には複雑な要因があり、相互に影響し合っています。開発途上国を含む社会・経済開発の推進においては、環境保全とのバランスに留意して、複数の目標を同時に解決できる取り組みを目指すことが大切です。

これらを実現するためには、政府、民間企業、団体、個人などさまざまな関係者が協力し、従来の方法にとらわれずSDGsに掲げられている目標を実現するような技術や仕組みを生み出すことが必要です。

私たちJICAは、海外96拠点、国内15拠点を持ち、世界約150の国・地域で事業を展開しています。そのなかで築いてきた人的ネットワークや信頼関係を生かし、さまざまな関係者とのパートナーシップを加速化しながら、複雑化する世界の課題に対して従来の解決方法にとどまらないイノベーティブな事業を展開しています。

②4つの“P”と20の「JICAグローバル・アジェンダ」でSDGsに貢献

SDGsの達成を推進するために、JICAは2021年度にSDGsのProsperity（豊かさ）、People（人々）、Peace（平和）、Planet（地球）という4つの切り口で、20の事業戦略「JICAグローバル・アジェンダ」（右頁）を設定しました。日本のこれまでの発展や国際協力の経験を生かし、相手国の政府・人々はもちろん、国内外のさまざまな関係者と協働して、開発途上国のSDGs達成に貢献します。

JICAグローバル・アジェンダ

途上国において経済成長の基礎や原動力となる質の高いインフラ整備や安定的なエネルギー供給、産業の育成や農民の生計向上などを支援し、持続可能で強靱な、豊かな社会を実現します。

❶都市・地域開発
❷運輸交通
❸資源・エネルギー
❹民間セクター開発
❺農業・農村開発
（持続可能な食料システム）

すべての人々に、安定的な保健医療サービスや感染症対策、栄養の改善、質の高い教育などを支援。子ども、障害者などの脆弱層が包摂され、誰ひとり取り残さない社会を実現します。

❻保健医療
❼栄養の改善
❽教育
❾社会保障・障害と開発
❿スポーツと開発

自由、民主主義、基本的人権の尊重、法の支配といった普遍的価値を共有し、安定・安全が確保された平和で公正な社会を実現します。ジェンダー平等を推進し、デジタル技術を課題解決に生かします。

⓫平和構築
⓬ガバナンス
⓭公共財政・金融システム
⓮ジェンダー平等と女性のエンパワメント
⓯デジタル化の促進

国際社会が一丸となって取り組まねばならない気候変動や環境問題など地球規模の課題に対応し、深刻な影響が懸念される途上国において持続可能で強靱な社会を実現します。

⓰気候変動
⓱自然環境保全
⓲環境管理
⓳持続可能な水資源の確保と水供給
⓴防災・復興を通じた災害リスク削減

1章 *Prosperity* 豊かさ

SUSTAINABLE DEVELOPMENT GOALS

強靭(レジリエント)なインフラ構築、包摂的かつ持続可能な産業化の促進及びイノベーションの推進を図る

包摂的で安全かつ強靭(レジリエント)で持続可能な都市及び人間居住を実現する

※本書1～4章の世界の国々に関するデータ(概要及び首都、面積、人口、1人あたりGNI)は『データブックオブ・ザ・ワールド2022年度版―世界各国要覧と最新統計』(2022年1月、二宮書店)に基づいています。
※本書1～4章のプロジェクトの解説者の所属先は2022年9月時点のものです。
※上記以外の本書の内容は2023年3月時点のものです。

① 都市・地域開発

都市マネジメントで暮らしやすく持続可能な街に

都市行政の能力を強化し、産学官やコミュニティなど
多様な関係者とともに住みよい街をつくる。

急速な都市化が進む途上国が直面している課題とは?

❶開発途上国の都市人口の推移

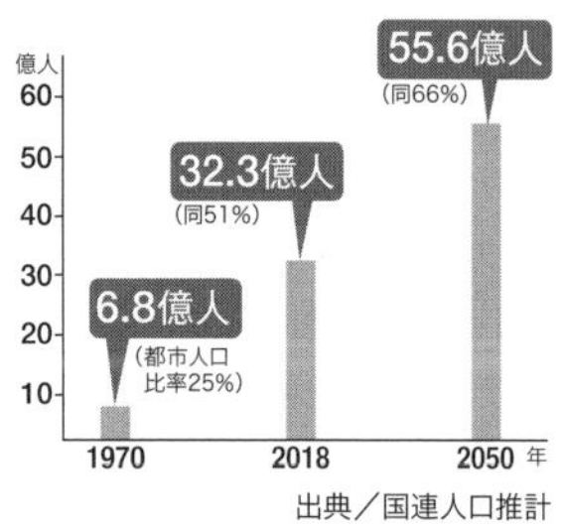

出典/国連人口推計

かつてないスピードで進行する開発途上国の都市化

都市は、人口や経済の集積によって生産性の向上やイノベーションが生まれ、国内総生産(国内で一定期間内に生産されたモノやサービスの付加価値の合計)の80%を算出するなど、社会・文化の発展の原動力でもあります。また都市化は、経済や社会、人々の暮らしを豊かにする機会をつくりだします。

開発途上国では、先進国の経験を上回る、かつてないスピードで都市化が進行しています(→❶)。この傾向が続けば2050年に、開発途上国の都市人口は総人口(開発途上国)の66%、およそ55.6億人に達すると予測されています。

交通渋滞や大気汚染……無秩序な都市化が地球に与えるリスク

急速な人口の増加は自然・生活環境を劣化させたり、住民の経済格差の拡大から社会の軋轢(あつれき)や治安の悪化など、多くの問題を引き起こすリスクをはらんでいます。また国連によると、都市は世界のエネルギーの78%、二酸化炭素排出量の70%を占めるなど、気候変動にも大きな影響を及ぼしています。

都市の中心部では激しい交通渋滞、大気汚染、降雨時の冠水、ごみの残存といった問題が見られ、また都市の郊外では人口流入によって市街地が無秩序に拡大し、生活水準の低い居住地が広がる傾向にあります。中心都市への過度な集中が生じる一方で、地方からは人口が流出して地域経済の停滞・衰退を

❷「持続可能な都市」の5つの要件には以下の目標が含まれる。これらは資源・大気・水・生物といった地球環境システムをベースに、都市基盤・都市マネジメント(社会制度・経済システム、地理空間情報、インフラ・サービス、都市空間、人材)によって達成される。
①公平・公正…公正な社会体制、公平なサービス提供、公平な富の配分など

招き、都市部との格差が拡大しています。

都市計画に基づいた「持続可能な都市」の必要性

こうした課題を克服しながら、実現が求められているのは「持続可能な都市」です。JICAでは議論を重ねた結果、①公平・公正②安全・安心③環境にやさしい④利便性・競争力がある⑤創造力がある（→❷）、の5つの要件をバランスよく持ち合わせた都市こそが、「持続可能な都市」であると定義しています。

そのためには、必要なインフラの整備、公共サービスの改善といった、事後の対処だけでは不十分です。あらかじめ都市域の広がりを制御し、土地の用途を定めたり、必要な都市施設を計画的に配置していくことが重要です。都市計画の対象には公共のインフラだけでなく、都市の大部分を占める民間による開発も含まれます。また都市への集中によって地方の人口が流出し、都市部との格差が拡大する傾向があることから、地域への資源配分も含めた行政の能力と、そのための人材育成に力を入れる必要があります。

②安全・安心…社会参加メカニズム、BHN（衣食住など人間が人間らしく生きるために不可欠なもの）の確保、自然災害への対応力など
③環境にやさしい…低炭素型都市、良好な都市環境、循環型都市、自然共生社会など
④利便性・競争力がある…グローバル競争力のある産業、産業を支える人材、変化への適応力のある経済システムなど
⑤創造力がある…独自の文化・アイデンティティ、女性の社会進出など

❸G空間情報
Geotechnology（地理空間情報技術）の頭文字のGを用いた愛称で、地理空間情報のこと。精密な地図や衛星測位などから得られる位置情報と、それに関連づけられた情報を意味し、災害への対応や自動運転などさまざまなサービス・産業の創出につながる技術として期待されている。ナノテクノロジー、バイオテクノロジーと並び将来が期待される3大重要技術分野のひとつとされる。

日本とJICAがこの課題に取り組む理由

日本は明治維新からの近代化で急速な都市化を経験し、150年間で人口は約4倍に増え、とりわけ戦後の高度成長期に工業化・都市化に伴う環境汚染などさまざまな問題を克服してきました。こうした経験は、途上国の都市課題にも共通します。一方では「持続可能な都市」づくりに不可欠な「G空間情報」（→❸）においても、日本は高度な技術・経験から世界最高レベルの位置情報を提供できます。さらにアジアの大都市を中心に開発計画からインフラ整備につなげてきたJICAの豊富な実績もあわせ、都市・地域開発の質の高い基盤づくりに協力することができます。

2つの協力方針で「都市・地域開発」にチャレンジ!

SDGsワード

❶スマートシティ

ICT(情報通信技術)などの新技術を活用して都市・地域マネジメントを高度化することで、エネルギーや自然資源の使用や環境負荷を最小限にするなど都市・地域の抱える課題を解決し、持続可能な都市・地域のあり方。

SDGsワード

❷公共交通中心の都市開発

Transit Oriented Development

自動車に依存せず、公共交通機関を基礎に組み立てられた都市開発もしくは沿線開発を意味する。SDGsのゴール11でも、弱い立場の人々に配慮し、安価で安全、持続可能な公共の交通手段を広げることがターゲットのひとつに盛り込まれている。

Approach❶
「都市マネジメント」能力を強化

都市のさまざまな課題に対応するためには、都市全体を管理し発展を支える「都市マネジメント」を行う必要があります。特に、マネジメント主体である行政の能力向上が必要です。

JICAは途上国の都市開発を担う行政機関とともに、「持続可能な都市」への開発ビジョン・政策・計画(マスタープラン)の策定、開発管理制度整備、スマートシティ(→❶)やTOD(公共交通中心の都市開発→❷)などの新たな開発手法の導入を進めることで、持続可能な都市の実現のための都市マネジメント能力の向上・人づくりに貢献します。

ここでは、事業機会の創出と障害やリスクの低減を行うことで、民間やコミュニティが参画できる環境づくりも行います。

こうした経験から得られる教訓や開発効果、新たな都市課題を発見し、政策目標や計画にフィードバックすることで、持続的な都市マネジメントのサイクルを確立させ、都市を成長スパイラルに乗せていきます。

Approach❷
G空間情報の整備・活用

効率的な都市マネジメントにG空間情報の活用は不可欠ですが、途上国ではその基本となる地形図などの情報が不足していたり、利用が広く普及している衛星測位に対応できない状況があります。そのため国際的な基準である世界測地系(→❸)を導入して高精度な測位環境の整備を支援します。また、インターネット技術を活用したウェブ地図プラットフォームを構築するなどG空間情報にアクセスしやすい環境づくりによる利用促進、またそのための人材の育成にも力を入れます。

G空間情報の活用は、ハザードマップなどの防災、スマート農業やi-Construction（→❹）といった産業、自動運転などの公共交通などさまざまな開発課題の解決につなげることができます。

持続可能な都市の姿

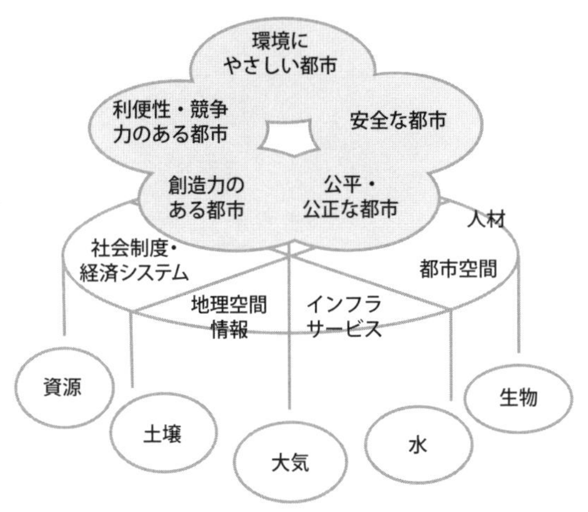

2030年への目標

★世界20都市で自律的な都市マネジメントを実現。
★世界で5つの国または都市でG空間情報が整備され活用される。

❸測位衛星などを使った観測によって明らかとなった地球の正確な形状・大きさに基づき、世界的な整合性を持たせて構築された、国際的に定められた経度・緯度の基準。日本では明治以来、1841年にベッセルが算出した地球の形状（ベッセル楕円体）をもとに測量の基準を決めていたが（日本測地系）、2002年より世界測地系に移行した。

❹日本の国土交通省が掲げる生産性革命プロジェクトのひとつで、建設現場のあらゆるプロセスにICT（情報通信技術）を活用し、生産性の向上や経営・労働環境の改善を目指すもの。

急激な都市人口の増加に「市民目線」の都市計画で貢献

ウランバートル都市計画・開発実施能力向上プロジェクト

対象国／モンゴル（アジア）

解説してくれた人／長山勝英さん、阿部朋子さん（アルメックVPI）

モンゴル国

どんな国?▶アジア大陸中央部にあり、北はロシア、南東西部は中国に接する。1990年に複数政党制を導入。1992年にモンゴル人民共和国から現国名に変更し、社会主義を放棄した。銅・金などの鉱物資源が豊富で、鉱業・畜産業が基幹産業。

どんな課題?▶1998年に65万人だった首都ウランバートルの人口は現在142万人と倍以上に急増している。その多くは教育・仕事の機会を求める地方からの流入で、都市部には遊牧民特有の移動式住居（ゲル）が無秩序に拡大し、環境問題などを引き起こしている。

首都／ウランバートル
面積／156.4万㎢
人口／327.8万人
1人あたりGNI／3790ドル
（日本のおよそ11分の1）

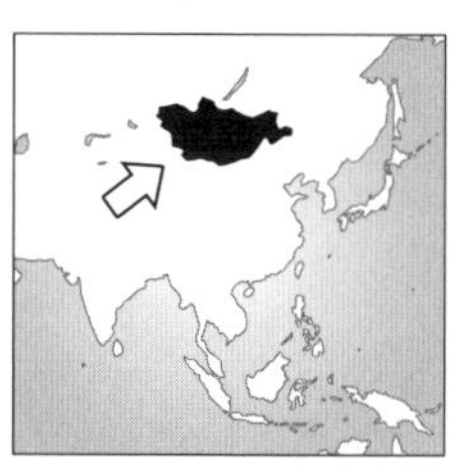

根強く残る社会主義時代の考え方「住民参加型」のまちづくりへ

急激な人口増加は無秩序な都市化を推し進め、インフラの整備が追いつきません。居住環境を悪化させるとともに交通渋滞や大気汚染の深刻化を招くことになります。秩序ある快適な都市空間づくりを実現するために、モンゴル政府が都市計画を作成したのち、専門家が開発能力の強化を支援する（→❶）ことになりました。

一番の課題は、モンゴルがかつての社会主義的な考え方から抜け切れていないことでした。行政側には開発にあたり住民の意見を取り入れるという発想がなく、住民の側にも行政に意見することへの遠慮があったのです。そのため、都市マスタープランは同国にとって新しい「市民目線」を重視した住民参加型の発想をベースにつくられました。これにより、日本の区画整理

❶ JICAでは2007年からウランバートル市の都市マスタープラン策定（～2009年）、その後2010年より都市開発実施能力向上プロジェクト（～2013年）、2014年よりマスタープラン計画実施能力改善プロジェクト（～2019年）として技術協力を行った。

事業を参考にしたインフラ・住環境改善事業の対象候補となるエリアでは住民とのタウンミーティングが開かれるなど、政策決定にあたって住民の意見が反映されるようになり、しだいに「公共」の概念が市民の間へも浸透していくことになりました。

住民会議

ウランバートル市郊外に広がるゲル地域

ゲルからアパートへ インフラだけでなく都市生活のルールも

喫緊の課題は、地方からウランバートル市街地の周辺にゲルを建てて移り住み、同市人口の約6割を占めるまでになった"ゲル地域"と呼ばれるエリアです。インフラが整備されておらず、下水は垂れ流し、ゴミは付近に投棄され、冬になれば寒さをしのごうと廃タイヤや質の悪い石炭が燃やされるため、大気汚染の原因にもなっていました。こうした地域ではインフラを整備し、彼らが居住できるアパートを建設するなどの再開発が必要なため、法制度の整備や行政側の体制づくりを支援しました。

都市計画には、すべての市民が守るべき社会規範も必要になります。特にゲル地域の人々は遊牧生活を営んでいるため、都市に集住した経験がありません。都市生活においてみなが快適に暮らすために守るべきルールを知ってもらうため、住民向けのワークショップをゲル地域で開くなどしています(→❷)。

都市計画ではコンパクト・シティをコンセプトに、東西・南北に走る地下鉄などの公共交通軸を地域交通の背骨に位置づけ、バス網を張り巡らせることで自家用車による交通渋滞や大気汚染の緩和を目指します。住宅環境の整備には、マイナス40度まで下がる真冬の寒さ対策が重要なことから、旭川市(北海道)などの協力を得て、凍結路面対策や高断熱・高気密建築による省エネ対策などを取り入れています。ゲル地域のインフラ整備には区画整理が不可欠なため、それを可能にする法制度を整える必要があるなど課題はまだ多くありますが、ゲルから上下水道や電気、ガスのあるアパートで暮らし始めた人々は快適さを実感しています。

❷住民向けワークショップでは「自助・共助・公助」を大切にしながら明るいまちづくりを考えるための子ども向けの絵本を、モンゴルの作家につくってもらい、市内の学校に配布したほか、子ども向けの読み聞かせの会も開催した。

◉うれしかったこと！

2011年、このプロジェクトのための会議をモンゴルで行っていたとき、東日本大震災が起こりました。その翌日に、モンゴルの人たちから「震災で被災した日本人のために使ってほしい」と、どっさりお金を入れた封筒を渡されました。みんなで寄付を呼びかけて集めてくれたのです。また現地の国立孤児院の子どもたちが、自分たちのお小づかいを集めて「日本の子どもたちのために使って」と手渡してくれたこともあり、涙が出るほどうれしかったことを覚えています。日本への信頼と絆を感じました(長山さん)。

モンゴルは親日家が多くコミュニケーションを取りやすかったです。政府の担当者も優秀で、私たちの意見を理解しようと努めてくれました。おかげで10年間の活動のなかで信頼を積み上げることができました。絵本プロジェクトではいろいろな子どもたちと触れ合い、メッセージを伝えられたと思います(阿部さん)。

持続的な都市インフラ整備のため土地制度の改善に協力

土地管理体制強化プロジェクト

対象国／インドネシア（東南アジア）

解説してくれた人／恒岡伸幸さん（JICA国際協力専門員）、中谷龍介さん（株式会社パスコ）

インドネシア共和国

どんな国?▶東南アジア南東部、大小多くの島々からなり、面積は日本の約5.5倍、ジャワ島に人口の3分の2が集中する。世界最大のイスラム教徒人口を抱える。原油などの地下資源が豊富で液化天然ガスの輸出に力を入れる。

どんな課題?▶同国でインフラ整備を阻害している大きな要因に、公共事業用地の取得手続きがある。法の不備や用地取得側の能力不足に起因し、2014年に新たな国家機関を設立してその権限を一元化したが、ノウハウや人材、組織、機材などが十分でない。

首都／ジャカルタ
面積／191.1万㎢
人口／2億7352万人
1人あたりGNI／4050ドル（日本のおよそ10分の1）

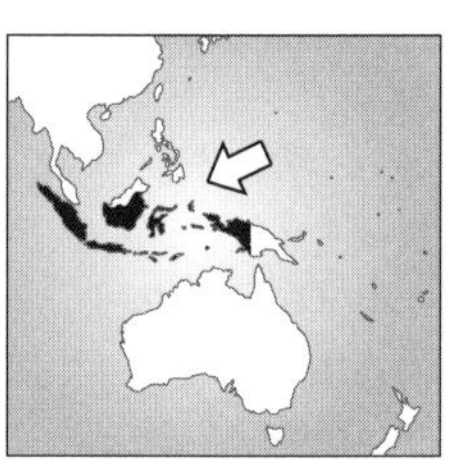

インフラ整備を促すには？土地制度改善への取り組み

「持続可能な都市」づくりのために公共インフラの整備は不可欠ですが、そのためには公共事業用地を確保する必要があります。人口が密集する都市部では取得したい場所にすでに多くの人々が居住しており、各地権者と移転のための補償などを交渉しなくてはなりません。同国では土地収用手続きの詳細を定めた法が未整備で、地権者との補償金額で折り合いがつかなかったり、そもそも地権者の特定ができないなどの問題があったため、2012年に土地収用法を制定し、用地取得の実施・権利移転を管轄する国家機関（→❶）を定めました。しかし、確実で迅速な用地取得の実施能力が不足しており、本プロジェクトを開始したところ、土地登記制度と土地価格評価制度の不備という課題が浮上したのです（→❷）。

❶2012年の新たな土地収用法では、公共事業用地の取得手続きとして⑴計画、⑵準備、⑶実施、⑷権利移転のプロセスが定められ、⑶⑷は土地空間計画省・国家土地庁が所掌することになった。

❷本プロジェクトでは、土地収用法に沿って迅速で適正に用地取得作業が実施されるよう、関連する法基準のマニュアル策定、FAQハンドブック、システム開発を人材育成も兼ねてインドネシア側との協働作業として実施した。そうした過程で、さらに基本的な土地制度の課題（土地登記制度と土地価格評価制度の不備）が明らかになった。それらはそもそも社会経済活動のための基盤システムとして当たり前のように整備され

まず、地権者の特定が困難な土地が少なくないという問題がありました。一般的に土地の所有者は登記制度に基づき、自身の土地や家屋を登記することでその権利が保護され、用地取得の際はその登記から地権者を探すことができます。同国にも登記制度(→❸)はあるものの、現在でも同国の土地の4割が未登記となっており、また土地の境界が不明瞭だったりします。加えて入会地のようにコミュニティで伝統的に「所有」されてきた土地もあり、行政側が取得しようとする土地が誰のものか、誰に補償すべきか判断しづらく、用地の取得が進まないケースが見られました。

バンタン州での研修でUAVの操作を学ぶ現地職員

補償価格交渉を難しくしている原因は？ プロセスのデジタル化も促進

また地権者との交渉で最も難しいのは土地の補償価格です。日本では長年積み上げられ、社会的な信頼を得た路線価や公示地価(→❹)といった地価データをもとに算出されるため、地権者の合意を得やすい側面があります。インドネシアにも課税のために公表される地価はあるものの、毎年更新されないために信頼性が低く、地権者の理解を得にくいという課題があります。本プロジェクトでは、サンプル調査を踏まえ特定地域で標準的な地価を算出できるシステムを開発し、今後は同国政府によって調査を全国に展開させ、毎年更新することで信頼性を高めていく予定です。

実施面では、公共の利益を優先する必要がある用地取得を適正かつ確実に実行できるよう、土地収用に関するデータをデジタル化し、計画段階から権利移転までの業務を効率化できるシステム開発に力を入れています。9の州土地事務所でデータ入力などの研修を実施(のべ約460人が参加)し、UAV（無人航空機)も活用して土地の状態・面積、権利者、家屋などの財産状況を調査し、モバイル端末に入力する手順を共有しました。作業に活用できるタブレットやコンピュータも供与しています。

ているべきだが、そうではなかった。

❸今後同国の大都市では地下鉄や高速道路の建設が進むことになるが、現在の登記制度では土地平面の登記に限られるため、地権者の土地の地下に構造物を設置する場合、その権利の設定方法や補償算定方式が必要となり、空間的な登記制度に改正する必要がある。

❹路線価(相続税)は国税庁が課税の基準のために決定する土地の評価額で、公示地価は地価公示法に基づき国土交通省が全国で土地価格を調査し、公示する標準地の価格。どちらも毎年公表される。

◉今後の取り組み

本プロジェクトでは、土地収用法以外のインフラ整備促進のための土地政策としての取り組みへの支援も行っています。例えば、土地区画整理の法令改正と立体的な都市空間整備手法の導入支援や、未利用地、低利用地の高度利用を図る土地銀行の設立支援です。さらに、これらの行政需要に対してより能動的に応える土地行政のあり方を土地開発制度としてインドネシア政府と検討しています。

最新のデジタル地図を整備して効率的な都市開発を支援

PROJECT 国家地理空間情報整備支援プロジェクト

対象国／バングラデシュ（南アジア）

解説してくれた人／浦部ぼくろうさん（国土地理院）

バングラデシュ人民共和国

どんな国?▶国土の大部分がポッダ（ガンジス）・ブラマプトラ両河川が形成したデルタ地帯にあり、標高が低く、洪水が頻発する。衣料品・縫製品、ジュートや米などの農業が主要産業。

どんな課題?▶同国政府は中所得国入りを目標に掲げ、インフラやガバナンスの強化、貧困削減などの課題に取り組んでいるが、国土の開発・保全、災害管理に必要な地形図が未整備であった（→❶）。

首都／ダッカ
面積／14.8万㎢
人口／1億6468.9万人
1人あたりGNI／1940ドル（日本のおよそ21分の1）

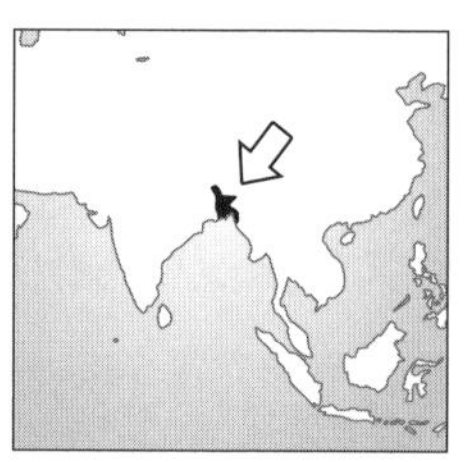

あらゆる政策のベースとなるデジタル地図を作成

国土全体の正確な地図は、インフラ整備、都市計画、防災、教育など、あらゆる政策を立案する際の基礎になります。長年のJICAの支援により、その用途に耐える高精度な地図が2018年にようやく完成しました。ところが同国では地形・地質調査、地籍測量などを通じて官民のさまざまな組織が、異なるフォーマットやデータモデル、地図投影法を使って作成してきた経緯から非効率な状況が目立ち、高精度かつ最新の地理空間情報データを共有できるシステムが存在していませんでした。

JICAは1990年代から、バングラデシュにおいて測量の国家基準を整備する支援を続けてきました。位置の基準となる経緯度原点の設置や、標高の基準となる平均海面を決めるための潮位の観測のほか、測量の基礎となる基準点や水準点を全国に整

❶同国が1971年にパキスタンから独立した際、パキスタン測量局の東部地区支局がバングラデシュ測量局に改編され国内の測量業務を引き継いだ。しかし、独立後に起きた混乱などから、地図の更新や精度向上に手が回らない状況が続き、人口増加や都市化の進展、自然災害によって地形が大きく変化してもそれが地図に反映されないままになっていた。

備しました。これらをもとに2008年から約10年をかけ、バングラデシュ全土について縮尺２万5000分の１のデジタル基本図を作成しました（→❷）。

地図情報更新のための調査を行う同国測量局チームを指導（ダッカ・チャンドプール地区）

組織の壁を越えて取り組んでもらうためには？現地の人々の考え方も尊重

本プロジェクトでは、この基本図に各種データを結びつけ、政府全体で共用できる、高精度で効率的な「国土空間データ基盤」（NSDI）システムの構築に取り組んでいます。各機関の担当者が参加するワーキンググループを設け、それぞれの機関がもつデータを統合する作業を進めていますが、ここで弊害となるのが縦割り行政です。現場の担当者レベルではこのシステムへの理解があり、協力に意欲的であるものの、話を組織の上部へもっていくと、余計な仕事を増やしたくないとか、この事業に人員や予算が割けないなどの理由からストップしてしまうことがあります。

そのような場合、トップダウンで組織を動かす手法が重要になります。同国では首相の権限が大きいため、政府内の賛同者に協力してもらい、首相に本プロジェクトの推進役になってもらえるよう働きかけています。実際、2016年にJICAと同国測量局が共催したNSDIに関するセミナーに首相を招いてNSDIの早期整備を管轄省庁に指示してもらったことが、本プロジェクト推進の大きな契機となりました（→❸）。

また、現地の人々の仕事や時間に対する感覚の違いを理解し、気を配ることも大切です。特にイスラム教徒が多いので、宗教上の行事を尊重する必要があります。例えば、ラマダン（→❹）中は勤務時間が短縮されるため、1年を11か月として年間計画を立て、毎日の礼拝の時間を考慮してスケジュールを決めます。また、ただ「仕事をしよう」「時間を守ろう」というだけでは伝わりません。このプロジェクトが世界的にも先駆的な事業であり、この国や人々のためになる重要な仕事であることを理解してもらい、彼らのモチベーションを高めて取り組んでもらえるよう工夫することも必要です。

❷この事業では日本の円借款資金を原資として予算化し、GPS/INS支援航空デジタルカメラによる写真撮影、デジタル写真測量、GIS基盤データ構築、DEM/オルソ写真作成などの最新技術が導入された。

❸同セミナーで首相はNSDI構築のための法令と組織体制の早期の整備を、バングラデシュ測量局を所管する国防省に対して指示し、これを受けて国防省・測量局は関連法と組織体制の整備に着手することになった。

❹イスラム教における教徒が守るべき五行のひとつで、イスラム暦の９月に約１か月間、日の出前から日没まで飲食を慎むこと。

1章 Prosperity 豊かさ

SUSTAINABLE DEVELOPMENT GOALS

強靱（レジリエント）なインフラ構築、
包摂的かつ持続可能な
産業化の促進及び
イノベーションの推進を図る

包摂的で安全かつ
強靱（レジリエント）で持続可能な
都市及び人間居住を実現する

気候変動及び
その影響を軽減するための
緊急対策を講じる

② 運輸交通

すべての人・モノが安全で自由に移動できる世界へ

文化や豊かさ、社会の変革をもたらす運輸交通。グローバルな運輸交通インフラの整備や維持管理技術の向上に取り組んですべての人・モノが安全で自由に、かつ低環境負荷で移動できる社会を目指す。

JICAの協力で策定された都市交通マスタープランに基づき、日本の資金協力で2022年12月に開通した、バングラデシュ初のダッカ都市高速鉄道(右。左上は開通前のダッカ市内の大渋滞の様子)

温室効果ガス総排出量の2割は「運輸交通」から?

インフラ整備に必要な多大な時間と費用 後発開発途上国は輸出入でコスト増

人やモノの移動を支える運輸交通は水や電気などと同様、人々が豊かな生活をするうえで必要不可欠な社会基盤といえます。移動手段が「より多く、より速く、より遠くへ」(→❶)と進歩してきたことにより、人々の交流や貿易が活発化して知恵や技術が育まれ、文化や豊かさ、社会の変革(→❷)を私たちにもたらしてくれるようになりました。

運輸交通は国際間・都市間といったグローバルなものから地方や離島間を支えるものまで多様であり、課題も多岐にわたります。運輸交通インフラの整備には多大な時間と費用がかかるため、開発途上国では計画から実施、運営維持する能力や資金が不足しがちで、安全面や輸送障害によるコストの増大といったリスクが顕在化しています。

グローバル化の進展に伴って人とモノの移動が増大する一方で、インフラの整備が十分ではない途上国では、輸送にかかる費用や時間が大きな負担となっています。特に後発開発途上国においては、平均的なコンテナ輸送で他の国と比較すると、非効率な港湾運営や未整備な道路事情などにより輸出で43%、輸入では54%も多くのコストを支払っているとも試算されています。

❶例えば、航空運送の発達が、アフリカのケニアで生産されたバラの生花を欧州や日本に輸出することを可能にし、それによりケニアでは15万人もの雇用を生み出している。また、私たちにとって身近なスマートフォンも、アフリカなどで産出するコバルトなどのレアメタルを使用して世界各地で部品が生産され、それらが中国などの組立工場に運ばれて製品化されている。

❷運輸交通は、女性の社会進出を含む雇用機会の増大や教育・医療へのアクセスの向上など、そこで暮らす人々の貧困削減にも不可欠な存在である。

温室効果ガス全排出量の2割にも 気候変動対策にも不可欠な運輸交通の改善

都市交通では、今以上の都市への人口集中が見込まれるなか、開発途上国では急激なモータリゼーションが進み、交通渋滞や大気汚染、交通事故が深刻な問題となっています。気候変動に影響を与える温室効果ガスについても、排出量全体の約20%は運輸セクターからといわれています。また、特に道路交通からのCO_2排出量が年々増加傾向にあり(→❸)、その排出量の削減は喫緊の課題です。鉄道やバスなどの都市公共交通サービスがあっても、安全性や利便性が低く機能を発揮できていないケースも見られ、その設置・運営を担う政府機関の能力強化も必要です。

こうした運輸交通セクターの課題に取り組むことにより、SDGsのゴール9「産業と技術革新の基盤をつくろう」だけでなく、ゴール11「住み続けられるまちづくりを」やゴール13「気候変動に具体的な対策を」に貢献することができます。またインフラの整備と経済成長には相関関係があることから、人間社会が持続的に成長するためにも、人やモノが円滑・安全に移動できる環境づくりが求められています。

❸運輸セクターからのCO_2排出量の推移

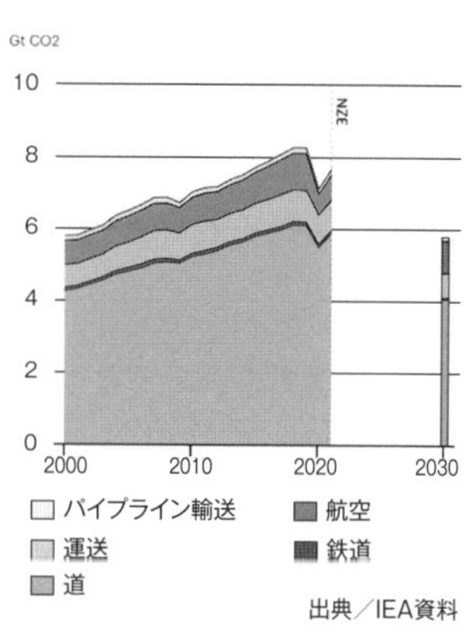

出典／IEA資料

日本とJICAがこの課題に取り組む理由

運輸交通分野における日本の強みは質の高いインフラシステムであり、それは①長寿命、ライフサイクルコストが安い、②長期計画策定や人材育成、運営支援を通じた相手国発展の基盤づくりの支援、③工期の遵守など契約事項の確実な履行、④環境・防災・安全面への配慮といった特徴から成り立っています。それらを生かして支援することは、連結性の強化、地域における経済社会活動の活性化、ひいては地域全体の安定と繁栄に貢献することができます。また日本の優れた技術やノウハウの活用は途上国の開発だけでなく、本邦企業の海外展開など日本経済にとってもメリットがあります。

5つの方針で「運輸交通」課題に挑戦！

Approach 1
グローバルネットワークの構築

世界各国の都市圏は、グローバルネットワークと結ばれることで物流コストの低減や信頼性の強化を実現でき、さらには都市圏としての魅力向上にもつながります。そのためには、物流の拠点となる国際港湾、港湾までの道路、都市間を有機的に結ぶ幹線道路の整備などが不可欠です。

JICAは国際的な物流に重点を置き、国境を越えて都市圏を結ぶ国際回廊や海・空のグローバルネットワーク構築を支援します(→❶)。

❶2030年には、都市圏人口300万人超を抱える都市が国際港湾や幹線道路で相互につながり、さらに国内で大都市と各地域がつながることで、生産地から消費地へとモノが安定かつ確実に、また安価で流通する社会の実現を目指す。

Approach 2
海上保安能力の強化

海上交通には海賊事案や海難事故など危険が多く、海の安全性を確保することは航行の自由や連結性の向上につながる重要な課題です。沿岸国の海上保安組織が自律的に海上法令の執行や警備救難活動を行い、違法行為や環境汚染に適切に対応できる能力を強化できるよう支援します(→❷)。

❷東南アジアではフィリピン、マレーシア、ベトナム、インドネシアを協力重点国とし、海上法令執行、警備救難などの組織対応能力の強化や人材育成を中心とした協力を展開している(プロジェクトページ参照)。

Approach 3
道路アセットマネジメント

開発途上国では道路や橋梁(きょうりょう)を適切に維持管理することへの認識が一般的に低く、インフラ老朽化の問題は共通する課題です。道路インフラ施設を資産(アセット)としてとらえる考え方により(→❸)、予防保全

❸道路アセットマネジメント
インフラの不十分な維持補修が問題化した1980年代のアメリカで、社会インフラを国民の資産(アセット)と位置づけ、計画的にその価値を維持し、高める考え方が生まれた。道路アセットマネジメントはその考え方を道路や橋梁の維持管理に適用

的な維持管理と施設の長寿命化を図り、持続性・安全性・信頼性の高い道路交通網の構築に貢献します。

Approach 4
道路交通安全

開発途上国の経済成長とこれに伴うモータリゼーションにより、交通事故の増加が懸念されます。JICAは交通管制システムの導入、道路や橋梁の整備にあたり歩道の設置、交通警察などを通じた交通規制・取り締まり施策を支援し、SDGsのターゲットでもある世界の交通事故死傷者数の半減(→❹)に貢献します。

Approach 5
都市公共交通の推進

公共交通は、交通渋滞や大気汚染などの環境負荷の軽減につながるだけでなく、老若男女を問わずすべての人が利用でき、地域の社会・経済活動を発展させる有効な移動手段です。信頼性・安全性が高く、環境にやさしい公共交通の整備・利用促進と運営組織の人材育成などを支援します。

2030年への目標

★世界各国の人口300万人以上の都市圏が円滑に結ばれる社会の実現
★インド太平洋地域の海上保安組織の能力強化
★協力対象国での交通事故死傷者数の半減に貢献
★公共交通利用増加策の実施による環境負荷の軽減

し、適切な管理によって長寿命化を図ったり、ライフサイクルコストの最小化を目的とした維持管理計画をさす。JICAは開発途上国への技術支援や人材育成のための道路アセットマネジメントプラットフォームを設立し、また日本の先端技術で途上国のインフラ老朽化対策を行うため2019年、土木学会と覚書を締結した。

❹SDGsのゴール3「すべての人に健康と福祉を」のターゲット3-6「2020年までに、世界の道路交通事故による死傷者を半減させる」を指す。

適切な維持・管理でコストを削減、安全な道路と橋を

道路・橋梁の建設・維持管理に係る品質管理向上プロジェクト

対象国／フィリピン（東南アジア）

解説してくれた人／長尾日出男さん（大日本コンサルタント株式会社）

フィリピン共和国

どんな国?▶マレー諸島の北部に散在する多数の島々からなる。最大の島は首都があるルソン島。主要産業は米、とうもろこしなどの国内向け小規模経営と、ココナツ、バナナなどの輸出向けプランテーションを中心とする農林水産業。

どんな課題?▶近年の高い経済成長から主要都市の交通量が増大する一方、とくにマニラ首都圏では道路交通が飽和状態となり、慢性的な交通渋滞を引き起こしている。インフラ整備の遅れに加え、度重なる台風、地震で道路・橋梁が多大な被害を受け、適正な維持管理が不十分な状況にあった。

首都／マニラ
面積／30万㎢
人口／1億958.1万人
1人あたりGNI／3850ドル（日本のおよそ11分の1）

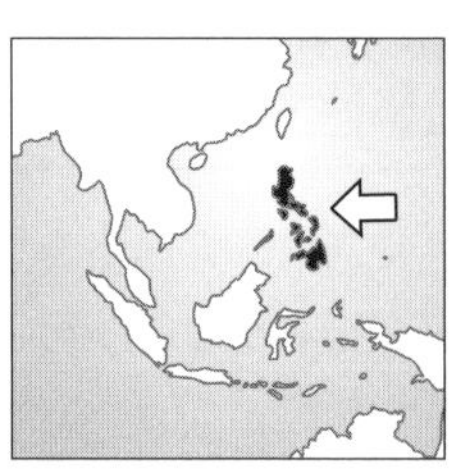

崩落の危険がある道路斜面が放置されたままに

本プロジェクトのフェーズ1は2007年に始まり、同国内で3つのパイロット地域を定め、道路や橋梁の維持・管理に関する技術の普及に努めました。2011年からのフェーズ2では、主に日本からの援助などで建設された長大橋（→❶）の維持管理のための点検マニュアルを策定することになりました。

こうした支援によりフィリピンの道路状況はかなり改善が見られたものの、2014年末時点で総延長約3万3000㎞の同国国道のうち、およそ40%が補修・改修を必要としている状況でした。

読者の皆さんも、丘陵地などを切り開いてつくられた、側面が斜面（法面）になっている道路を日本でよく見かけると思います。崩落を防ぐため、日本では国道の斜面は国有地として国が

❶国土交通省の定義では橋長100m以上の橋をさす。フィリピンの長大橋の多くは1950〜70年代、戦後賠償の一環として日本の援助で建設されたが、建設から40〜50年が経過し、交通量の増加、車両の大型化による負荷もあってその多くで損傷が顕著になっている。長大橋には特殊な技術が用いられていることもあり、その維持管理に関する技術・知識がフィリピン側にないという課題があった。

管理し、危険な斜面はコンクリートなどでおおわれています。フィリピンではそれまで、道路脇の斜面は多くが私有地で、石を積み金網をかけた程度の工事しか施されておらず、日本と同様に台風や大雨が多い環境から、通行止めを引き起こす崩落事故が多発していました。

特殊橋梁の長大橋バンバン橋での日常維持管理研修

橋の耐用年数を延ばす補修技術を提供「現場で一緒に考える」姿勢が大切

一方、橋梁については適切な補修を行うことで耐用年数を延ばすことができるのですが、その技術が不足しており、損傷すれば橋そのものの架け替えをよぎなくされます。しかし、新規建設の予算がないため多くは放置されたままで、危険な状態にありました。

そこで2016年からのフェーズ3では対象地域を広げ、道路については斜面の地滑り対策に特化するとともに、橋梁は補修のノウハウ提供・人材育成に重点を置きました(→❷)。一方では、道路・橋梁の維持管理を計画的に進められるよう、データベースの整備にも取り組みました。同国では道路・橋梁の建設工事に関する記録が倉庫に保管されたままになっていたので、それらをデータ化して活用できるための支援も行いました。

日本からの援助は道路や橋などを新たに建設してくれるものという認識が現地でも強かったからか、今回のような維持管理のための技術協力について、当初は現地関係者の間にも戸惑いがあったように感じました。また、技術者にはプライドがありますから、外国人から教えを受けることへの抵抗感もあったようです。ですから決して上から「教えてやる」という態度はとらず、なるべくフィリピン側の担当者と一緒に現場へ出かけ、一緒に考えるなど、日常的に接して行動をともにしながら技術を伝えることを心がけました。

相手国側の事情をふまえ、技術協力で人材を育てるには時間がかかります。また技術を相手国に伝えて終わりではなく、相手国できちんと継承されているか、定期的に確認するなどのアフターフォローも大切です。

❷道路・橋梁を管轄する同国公共事業道路省下の各地方事務所の技術者を対象に道路維持管理セミナーを実施したほか、日本の道路斜面安定技術の紹介や、現場でのフィールドトレーニングなどを行った。

◉取り組みで思ったこと

フィリピン側の援助受け入れ組織である公共事業道路省は、一貫性が強い日本の省庁と異なり、組織が途中でガラッと入れ替わることが多く、戸惑うこともありましたが、逆にすごいのは道路・橋梁の担当部署で日本以上に多くの女性職員ががんばっていることです。フィリピンはジェンダー平等が世界有数ともいわれ、男女共同参画の大切さを実感できました。

「海の大動脈」の安全を守る 海上警備のレベルアップに貢献

海上法令執行庁海上保安アドバイザー

対象国／マレーシア（アジア）

解説してくれた人／立石良介さん（海上保安庁）

マレーシア

どんな国?▶マレー半島南部とカリマンタン（ボルネオ）島北部のサバ・サワラク両州からなる。多民族国家だが、中国系が経済の実権を握る。1980年代以降は工業化が進み製造業が盛んとなり、原油や天然ガスも輸出する。

どんな課題?▶同国のマレー半島とインドネシアのスマトラ島を隔てるマラッカ海峡はインド洋と太平洋を結ぶ国際海運の大動脈である（→❶）。しかし、地形や周辺環境などの事情から近年、海難事故や各種犯罪が多発（→❷）しており、その安全確保は日本にとっても重要な課題となっている。

首都／クアラルンプール
面積／33.1万㎢
人口／3236.6万人
1人あたりGNI／11230ドル
（日本のおよそ4分の1）

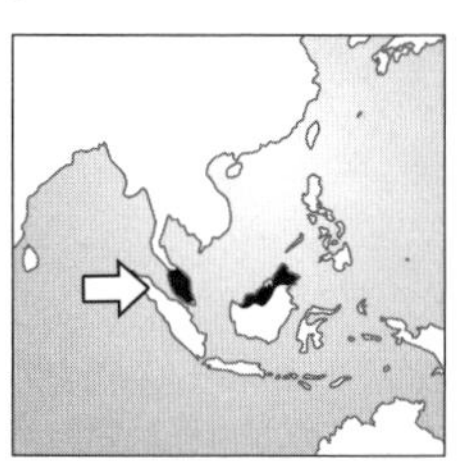

転覆船舶の乗員救助に欠かせない 潜水士の養成に協力

海上保安庁は、2005年に設立されたマレーシア海上法令執行庁（MMEA）に対し、その設立準備段階からJICAによる技術協力の枠組みで長期専門家を派遣するなど、同庁の組織体制づくりや人材育成の支援を続けてきました。現地が抱える課題に柔軟に対応できるように、テーマを定めたプロジェクトとしてではなく、個別専門家として派遣されました。

今回の技術協力では、同庁がさらにレベルを高め、日本の海上保安庁の重要なパートナーとして発展してくれることを目指しています。

海上保安官の潜水士は、巡視船艇乗組員のなかから選抜された者が厳しい潜水研修を経て養成され、海難事故による転覆船舶からの乗員救助や漂流者の捜索を担う、体力と高いスキルが

❶ マラッカ海峡

マレー半島西海岸沖のほぼ全域、約900㎞に及ぶ。年間に10万隻近い商船が通過し、それは世界海上輸送物の20%、原油送量の33%を占める。日本向け原油総輸入量に至っては94%がマラッカ海峡を通過しており、日本にとっての物資輸送の生命線でもある。

訓練施設内プールでの実習風景

巡視船上での指導風景

求められる職種です。海上保安庁はこれまでもMMEAの潜水士育成を支援してきましたが、今回はMMEAが自ら潜水士を養成できる研修体制を構築できるよう、現地潜水教官候補・潜水研修生を対象に座学やプールでの実習、日本から供与された巡視船での海洋実習などの救助潜水研修を実施し、その能力強化を支援しました。

衝突事故が頻発するマラッカ海峡
海上捜査に必要な鑑識技術もバックアップ

事故だけでなく、海上犯罪への対応力強化も課題です。海上犯罪でも警察と同様に、科学的知識・技能を駆使して、捜査の現場に残された指紋や血液など証拠となる遺留物の採取・分析を担う鑑識官がいます。この鑑識技術の指導官を養成するため、こちらも本庁職員が現地で法医学調査をする際の基本技術のデモンストレーション、知識を応用するケーススタディ、最新の鑑識情報分析システムとその活用法などを指導する「海上犯罪現場保存訓練講座」を実施しています。

マレーシア沖は特に船舶の通行量が多いため、船舶同士の衝突事故が頻発することから、その原因を究明するために高度な鑑識技術の活用が必要になっています。

こうした長年の実績もあり、MMEAも相当な海上保安技能を積み重ねており、自ら人材を育成し、他国に対して指導ができるレベルに達しつつあるのが現状です。

❷外国漁船による密漁、密輸、海賊行為、海上強盗、密入国などの海上犯罪が多発している。特にマラッカ海峡は浅瀬が多く船舶が速度を落とすため、海賊行為が横行しやすく、またカリマンタン島サバ州北岸ではフィリピン南部の武装ゲリラ組織による海賊事案が報告されている。

◉取り組みで思ったこと

マレーシアは多民族国家で、イスラム教徒やヒンドゥー教徒など宗教的な価値観を大切にする人々が多く存在します。一緒に仕事をするうえでも、彼らの習慣や考え方を尊重することが重要です。理解にギャップが生じても、粘り強く話し合うことが大切で、こちらの考えややり方を受け入れてくれたときは、喜びもひとしおです。その積み重ねから信頼関係が生まれ、価値観を共有できるパートナーになれるのだと思います。

深刻な交通渋滞をあたらしい「公共バス」から改善

プノンペン公共バス運営改善プロジェクト

対象国／カンボジア（アジア）

解説してくれた人／高橋君成さん（株式会社国際開発センター）

カンボジア王国

どんな国?▶東南アジア、インドシナ半島南西部に位置する。独立は1953年。75年に樹立された急進左派のポル=ポト政権下では多数の自国民が虐殺され、内戦を経て91年に終結。農業・縫製業・建設業・観光業が主要産業。

どんな課題?▶首都プノンペンでは、近年の経済発展や急激な都市化により登録車両台数が増加し続け（→❶）、交通渋滞などによる都市環境の悪化、交通事故死者数の増加が深刻な問題となっている。

首都／プノンペン
面積／18.1万㎢
人口／1671.9万人
1人あたりGNI／1530ドル
（日本のおよそ4%程度）

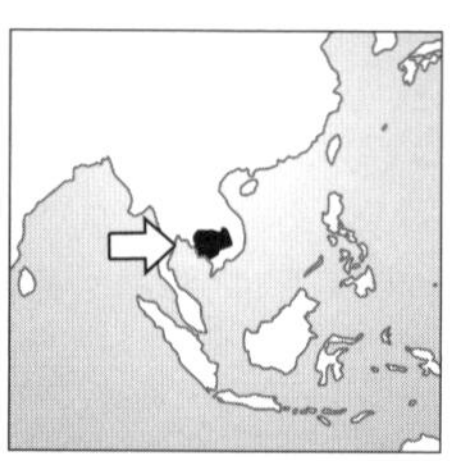

時刻表もバス停もなく利用者数は低迷 プノンペンのバス公社を立て直し

同国政府からの要請に基づき、JICAの支援で2035年を目標年次とする公共交通、道路網、交通管理などの総合都市交通計画（マスタープラン）が2014年に策定されました。それまでプノンペンには民間のバイクタクシーやトゥクトゥク（三輪タクシー）などの準公共的な交通手段しかなく、この計画によってあらたにバス交通システムの導入が図られ、都バス公社を設立して3路線が運営されるようになりました。

しかし予算が乏しく路線拡大に必要な車両を調達できず、また初めての試みでもあり、組織の運営だけでなく運行・維持管理に課題があったため（→❷）、10路線への拡大を目指す本プロジェクトが2017年より実施されることになりました。公共バス運営の実務経験者を含む21人で専門家チームを組み、人

❶特に手軽な自動二輪車の増加が顕著で、同市の道路交通の約6割（JICA、2022）を占め、交通事故死亡者数も自動二輪車によるものが約7割（2016年）を占めるとされる。カンボジア公共事業・運輸省によれば、2020年に国内の車両登録台数は600万台を超え、同年の新規登録台数64万台のうち、自動二輪車は53万台にのぼる。

❷運行開始当初は認知度も低く、時刻表やバス停もないために利用者の満足度が低く、乗客数が低迷していました。乗務員の運転技術や安全教育も十分でなく、保有するバスすべてが中古車だったため、車両故障や事故が頻発していた。

材育成から車両の保守や運行管理まで組織づくり全般を手がけることとなりました。

公社は韓国から独自に調達した57台の中古バスに加えて、あらたに日本や中国から178台の提供を受け、合計235台を安全かつ確実に運行することを最大の目標としました。大型のバスを運転した経験をもつ人がほとんどいないため、大型トラックの運転手を採用して実地訓練を重ね、育成することにしました。

車両の整備は当初、外部の民間会社に委託していましたが、運行費用を削減したり、急なバスの故障に対応するために、18人を整備士としてあらたに採用し、公社内に自前の車両保守・点検部門を設立しました。カンボジア初の女性運転士も誕生し、職場環境の改善にも取り組んでいます。

サービス向上により 5年間で年間乗客数は16倍に増加

バス経営を成り立たせるためには乗客を増やさなければなりません。路線図などを載せたバスマップの配布、利用の仕方についてのワークショップのほか、SNSも活用し、フェイスブックの公式ページは４万5000フォロワーを達成するなど公営バスの認知度アップに努めました。慢性的な交通渋滞などもあり時刻表通りの運行が難しいため、GPSによる走行中のバスの位置情報を利用者がスマホのアプリなどで確認することができ、待ち時間の短縮に役立ててもらうサービスを2018年から開始するなど乗客の利便性を高めています（→❸）。

円滑な運営のためには都内のインフラ整備も欠かせません。事務所やバスターミナル、都内850カ所に及ぶバス停・待合所の建設のほか、渋滞中でもバスがスムーズに移動できるよう、バス優先信号導入のための試行実験など、サービスの向上に努めました。バス公社職員と専門家チームが力を合わせた結果、路線数は３から13にまで増え、年間乗客数が2014年から16倍に増加する一方で、10万㎞あたりの事故回数は2016年から半分以下にまで減らすことができました（→❹）。

１日当たりの乗客数は最大３万人にまでなりましたが、これはプノンペンで１日に移動する人口の１％程度にすぎず、同市の人口密度を考えると潜在的なバス利用者はもっと多いはずです。計画立案から管理運営、その結果を評価し次の改善につなげるという業務管理のサイクルを続けることでより利用者の満足度を高めることにより、自動車やオートバイからバス利用への転換をさらに進めていきます。

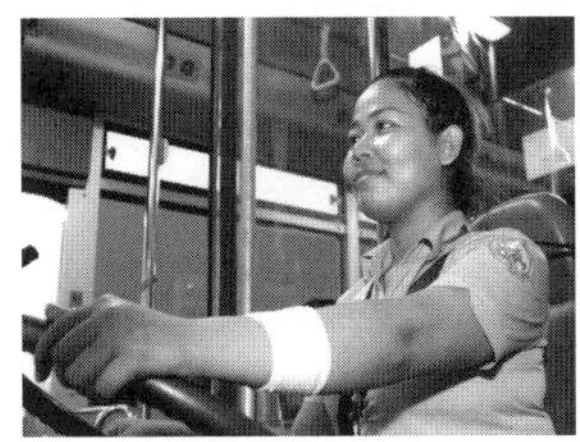
カンボジア初の公共バス女性運転士

バスの位置情報がわかるスマホ用アプリ

❸スマートカードやQRコードなどの電子決済システムをすべてのバスに導入することができた。

❹年間乗客数は54万人（2014年）から16倍となる890万人（2019年）まで増加している。乗客は高齢者、女性、学生など自動車やバイクを保有していない交通弱者が多く、バスはこれらの方に移動機会を提供している。一方、バスの事故回数（10万㎞当たり）は2016年の2.68（2016年）から1.16（2020年）に低減させることができた。

◉工夫したこと

上意下達の傾向が強いカンボジアの政治風土では、計画を進めるにあたってはプノンペンの担当副知事や都知事らトップとの合意形成が欠かせません。エビデンスによる計画案の作成を支援したり、バス公社総裁による副知事への定期的なブリーフィングを支援するなど、プノンペン都へのさまざまな働きかけの努力もあり、22億円に相当する都の予算を公共バスのインフラ整備向けに計上してもらうことができました。

1章 *Prosperity* 豊かさ

SUSTAINABLE DEVELOPMENT GOALS

すべての人々の、安価かつ信頼できる持続可能な近代的エネルギーへのアクセスを確保する

持続可能な生産消費形態を確保する

気候変動及び
その影響を軽減するための
緊急対策を講じる

③ 資源・エネルギー

誰もが安心して資源とクリーンエネルギーを使える世界へ

産官学のパートナーとともに、誰もが安心して資源とエネルギーを使えるカーボンニュートラルな世界の実現を目指すため、エネルギー利用の低・脱炭素化、持続可能な鉱物資源管理、電力アクセス向上に取り組む。

カーボンニュートラルに不可欠な資源にも課題が

温室効果ガス総排出量の約7割が発電部門から

2021年の国連気候変動枠組条約締約国会議(COP26)において、パリ協定のもと「世界的な平均気温の上昇を産業革命以前に比べて1.5度に抑える努力を追求する」ことが確認されました。この達成には、2050年までに全世界の温室効果ガス排出量を実質ゼロ(ネットゼロ→❶)とする努力が求められますが、現在の総排出量の約7割は発電所などのエネルギー転換セクターに由来しています。2050年までに全世界のエネルギー消費量は倍増する見通しの一方、脱炭素には年間5兆ドルの投資が必要といわれます。

❶温室効果ガスの排出量から吸収量を差し引いた合計をゼロとすること。カーボンニュートラルと同意義。日本政府も2020年、カーボンニュートラルを2050年までに実現すると宣言した。

カーボンニュートラルに欠かせない希少金属の産出国にも多くの課題が

今後、社会経済の発展に伴って安価で安定したエネルギーの需要増加が見込まれる開発途上国にとって、これは大きなチャレンジとなります。再生可能エネルギーの導入を一層促進するとともに、エネルギー利用の効率化を進めることで、経済成長や人口増加に伴う温室効果ガスの排出量を可能な限り抑制することが求められます。また、カーボンニュートラルの実現に欠かせない技術には希少金属などの鉱物資源が必要とされ、これらの資源が安定的に世界市場に供給されることが重要であるとともに、資源を産出する開発途上国による持続的な資源管理に向け、「資源の呪い」をはじめとする諸課題(→❷)に取

❷天然資源が途上国を経済発展させる原動力ではあるが、開発経済学の研究のなかで、天然資源が豊富なのに、経済発展の遅れや貧困の現象がみられ、これを「資源の呪い」(Resource Curse)と呼ぶようになった。こうした国では特定の鉱物資源の輸出に依存するためにその国際市況に左右されやすく、国内での資源の偏在が貧富の格差や紛争を助長したり、大規模な資源開発が地域の生態系・住民に負のインパクトを与えるなどの問題が生じている。鉱山開発の利潤が国家の健全な経済・社会開発に生かされていないという背景もある。

り組む必要があります。

世界で7億人以上が今も未電化 35億人が停電など不安定な電力下で生活

電力は、動力から冷熱、照明、通信に至る利便性の高さと、生活環境への負荷の低さから、今後の経済社会活動や近代的な生活に不可欠なエネルギーです。開発途上国においても生活の向上や人口増から電力需要は今後さらに増大していくと考えられます。

世界の人口電化率は2010年の83%から2019年には90%にまで改善していますが、サハラ砂漠より南に位置するサブサハラ・アフリカ地域を中心に、いまだに約7.5億人が電気を利用できません。また、世界人口の約半数に当たる35億人が、停電などの不安定な電力供給(→❸)下に置かれているとされています。

開発途上国では電力事業体の財務・技術が不十分で電化地域を広げられなかったり、設備投資や維持管理の不備から停電、送配電ロスが生じています。電力供給がなかったり、不安定な地域では、質の高い教育・医療などの基礎的な社会サービスにアクセスできず、産業や雇用機会の停滞を招き、インクルーシブで持続的な経済成長を阻害することになります。

❸開発途上国における1人当たりの年間電力消費量は約2000kWhで、OECD 諸国の約7800kWhに比べ極めて低位なレベルにある。

日本とJICAがこの課題に取り組む理由

日本は山岳地帯や島嶼部が多い複雑な国土地形でありながら、民間事業として電力開発を推進し、早くに世帯電化率100%、停電時間の少ない高品質な電力供給を実現しただけでなく、1970年代の石油ショックなどを契機に、エネルギー安全保障の確立や省エネルギーの促進にも官民を挙げて取り組んできました。

このため、日本には資源・エネルギーを安定的で効率的に供給する政策や技術的な知見が豊富に蓄えられています。これらを生かしながら、さらに技術革新とその普及を進め、世界のカーボンニュートラルの実現に貢献します。

3つの方針で課題に挑戦!

Approach1
エネルギー利用の低・脱炭素化

途上国がエネルギー安全保障と経済性に配慮しながらカーボンニュートラルを目指す、長期エネルギー計画の策定を支援します。今ある技術だけでカーボンニュートラルを実現することは不可能です。日本は途上国が次世代脱炭素技術の恩恵を享受できるようにする責務があると考えています。このため、日本が強みを有する地熱発電(→❶)や、水力・太陽光・風力などの再生可能エネルギーの導入を推進するだけでなく、水素・アンモニア、バイオマス、海洋温度差発電、次世代原子力・核融合、ゼロエミッションビークルといった新技術の紹介や一部導入支援を行います。変動性の高い再生可能エネルギーを一定以上導入する場合は電力供給の安定化(→❷)への支援も行います。

エネルギー利用側でも効率化を進めることで、途上国の経済成長に伴うエネルギー消費量の増加を抑制します。また、特に消費量の大きい産業用途のエネルギーを重点的な対象として、電力以外のエネルギー利用の効率化にも取り組みます。

Approach2
持続可能な鉱物資源管理

カーボンニュートラルの実現のためには鉱物資源の確保が不可欠です。例えば、電気自動車、燃料電池車、太陽光には希少金属だけでなくベースメタルが必要になります。それらの鉱物資源を保有する国が、

❶地中深くから取り出した蒸気でタービンを回し、発電する。地熱貯留層の探査・試掘に時間がかかるなどの難しさがあるが、二酸化炭素の排出が少なく、天候に左右されない安定した発電などのメリットがある。日本はその技術・経験で世界トップレベルにある(本項「地熱発電プロジェクト」参照)。

❷大洋州島嶼国では多くが海外からディーゼル燃料を輸入して発電しているが、費用が財政を圧迫するなどの問題を抱えている。JICAは太陽光発電などの再生可能エネルギーの導入、天候に左右されやすい再生可能エネルギーの変動性を適切に運用できるよう支援している(本項プロジェクト「グリーンパワー・アイランド・プログラム」参照)。

❸本項「資源の絆プロジェクト」を参照。

自国資源の持続的な管理を通じて、質の高い成長と鉱物資源の世界市場への安定的な供給を実現するため、人材育成を通した投資環境の整備と人的ネットワークの強化(特に知日派人材の育成)に取り組みます(→❸)。

Approach3
電力アクセス向上

電力へのアクセス向上に取り組みます。特に電化率の低いアフリカでは、パワープール構想(国際送電網の拡大)を促進します。

開発途上国では送配電部門は公的事業体が担うことが多く、適切な設備投資や運用・維持管理が行われず、未電化地域の解消や電力の安定供給を実現できていない状況(→❹)です。送配電ネットワークの強化は送配電ロスの削減や停電の防止につながり、それによって電力アクセスは劇的に改善します。公益性と競争性を確保した事業環境の整備や投資計画の策定だけでなく、設備の運用管理強化や経営改善についても支援し、今後増大が見込まれる再生可能エネルギーを円滑に受け入れられる電力インフラを整備して低・脱炭素化を目指します。

2030年への目標

★15万GWh／年の追加電力供給量を達成
★10カ国で省エネルギー促進のための制度構築
★「資源の絆」などで年平均20人以上の人材を育成など

❹例えばケニアでは、住宅の近くまで配電網が整備されていなかったり、電線を家に引き込むための初期費用(接続料)が高額で一括払いのため、電化が遅れている地域があった。JICAは同国の電化促進事業「ラストマイル・コネクティビティ・プロジェクト」に協力し、高額な接続料の所得に応じた免除や分割払い化、送電網の整備に取り組んでいる。

世界トップクラス
日本の地熱発電技術をケニアへ

地熱開発プロジェクト

対象国／ケニア（アフリカ）

解説してくれた人／杉岡学さん（JICA国際協力専門員）

ケニア共和国

どんな国?▶アフリカ大陸東部、赤道直下の高原に位置する。イギリスの植民地から1963年に独立。コーヒーや茶などの農産物を中心とする農業が主要産業で、最大の外貨獲得源は観光。

どんな課題?▶2000年代のケニアは発電量の7割以上を水力発電に依存していたが、大規模な干ばつによる長期的な電力不足に見舞われ、経済活動が低迷した。今後、急速な人口の拡大や都市化が予想されるなか、安価で安定した電力源を確保する必要がある。

首都／ナイロビ
面積／59.2万㎢
人口／5377.1万人
1人あたりGNI／1750ドル
（日本の約24分の1）

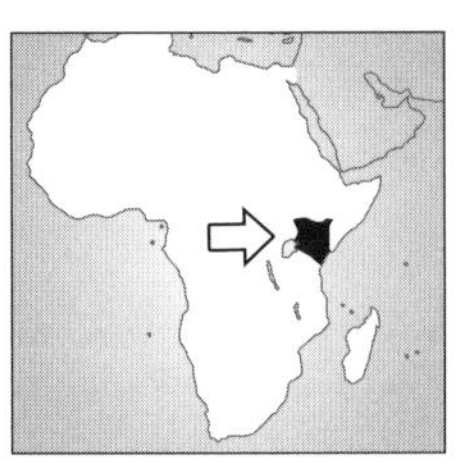

大干ばつで頼みの水力発電が危機に 地熱発電に乗り出したケニア

ケニアは現在も活発な火山活動が続く東アフリカ大地溝帯（→❶）を抱え、地熱発電の高いポテンシャルがあります。同国初のオルカリア地熱発電所が稼働したのは1981年で、JICAはその発電量拡大を継続的に支援してきました。その後、電力の多くを水力に頼っていたケニアで2007〜08年に大干ばつが発生し電力不足に悩まされたため、新たな発電の柱として地熱開発を推進する動きが一気に加速し、本格的な支援が始まりました。

地熱発電は稼働すると半永久的にクリーンに発電できるメリットがありますが、ネックとなるのは新規開発時、探査・試掘によって地下深くの有望な地熱貯留層（→❷）を確認したり、井戸を掘削する際の技術や初期費用の高さです。事前調査を行っ

❶ グレートリフトバレーとも呼ばれ、アフリカ大陸東部を南北に貫く6000km以上の地溝（谷）。地球内部からプレートが湧出する境界にあたることから周囲の地熱温度が高く、地熱発電に適している。

❷水を通しにくい帽岩（不透水層）が蓋の役目をしてマグマ溜まりからの熱を受け、150℃以上の蒸気・熱水が閉じ込

メネンガイ地区における地熱噴気試験

ても、地下に貯留層があるかどうかは、実際に井戸を何本も掘ってみないとわからないという難しさがあります。

初期調査要員の養成に協力 総発電量の半分近くが地熱発電に

同国の地熱発電は30年ほどの歴史があるため、発電所の運営・維持には経験豊富な職員がいますが、開発時の地表調査や掘削評価については外国の専門家が行っており、自分たちで適切な掘削地点を選定し、井戸を掘削して持続的な発電に必要な蒸気生産量を見極めるなどの人材を養成できていませんでした。JICAは日本から専門家を派遣し、同国で地熱発電を担う公社職員約1000人のうち半数以上に対する現地研修、また一部は日本に招待し、掘削・貯留層評価技術を身につけてもらう研修を実施してきました。

稼働中のオリカリア地熱発電所では発電設備の増設や運営・維持管理の効率化を図るため、デジタル技術の導入も支援しています。また貯留層が有望視されるメネンガイ地区では新たな地熱開発に向けた地表調査や試掘評価に取り組み、早ければ2023年にも発電所を稼働できる見通しです。

メネンガイ地区においては、含まれるミネラル分など蒸気の特性に応じた発電設備の設計にも取り組みました。これ以外にもケニア国内9カ所で調査し、新たに4か所で発電所設置に向けた支援をしています。

同国電力に占める地熱の比率は、プロジェクト開始当初の16%から現在では45%を超え、その発電設備の４割近くがJICAの協力で建設されています。日本の地熱発電技術は世界トップクラスで、その設備機器の世界シェアも日本が７割を占めていることから、脱炭素に向けた取り組みとして日本が世界に大きく貢献できる分野だと思います。

められている層。地下2000mほどの深さにある。ここに井戸（生産井）を掘削して蒸気・熱水を採取、発電を行い、発電後の熱水は別の井戸（還元井）から地熱貯留層に戻すことで半永久的に発電を行うことができる。

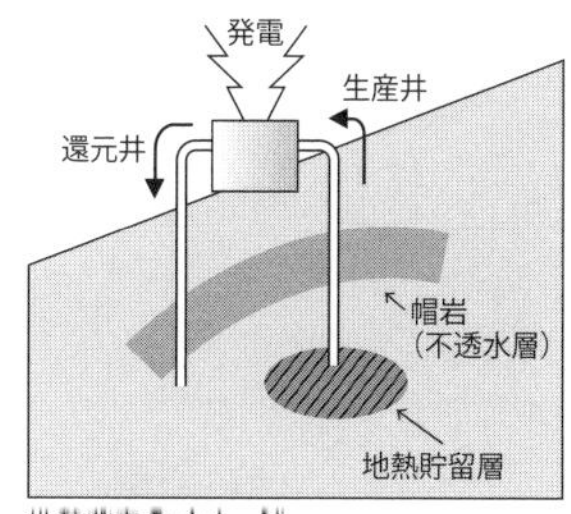

地熱発電のイメージ

◉うれしかったこと！

ケニアは日本以上に地熱発電のポテンシャルが大きいだけでなく、成長著しい経済や人々の暮らしをエネルギー面で支える仕事は、地熱分野の専門家としてやりがいを感じます。政府や現場職員たちもやる気に満ちており、再生可能エネルギーのなかでは比較的安価に供給できる地熱電力の普及を一緒に後押しできればと考えています。

太平洋諸国の電力「脱炭素化」に再生可能エネルギーで貢献

グリーンパワー・アイランド・プログラム

対象国／フィジー（オセアニア）

解説してくれた人／小川忠之さん（JICA国際協力専門員）

フィジー共和国

どんな国?▶南太平洋中央部に散在する332の島々からなる。人口の38%を占めるインド系住民が経済を支配。主要産業は砂糖生産と観光、衣料品加工など。

どんな課題?▶同国は発電量の約54%を水力発電でまかなうが、45%は他の太平洋島嶼国と同様、ディーゼル発電に依存しており、その燃料購入費は総輸入額の2割に及ぶ。

首都／スバ
面積／1.8万㎢
人口／89.6万人
1人あたりGNI／5800ドル（日本のおよそ7分の1）

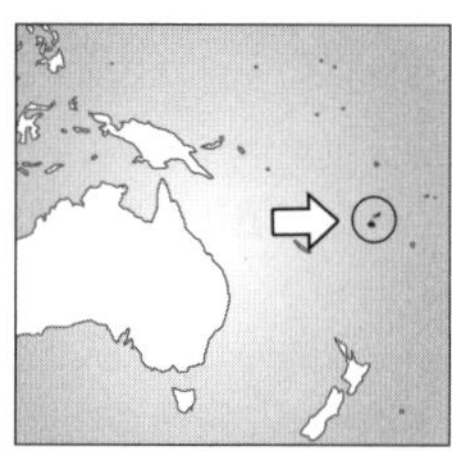

「ハイブリッド」から再エネ中心へ フィジーが拠点

大洋州におけるJICAのエネルギー関連の協力は1980年代に始まり、ディーゼル発電機や配電線などの供与、電力施設の整備に携わってきました。その後、設置した発電機をメンテナンスしたいが対応できないなど、維持・管理に関する要望が各国から寄せられるようになるなか、2010年代半ばより各国で太陽光発電などの再生可能エネルギーの導入が進みます。ただ、再生可能エネルギーは発電量が天候に左右される供給の不安定さがあるため、JICAはディーゼル発電と再生可能エネルギーを組み合わせて電力供給の安定化を図る「ハイブリッド・アイランド・プログラム」(→❶)に2016年から取り組んできました。その後、地球温暖化対策が世界的な目標となったことから、より再生可能エネルギーに重点を置いた「グリーンパワー・アイ

❶ハイブリッド・アイランド・プログラム(2016〜21年)
大洋州各国の再生可能エネルギー（再エネ）導入目標に基づき、その動きを加速化しつつ、天候によって変動する再エネ発電量をディーゼル発電や蓄電池、系統安定化システムなどとのハイブリッド発電で補い電力安定供給を実現するだけでなく、その発電システムを自国や地域内で維持管理できる体制づくりをするためのJICAプロジェクト。

フィジーの大学で太陽光発電システムの動作原理を学ぶ研修風景

ランド・プログラム」(→❷)を2021年よりスタートしました。

その柱となる取り組みの1つが、再生可能エネルギーとディーゼルの発電系統を統合し、効率的・安定的に運用・維持管理するための技術協力です。フィジー、キリバス、ツバル、ミクロネシア、マーシャルの５カ国を対象とし、その中心となるのが対象国のなかで電力会社の技術力が高く、地理的にもハブ的存在であるフィジーで、電力会社が保有する研修センターのリソースを活用して、人材育成を支援しています。

異なる島嶼国の事情に配慮
余剰電力の活用方法も

同じ大洋州といっても、人口規模が大きなフィジーと最小のツバル(1.2万人)では電力系統の規模に100倍の差があるなど、エネルギー事情はかなり異なっています。また首都のある大きな島だけでなく、小さな離島についても考慮する必要がありますので、人口の少ない小さな島では故障時の対応や機器の設置・運営コストなどを勘案し、太陽光発電が主流になっています。地域の性格によってきめ細やかに対応する必要があります。

再生可能エネルギーは供給に変動があるため、全体として電力を安定的に供給する技術・体制の強化に努めています。電力需要を予測し、発電機にかかる負荷や効率・コスト面などから、再生可能エネルギーとディーゼルの最適な比率を割り出したり、余剰電力を無駄にしないよう、蓄電池のほか温水や製氷などに回すなど、さまざまな方法で活用できる方策も提案しています。需要と供給の差が大きい場合は、時間帯をずらして電気を使用するよう利用者へ呼びかける仕組みの導入も検討しています。

❷グリーン・アイランド・プログラム
(2021年〜)

ハイブリッド・アイランド・プログラムをベースに、大洋州各国電力の脱炭素化に向けた取り組みをさらに強化することを目的としたプログラム。電力供給側では再エネを主力電源とし蓄電池などとの最適な運用を通して安定的・経済的な電力供給を目指し、需要側では省エネ促進、再エネの変動性に合わせた需要に誘導することで需給バランスを保つ仕組みづくりを目指す。

◉この取り組みで思ったこと

エネルギーの安定供給という目標に向かって議論しながら、現地の人々がスキルを上げていく姿を目にするのはうれしいことです。取り組みによりマーシャル諸島(人口5.9万)では年間でドラム缶1800個分(360kl)のディーゼル燃料を節約できたり、キリバス(人口11.9万)では国内の人材だけでディーゼル発電機のメンテナンスを成し遂げたとの報告を受けています。今後も対象国や頻度を増やしながら技術研修を継続するとともに、大洋州における脱炭素化を電力以外の自動車や船舶にまで広げられるように取り組めたらと考えています。

鉱物資源に恵まれた国の人材を育て持続的な発展に協力

資源の絆プロジェクト

対象国／モザンビーク（アフリカ）

解説してくれた人／細井義孝さん（JICA国際協力専門員）

モザンビーク共和国

どんな国?▶アフリカ大陸南東部に位置する。1975年に社会主義共和国として独立後、17年に及ぶ内戦を経て1992年に民主化。農業とアルミニウム精錬を基幹産業とし、天然ガスや石炭を輸出する。

どんな課題?▶天然ガス、石炭やチタン、タンタル、ボーキサイトなど豊富な鉱物資源を有しているが、内戦などにより長く大規模開発が行われておらず、政府機関による推進・管理の知見や体制にも乏しい実情がある。

首都／マプト
面積／79.9万㎢
人口／3125.5万人
1人あたりGNI／490ドル
（日本のおよそ85分の1）

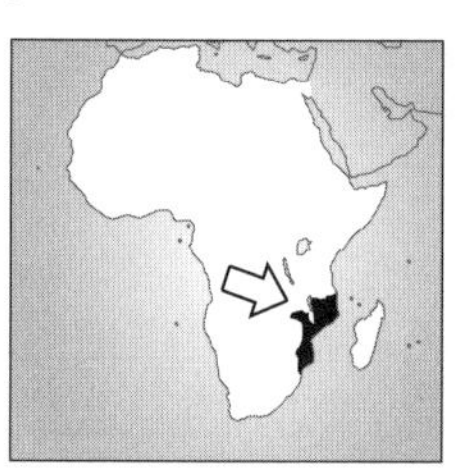

「次世代の資源大国」として注目されるモザンビーク

同国はインド洋に面し、アジア、中東、欧州などと南部アフリカ諸国を結ぶ港湾をもつなど地理的な重要性が高く、近年原料炭や天然ガスなど豊富な鉱物資源が確認され、次世代の資源大国として注目されています。政府も内外からの投資促進に力を入れ、世界的な資源価格の上昇に支えられて資源開発投資が拡大したことで、2010年代前半は7%を超えるGDP成長率を果たしました。

「資源の絆プロジェクト」は天然資源に恵まれた途上国の大学教員や研究者、鉱業行政の担当者を日本に招き、資源開発に関する専門教育や研修（→❶）を受けてもらうものです。これによって途上国で専門家や技術者を育成し、鉱業行政の公正性や透明性を高めるとともに、日本と途上国の間のネットワークや人

❶長期研修と短期研修があり、短期は10日から6週間程度。長期は日本の大学院の修士課程や博士課程で学び研究をするが、日本の関連企業でのインターンシップや母国に帰ってのフィールド調査も含む。インターンシップの受け入れは日本企業が途上国との関係をつくるきっかけになり、海外フィールド調査には日本の大学教官も同行するため、途上国の資源状況を知る機会にもなる。

日本での研修でUBE（旧宇部興産）を見学する研修生

モザンビークで水銀汚染シンポジウムを開催した帰国後の元研修生ら

脈づくりに貢献することを目指しています。

これまでに28カ国から182人（2022年12月時点）を受け入れていますが、そのうちアフリカが104人と最も多く、次にアジアが59人と続きます。

資源の探査・採掘技術だけでなく

アフリカからの受け入れのなかで最も多い国の1つがモザンビークです。日本政府が同国の大学を支援する方針を決めたことが直接のきっかけですが、石油、石炭、天然ガス、金、レアメタルなどアフリカでも有数の資源国であることが重視されています。優秀な人材が多く（→❷）、興味深い研究テーマを選んでいます。例えば、衛星画像などを使う資源探査をテーマにして研修生として最初に博士号を取得したのが同国出身の人です。資源の損失を防ぐため、積み重ねておくと自然発火する石炭について調査した研修生もいました。

資源の探査や採掘も重要な課題ですが、途上国では自国の資源が国民の生活向上や経済の安定に寄与しているか、疑わしい場合が少なくありません。外国資本が資源開発に参加する場合、途上国への技術移転や収益配分がきちんと実行されるように、研修では資源に関する契約の締結についても学びます。

同国では、小規模業者が金を採掘する際、水銀を利用しています。金と水銀のアマルガムをつくった後、熱を加えて水銀を蒸発させ金だけを取り出すのですが、このときに水銀がまき散らされ環境汚染を引き起こします。帰国した研修生のフォローアップとして、水銀の環境への悪影響に関するJICA主催のシンポジウムをモザンビークで企画するなど、資源採掘にあたっての環境への配慮も学んでもらっています。

❷研修生一人ひとりの選定、研修生の出身機関との交渉から大学・研究室のマッチング、JICA主催プログラムのカリキュラム作成、インターン先の選定・交渉、帰国後のフォローアップまで一貫して私が担当した。気をつかうのは最初の人選である。どの機関から研修生を選ぶのが、相手国の資源政策に影響を及ぼすうえで最も効果的か考える。このプロジェクトの成果にも深く関わる。

◉この取り組みで思ったこと

このプロジェクトを担当して一番やりがいを感じるのは、研修生が帰国してから連絡を取り合ううちに「助けてほしい」「手伝ってほしい」などと頼られるときです。彼らが母国で活躍できるように、機材を提供したりワークショップやシンポジウムを開催したり日本の専門家を派遣したりするなど、フォローアップに力を入れています。必要があれば再び日本に招聘することも検討します。また、中央アジアなど資源国でありながら日本との関係が薄かった地域からも研修生を招けるようにネットワークをさらに広げたいと思います。

1章 Prosperity 豊かさ

SUSTAINABLE DEVELOPMENT GOALS

包摂的かつ持続可能な経済成長及び
すべての人々の完全かつ生産的な雇用と
働きがいのある人間らしい雇用
（ディーセント・ワーク）を促進する

強靭（レジリエント）なインフラ構築、
包摂的かつ持続可能な
産業化の促進及び
イノベーションの推進を図る

持続可能な開発のための
実施手段を強化し、グローバル・
パートナーシップを活性化する

④ 民間セクター開発

民間企業を育成し、途上国の経済成長を促す

起業家や企業の競争力の向上、ビジネス環境、金融アクセスの改善を図り、日本企業との連携も強化して持続的な経済成長の源泉である民間企業の育成・強化を目指す。

途上国で民間企業の成長を妨げているものは?

❶国連SDGsレポート2019によれば、製造業における1人当たりの付加価値(2018年)は欧米が4938ドルであるのに対し、後発開発途上国は114ドル。SDGsのゴール9には、2030年までに雇用と国内総生産に占める農業・漁業以外の産業の割合を、後発開発途上国は2倍にするというターゲットがある。

1人当たりの付加価値が低い開発途上国の製造業

民間企業は、多くの国で国内総生産(GDP)の大部分を生み出していることからもわかるように、国の持続的な経済成長の源泉です。企業が納める税金は国のインフラ整備の貴重な財源となり、また企業は雇用によって人々の生活を支えています。ところが後発開発途上国では、産業の重要な牽引役となる製造業で1人当たりが生み出す付加価値が欧米の2%にとどまり、SDGsのゴール9「産業と技術革新の基盤をつくろう」のターゲットを達成できるレベルに達していません(→❶)。

アフリカでは農業が雇用の半分以上を占める一方、GDPではその2割程度にとどまります。産出した農産物についても、高所得国では98%が国内で加工されますが、途上国では30%にすぎず、付加価値を向上させるアグリビジネスの拡大が急務です。

脆弱な金融サービスへのアクセス状況企業が成長できずに雇用も増えず

世界の企業の多くは製造業の中小・中堅企業で、雇用の50〜60%を創出しています。途上国が経済成長するためには、製造業を営む民間企業の持続的な発展が不可欠であるものの、地域によってはその資金調達先となる銀行などの中小企業向けローンが普及していない現状があります。特にアフリカのサブサハラ地域では、金融に関する法制度の未整備などから中小企業が金融サービスにアクセスできず、企業の成長を阻害する要因となっています。政策・制度を含めたビジネス環境の改善が必要です。

途上国から中所得国になっても伸び悩む国々

また途上国にとって、外貨獲得や雇用の拡大といった経済面だけでなく、自然景観や歴史的建造物、生活文化や伝統を継承する観点からも観光業の発展(→❷)が有望ですが、オーバーツーリズムなどによる環境破壊といった負の側面も目立っており、持続可能でレジリエント(強靭)な観光開発に向けた取り組みが必要です。

一方、中南米や中東・東欧などで経済発展により途上国から中所得国(1人当たりGDPが中程度の水準に達した国)になりながら、その後成長率が低下したり、長期にわたって停滞をよぎなくされる、いわゆる「中所得国のわな」(→❸)と呼ばれる状況にある国がみられます。こうした国々では産業の一層な高度化が求められます。

❷観光産業は関連産業を含めると世界のGDPの10.4%、雇用の9.9%を占め、2016 年の世界輸出に占めるシェアは 7%に達する。

❸世界銀行の調査報告書(2007年)で提示された概念で、途上国から中所得国になった国の多くが、人件費の上昇で軽工業などの輸出競争力を失うなどそれまでの発展パターンや経済構造を転換できず、高所得国になれないことをいう。メキシコやアルゼンチンなどが代表的な例。

日本とJICAがこの課題に取り組む理由

明治の近代化、戦後の産業発展を通じ、製造業を中心に急速な経済成長を実現して分厚い中間層を生み出すことにつながった日本の経験は、日本語から海外に広まった「カイゼン」(ボトムアップで作業効率の向上や安全の確保に取り組むこと)などの概念とともに、多くの途上国から関心を集めています。また、現代の日本ではそのデメリットが論じられることの多い日本型経営も、雇用の維持や成果の公正な分配など、途上国企業の成長に活用できる部分が少なくありません。JICAにはこれまでの協力を通じ、その知見の蓄積が豊富にあります。

課題解決に向けた3つの協力方針

Approach 1
「アフリカ・カイゼン・イニシアティブ」の推進

JICAはアフリカ連合(→❶)開発庁と2017年に協力覚書を交わし、アフリカ25カ国以上で日本の高度経済成長を支えた品質・生産性向上アプローチ「カイゼン」の普及・展開のための技術協力「アフリカ・カイゼン・イニシアティブ」を実施しています。拠点国とその周辺国(→❷)を対象に、カイゼン活動の標準化やネットワーク化を推進しながら、2020年からは経営全般や金融アクセス支援、デジタル化を加えた包括的企業支援へと拡充し、アフリカの工業化に貢献しています。

Approach 2
社会課題の解決に挑むスタートアップ支援 "Project NINJA"

途上国の社会課題の解決に挑むスタートアップ支援を目的に、2020年に始まったのが"Project NINJA"(→❸)です。イノベーティブなアイデアによるビジネスの力で社会課題の解決を図る起業家の育成を後押しし、日系企業など海外企業と連携しながらSDGsに貢献する取り組みです。

途上国では、インフラの未整備や高い失業率などの社会的課題を抱える一方で、最新テクノロジーを活用したイノベーションも多く生まれています。この取り組みを通じて、スタートアップの成長に必要な環境を整備するだけでなく、将来的には途上国政府自身が民間の金融機関や大学などと連携して社会課題

❶アフリカ連合
African Union
アフリカ55の国・地域(日本が未承認のサハラ・アラブ民主共和国を含む)が加盟する世界最大級の地域機関。アフリカでより高度な政治的・経済的統合の実現と紛争の予防・解決に向けた取り組みを強化するために、2002年7月、「アフリカ統一機構(OAU)」から改組されて発足した。

❷拠点国はケニア、エチオピア、タンザニア、ガーナ、カメルーン、ザンビア、チュニジア、南アフリカ。その周辺国にはEラーニングや第3国研修を活用して支援を行う(本項プロジェクト参照)。

❸ Next Innovation with Japanの略。アフリカ地域19カ国では、コロナ禍で生じた変化に対応した革新的なビジネスアイデアをもつスタートアップを対象にコンテストを開催したほか、アフリカやアジアなど世界各地で、スタートアップが事業を成長させるために必要なトレーニングプログラムを構築し、事業のブラッシュアップ、投資家や事業会社とのネットワークづくりを支援するなどしている(本項プロジェクト参照)。

解決のためのビジネス・イノベーションを促していける仕組みを構築し、持続的な経済発展の道を開拓します。

Approach 3 アジアにおける投資促進と産業振興

途上国の多くで、日本企業を含めた多数の外国企業がサプライチェーンを構築し、雇用や付加価値を生み出しています。JICAは日系製造業を中心にサプライチェーンが構築されているアジア地域において、投資環境の改善に取り組むことで日系企業をはじめとする先進国企業の海外直接投資(→❹)を呼び込んだり、成長や雇用を生み出す産業振興策に協力して現地取引企業の能力強化を一体的に支援します。これにより、企業間のビジネスリンケージを拡大し、現地企業の競争力を強化したり、先進国企業の進出を促進して途上国の経済開発に貢献します。

日本企業にとっても新たな市場の開拓につながり、当該国と日本の双方にとって利益となるほか、「経済強靭性に関する日ASEAN共同イニシアティブ」(→❺)などとの相乗効果も期待できます。

2030年への目標

★「アフリカ・カイゼン・イニシアティブ」の対象地域で、2022年から2030年までの8年間で7200社が支援を受ける。
★Project NINJA対象地域で、2022年から2030年までの8年間で1600社の企業の成長を支援し、スタートアップが育つ環境をつくる。
★アジアの支援対象地域で、2022年から2030年までの8年間で8万人超のビジネス人材を育成し、先進国企業と現地企業のビジネス関係の構築に貢献する。

❹海外直接投資
海外に現地法人を設立したり、現地法人への資本参加などによって経営に参画したり技術提携を行う投資のこと。投資を受ける側は雇用創出や技術移転といったメリットがある。

❺日本とASEANとの間で2020年に合意された構想。デジタル技術を活用した高度化や生産拠点の多元化などを推進し、強靭なサプライチェーンの構築を目指す。

日本式の「カイゼン」で現地企業の品質・生産性向上に貢献

品質・生産性向上(カイゼン)プロジェクト

対象国/南アフリカ共和国(アフリカ)

解説してくれた人/神公明さん(JICA専門家)

南アフリカ共和国

どんな国?▶アフリカ大陸最南端に位置する。1961年に英連邦より独立後もアパルトヘイト(人種隔離)が続いたが、91年に撤廃。同国初の全人種参加による94年の総選挙で黒人のマンデラが大統領に選出され、340年以上続いた少数派白人単独支配が幕を下ろした。鉱業、畜産・穀物などの農業、自動車・化学・製鉄などの工業が主要産業。

どんな課題?▶金やダイヤモンド、白金など世界有数の鉱物資源国で、現在では高中所得国に分類されるが、所得格差が大きく、失業率が30%を超えるため、雇用吸収力のある産業の創出が課題となっている。

首都/プレトリア
面積/122.1万㎢
人口/5930.9万人
1人あたりGNI/6040ドル
(日本のおよそ7分の1)

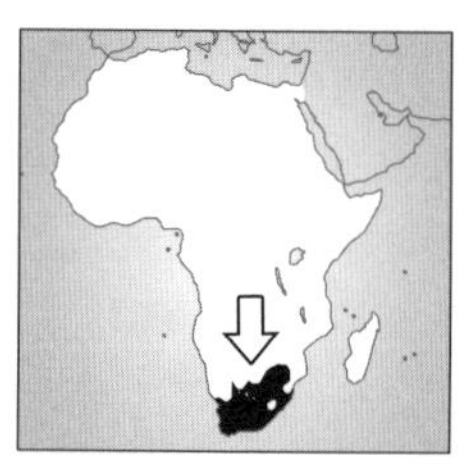

国際競争力に欠けていた自動車産業で日本式「カイゼン」を導入

同国は鉱業主導で経済成長を果たしてきたものの、特定産業に偏重した貿易構造がより多くの人に利益をもたらす包括的な経済成長を阻害する(→❶)との認識から、スキルの低い労働者の雇用吸収力が大きい製造業に比重をおき、輸出産業の多角化を図ろうとしてきました。そのためJICAは2010年代から同国自動車産業の国際競争力を高めるため、「カイゼン」(品質・生産性向上)指導を実施してきました。

同国自動車産業の部品サプライヤー企業は品質やコスト、納期の点で十分な国際競争力がない点が課題でした。現地で理論について講義をしたあと、実際に製造現場を訪れたところ、作業場は資材が散らばり雑然としていました。まず「カイゼン」の基本である4S(→❷)を実施して製造工程をはっきりさせると、

❶ 鉱物資源は同国の輸出品目の半分近くを占め、依然として資源依存度が高く、世界的な資源価格の下落の影響を受けやすい。2015年以降は実質GDP成長率が1～2%の低水準で推移し、経常赤字と財政赤字が続いている。

❷カイゼンには4S(整理、整頓、清掃、清掃)のほか、「躾」を加えた5Sなどがあるが、2016～20年に実施した普及では同国トヨタ自動車の活動に従って4Sを採用してきた。実際に行うことは5Sと変わらない。

「カイゼン・ワークショップ」で作業効率についての実習をする企業関係者たち

どこに問題があるかが見えてきます。

搬出口から遠いところに作業工程を終えた製品が山積みになっていると、運び出す際に時間がかかります。製品を箱詰めして搬出口近くに置くレイアウトにするだけで、搬出にかかっていた時間や労力のムダが省けることになります。

「1個流し」や「カンバン」も今後は他業種にも拡大

また、「カイゼン」の高度な手法である「1個流し」や「カンバン」なども指導しました。「1個流し」とは、最初から最後の工程まで1個ずつ部品を流して完成させる方式です。まとまった数の部品を工程ごとに仕上げてから次の工程に渡す方式のほうが効率的なように思えますが、実際には部品を貯めておくなど余計な作業や待ち時間が入るため、「1個流し」の方が生産性は高いとされています。

「カンバン」は、必要なものを必要なときに必要なだけつくることを目的に、製造の各工程から前工程に必要な部品の数や納入期限などを記したメッセージボード（カンバン）を渡す方式です。前工程で生産したものを必要の有無に関係なく後工程に流すと在庫が増えてしまいますが、カンバン方式では安価で簡単に供給と生産の管理が可能となります（→❸）。

その後、同国政府より製造業全体にその知識・技術を普及させたいとの要請があり、本プロジェクトが2022年からスタートしました。「カイゼン」の効果を学術的に研究する一方、研修コースも基礎的なものだけでなく、中級者向けや企業幹部向けコースに加え、「カイゼン」の指導者を増やすためのトップレベル・コースも設ける予定です。対象の業種も自動車以外のプラスチック、金属、繊維、食品加工などにも広げ、各産業団体も巻き込んで「カイゼン」の普及に努めたいと考えています。

❸2015年から2020年までのプロジェクト期間中、「カイゼン」を導入した8社で、定時内の労働生産性が2倍になった、期限内納品率が78%から95%に高まった、不良品率が3.3%から2.2%に下がった、1人当たりの残業時間が週13.8時間から4.6時間に減少した、などの成果があった。

◉この取り組みで思ったこと

南アフリカではアパルトヘイトが撤廃されて30年になりますが、所得不平等を表すジニ係数は世界で最も高いレベルにあり、黒人中高年層の教育レベルの低さなど負の遺産が消えていません。白人層と黒人層の分断は今なお残っており、管理職と現場の労働者が自由に意見を交換しながら生産性を高めるための障害になっています。どうすれば、この障害を取り除き南アフリカに合った「カイゼン」手法を開発できるか見通しは立っていませんが、まだ誰もやったことがないだけに、今後もチャレンジしていきたいと思っています。

有望なスタートアップを支援し若者が希望をもって働ける国に

起業家支援・イノベーション推進アドバイザー

対象国／ナイジェリア（アフリカ）

解説してくれた人／不破直伸さん（JICA専門家）

ナイジェリア連邦共和国

どんな国?▶西アフリカのギニア湾北東岸に位置する。人口はアフリカ諸国で最大。アフリカ最大の経済大国で、原油（産油量でアフリカ1位）、天然ガス、すずのほか、カカオ豆・落花生が主要産物。250以上の民族を抱える多民族国。

どんな課題?▶アフリカ最大のGDPを誇るが、原油や天然ガスに依存するため経済は国際資源価格に左右されやすく、社会インフラの未整備が国民生活の向上や企業投資促進の妨げとなっている。失業率は33%と高く、若年失業率は52%とさらに高い。

首都／アブジャ
面積／92.4万㎢
人口／2億614万人
1人あたりGNI／2030ドル
（日本のおよそ20分の1）

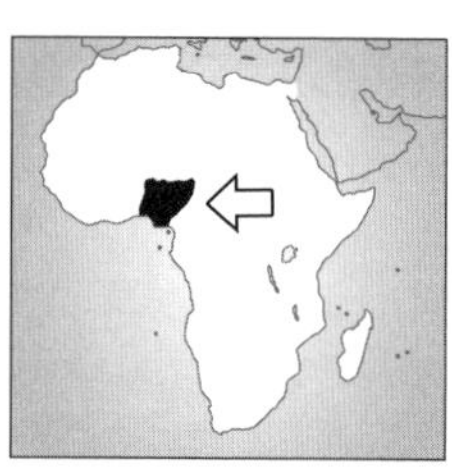

社会課題をビジネスで解決する起業家を後押しできる仕組みを

JICAの推進する“Project NINJA”は、途上国で社会的な課題解決に取り組むスタートアップ（新規事業の立ち上げ）支援を目的にしていますが、同時に雇用の創出によって貧困や社会不安を軽減することも目指しています。特にアフリカでは人口が増加し若年層が多いにもかかわらず、それに見合う雇用の不足から失業率が高くなりがちで、仕事のない若者が犯罪者集団に加わるなど社会不安の要因になっています。

私の役割は、ナイジェリア政府機関が起業家を育てる能力を強化できるように後押しすることです。起業家支援のプログラムを作成し、講師の選定からマーケティングの知識や事業計画の立て方など起業のためのトレーニングの場を提供します。また、起業の成功者から投資家、金融機関、教育研究機関、コン

◉この取り組みで思ったこと

社会課題をビジネスで利益を生みながら解決しようというスタートアップがナイジェリアでは数多く出てきています。もちろん、アイデアはよくても、お金を支払う顧客のニーズに応えられるものになっていなければビジネスとして続きません。まずは日々の雑談や活動を通じて、起業を目指す人や政府関係者の考え方・仕事の仕方などマインドセットを変えていくことが重要だと考えています。課題を解決したいという目標をもって、希望に満ちた社会と自分のために夢をかなえようとする彼らをサポートする活動を続けたいと思います。

サルタントや弁護士などを巻き込みながらのネットワークづくりにも協力しています。

実際にスタートアップに関わった例では、医療向けに画像診断のAI支援サービスを提供する企業（→❶）がありました。ナイジェリアではCTスキャンやMRIなどの医療画像の診断を専門とする放射線医が大幅に不足しているため、病院での検査で画像を撮影してもすぐに診断ができない状況があることから、AIを活用して放射線医による読影時の疾患の見落としを防いだり、診断の精度を上げ、作業時間を短縮化することで、診断業務を改善・効率化させようというものです。米国のAIデータをモデルにプログラムを作成したため（→❷）、ナイジェリア人にもデータは有効かどうか、国内で一般的な機器でも問題なく稼働するか、など検証が必要な点もありますが、実現すれば医療サービスの向上に大きく貢献できるでしょう。

❶ AI画像診断サービスのスタートアップXolani Health社社長らと面談する不破さん

❷彼らのAIモデル構築の際に、ナイジェリアのデータを使いたかったものの、データがなかったので、米国のデータを使ってモデル検証をした。

有望な現地スタートアップを日本でも紹介

“Project NINJA”の一環で、2022年にJICAと日本経済新聞社の共催によるオンラインイベント「アフリカ新興テックナイジェリアピッチ決勝戦」を開催しました。私が協力した同国政府機関の起業家支援プログラムに応募があった1072社から優秀な社会課題解決型のテックビジネス６社を選抜し、彼らがプレゼンテーションを行い、視聴者に投票してもらうもので、最優秀賞には、救急医療体制が脆弱で交通渋滞も深刻な同国で、デジタル技術とバイクを使った緊急医療システムの提供を目指す企業と、モバイルを活用して預金を集め、低所得者向けに低コストのローンを実施してインフォーマル・セクターの事業を支援する企業の２つが選ばれました（→❸）。

ナイジェリアは２億人超という巨大な国内マーケットを抱え、アフリカへのスタートアップ投資の23.5%（2022年）が集まるなど、投資家からも注目されてます。遠隔診療がすでに始まるなどデジタル化も進みつつあり、しっかりとしたビジネスプランを立てられれば成功する可能性は十分あります。

❸イベントに登壇した６社には、生産された農作物の半分が輸送時の温度管理の不備で廃棄されているナイジェリアの現状をふまえ、再生可能エネルギーで農作物を冷凍貯蔵し、デジタル技術で顧客とつなぎ効率的に配送するコールドチェーンを展開する企業や、妊産婦と新生児の死亡率を減らすため、医療関係者が遠隔で妊婦の合併症リスクなどをチェックできるAI搭載ウェアラブル装置を開発した企業、マーケットへのアクセスが困難な農家・生産者と、高品質な食材がほしい消費者をデジタル技術でつなぎ、効率的なデリバリーを展開する企業などがあった。

起業家支援と日本からの投資拡大で民間ビジネス人材を育成

カンボジア日本人材開発センター起業家育成・ビジネス交流拠点機能拡充プロジェクト

対象国／カンボジア（アジア）

解説してくれた人／弓削泰彦さん（JICA専門家）

カンボジア王国

どんな国?▶東南アジア、インドシナ半島南西部に位置する。独立は1953年。75年に樹立された急進左派のポル=ポト政権下では多数の自国民が虐殺され、内戦を経て91年に終結。農業・縫製業・建設業・観光業が主要産業。

どんな課題?▶同国は1990年代に市場経済へ移行して以来、国営企業を整理縮小しつつ積極的な外資の導入を進めてきたが、中小企業を含めた企業の育成が十分に図られていない。日本企業の進出も進むなか、現地での事業を支える産業人材の育成が急務である。

首都／プノンペン
面積／18.1万㎢
人口／1671.9万人
1人あたりGNI／1530ドル
（日本のおよそ27分の1）

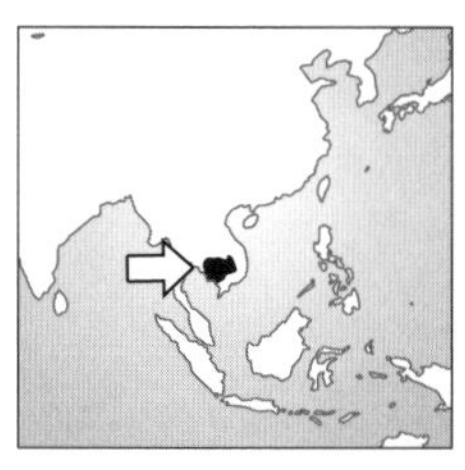

「市場経済への移行支援」からビジネス人材の育成へ

2000年代より、カンボジアの市場経済への移行を支援するため日本の無償資金協力によってカンボジア日本人材開発センターが設置（2005年）され、JICAは同センターで人材育成や日本語教育、相互理解促進、広報・情報発信の４つの事業を開始しました。その後、同センターの事業・組織が自立できるよう機能強化を支援したところ、現地人スタッフを中心に運営できるまでになりました。「市場経済への移行支援」はその目的を達成できましたが、産業人材の育成のニーズが依然高かったことから、ビジネス人材の育成と日本・カンボジア間の交流の拠点としての機能を強化するため、本プロジェクトが始まりました。

同様のセンターは世界９カ国に10カ所（→❶）ありますが、

❶カンボジアの他、ベトナム（ハノイ、ホーチミン）、ミャンマー、ラオス、モンゴル、ウズベキスタン、キルギス、カザフスタン、ウクライナ。

当センターの特徴は、起業家や企業の成長に応じた研修コースやサポート体制が充実している点です。起業を考えている初心者に対する「起業家コース」では、5カ月ほどかけてアイデアを実際のビジネスに結びつける技術や知識を学びます。その後は、ビジネスの拡大・成長を図るための「アクセラレーター・プログラム」など段階に応じた研修コースを用意しています（→❷）。必要に応じて投資家、金融機関、政府機関とのマッチングをしたり、就職フォーラムなどを通じて従業員の雇用に協力したりするなど、切れ目のない支援を続けています。

カンボジア日本人材開発センターの就職フェアで、日系企業の求人票を見る現地学生たち

❷さらなる飛躍を目指す起業家や企業向けのインテンシブコースや、日本式経営のコンセプトの下で長期間かけて経営者やシニアマネジメント層を育成する経営塾プログラムなどがある。

大市場に隣接する好立地 恵まれた起業・投資環境

2019年から2021年にかけて「起業家コース」を175名が受講し、43名が実際に起業しています。受講生たちが目指すビジネス分野は不動産業、弁護士業、販売業、飲食業などさまざまですが、上級コースになると、バーチャルリアリティーなどのデジタル技術を活用するIT関連の企業家が目立ちます。

カンボジアは起業・投資するには恵まれた環境にあるといえます。人口は1700万と国内市場はあまり大きくないものの、ベトナムとタイという東南アジアの大きな市場に隣接するため、両国の製造業の一部を担う一方、外国資本などに対する規制も比較的緩やかです。インターネットや携帯電話などITインフラの整備もかなり進んでおり、カンボジアの人たちは外国人と働くことに慣れ、英語で対応できる人も多いです。日系モールやスーパーも進出しているため、日本人にとっては住みやすい環境にあります。

カンボジアでは日本からの投資に期待する声は大きく、実際、同国の経済特区に対する海外からの直接投資（2010～20年）で日本は中国に次ぐ2位です。当センターは、カンボジアに関心のある日本企業（→❸）と日本に関心のあるカンボジア企業を結びつけ、両国企業の連携や発展を後押しする活動にも力を入れています。

❸政治的なリスクが発生している中国、労働賃金の上昇などにより労働力の獲得が困難になっているタイやベトナムに続く次の進出先として注目を集めている。

◉この取り組みで思ったこと

日本とカンボジア両国の間には企業文化の違いが際立つこともあります。日本企業は5年から10年、それ以上の長期スパンでビジネスを展望・計画するとともに、リスクをすべて洗い出してから慎重に物事を決定する傾向があります。一方、カンボジアでは多少の問題があってもスピード重視で決定します。変化の激しい国際ビジネスでは、意思決定の速さなど日本企業もカンボジア企業から学ぶべき点はあり、互いに補い合うべきところを見出だすためにも、両国の企業の交流が一層拡大してほしいと願っています。

1 章 Prosperity 豊かさ

SUSTAINABLE DEVELOPMENT GOALS

あらゆる場所の
あらゆる形態の
貧困を終わらせる

飢餓を終わらせ、
食料安全保障及び栄養改善を実現し、
持続可能な農業を促進する

持続可能な開発のために
海洋・海洋資源を保全し、
持続可能な形で利用する

⑤ 農業・農村開発（持続可能な食料システム）

みんなが豊かになる農業を実現し貧困と飢餓をなくす

生産技術の開発や普及、効果的な流通体制の構築により農・畜・水産業の生産性を高め、農村部の貧困削減と経済成長を推進するとともに、気候変動への対応や食品ロスの課題にも取り組み、食料の安定的な生産・供給に貢献する。

なぜ貧困が農村に？ 農家の収入を上げるには？

❶世界銀行の報告(2015年)で、2010年までに最貧困層の78%が農村部で暮らしている。

貧困削減のカギは農村 貧困・飢餓に苦しむ人の8割が農村に

コメに野菜、肉や魚……。私たちの日々の食生活を支えてくれる、畜産業や水産業も含めた農業とそこで働く人々は大切な存在です。世界の人口が今後さらに増加していくと予想されるなか、農業の存在もますます重要になる一方で、世界の農業・農村はとても多くの課題を抱えています。

世界では、貧困や飢餓に苦しめられている人たちの約8割が農村部で生活し(→❶)、特に最貧層は農村部に集中しています。また、1日当たり1.90ドル以下で生活する貧困層の63%が農業に従事しており、その数は全世界で5億人にものぼります。

大半の低・中所得国では農業が主要な生計手段となっており、特にサハラ以南アフリカでは貧困世帯の農業への依存が大きく、その労働生産性の低さから農村部と都市部の経済格差が生じています。つまり、SDGsのゴール1「貧困をなくそう」の達成のためには、農村部の貧困削減がカギを握っています。

世界の農場の9割が家族農業 その多くが商業的農業に移行できず

農業生産は、その大部分が家族農業(小規模農家)により担われています。世界の農場数の90%以上が家族または個人が経営する家族農業で、3億7500万を超える家族農家が1ha(100m四方)足らずの土地で生計を立てています。

その多くは収益を上げられるような商業的な農業

に移行できておらず、労働生産性が低いため、農業生産の拡大が必ずしも農業所得の向上につながっていない状況にあります。多くの途上国における食料生産は小規模農家が支えていることから（→❷）、小規模農家が農業で生計を立てられるよう、ビジネスとしての農業を推進していくことが課題です。

❷国連食糧農業機関の報告（2014年）では、家族農業は世界の農地の70〜80％を用いて、世界の食料の80％以上を供給している。

2050年の食料需要は2010年の1.7倍に 3分の1が廃棄される食品ロスも課題

SDGsのゴール2「飢餓をゼロに」では2030年までに飢餓を撲滅する目標を掲げていますが、世界の慢性飢餓人口は2014年以降増加に転じており、新型コロナウイルスの影響がその目標の達成をさらに困難にしています。世界の食料需要は、2050年には2010 年比で1.7 倍に増加するだけでなく、人口増加や経済発展に伴う食ニーズの変化（→❸）を背景に、低所得国では2.7倍に増加する見通しです。今も8億人近い人々が十分に食料を得られていない一方で、食料生産量の約3分の1が廃棄されている現実があり、食品ロスの削減に向けた取り組みも強く求められています。

❸1kgの肉の生産に必要な穀物量

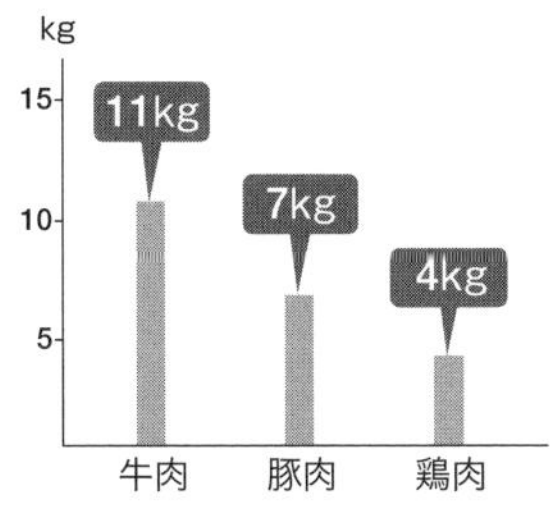

1人当たりの所得が向上すると、1人当たりの肉類消費量は増加する。肉類消費量の増加は穀物需要量の増加をもたらす。

日本とJICAがこの課題に取り組む理由

日本の食料自給率はカロリーベースで約40%しかなく、多くの食料を海外からの輸入に依存しています。世界の食料供給の約80%を担う世界の家族農業を支援することは、これから増加が見込まれる食料需要への対策としても重要です。

また、近年では途上国においても食ニーズが多様化し、よりおいしく、安全な食材への関心が高まりつつありますが、日本にはそうしたニーズに応える農畜水産物と技術があります。開発途上国の人々の暮らしを豊かにすることは、日本の農畜水産物の輸出を促進し、食・農業分野の日本企業の海外におけるビジネス機会の拡大にもつながります。

5つの方針で問題解決を考える!

Approach1
小規模農家向け市場志向型農業の振興

JICAが開発した小規模農家の所得向上を目的とした市場志向型農業振興「SHEPアプローチ」(→❶)による協力を、アフリカ、中東、中南米、アジアの50カ国以上で展開しています。市場ニーズを踏まえて農産物を生産・販売する「市場志向型農業」を推進しながら、ビジネスとしての農業を実践するという農家の営農意欲を高め、彼らの営農マインドを「作ってから売る」から「売るために作る」へ変革する取り組みです。

Approach2
アフリカ地域における稲作振興

人口増加・都市化に伴うコメ食の広がりからアフリカではコメの需要が拡大している一方、供給が追いつかず、コメを輸入する国も少なくありません。こうした状況をふまえ、JICAが協力して立ち上げた「アフリカ稲作振興のための共同体」(CARD→❷)では、サブサハラ・アフリカ地域のコメ生産量を10年間で倍増することに貢献しました。しかし、この間に需要が生産量を上回って増加したため、2019年からはさらに生産量を倍増する目標を設定し、RICEアプローチ(→❸)を通して取り組んでいます。

Approach3
フード・バリュー・チェーンの構築

経済発展で食に対する消費者のニーズが多様化し

❶生産者から消費者に至る市場流通のアクターそれぞれが持っている情報をお互いに知ることで、商取引は効果的になされるようになる。そうした仕組みと、モチベーションを引き出す心理学の「自己決定理論」をコンセプトに、小規模農家が市場関係者と情報を共有してニーズのある作物を選択し、農家のやる気や自立性を高めるアプローチとしてJICAが開発したのがSHEPアプローチである。2006年にケニアで実施したところ、2年間で支援対象農家の平均所得が倍増した。

❷JICAが国際NGOと2008年のアフリカ開発会議で立ち上げた国際イニシアティブ。この取り組みでアフリカ・サブサハラ地域のコメ生産量は1400万トンから2800万トンに倍増した。

❸気候変動耐性品種の育種・普及(Resilience)、コメビジネスや農業機械化促進(Industrialization)、優良種子の普及や品質向上・競争力強化(Competitiveness)、農家の生計・生活の向上(Empowerment)をコンセプトとする。

ている東南アジアなどで、生産から加工、流通、消費に至る各段階の付加価値を高めながら(→❹)、同時に各段階間の付加価値の連鎖を生む、包摂的かつ持続的なフード・バリュー・チェーン(→❺)の構築を目指します。

❹例えば生産段階ではかんがい施設の整備や機械化の促進、輸出相手国の農薬基準への適合などで生産性・安全性を向上させ、流通段階では農作物の品質を維持するためのコールドチェーンを整備するなど、さまざまな工夫がある。

❺農林水産物の生産から加工・製造、貯蔵、流通、消費に至る各プロセスで付加価値を高め、連結することから生まれる、食を基軸とする付加価値の連鎖、つながりのこと。

Approach4 水産ブルーエコノミー振興

島嶼国を中心とした開発途上国にとって貴重な輸出産品である水産資源の持続的な利用と、それによる経済の発展に取り組んでいきます。具体的には、漁村住民組織による主体的な水産資源の管理、「里海」の理念に基づく人と自然の共生、水産フード・バリュー・チェーンの構築などを推進します。

Approach5 家畜衛生強化を通じたワンヘルスの推進

世界的な感染症の流行を受け、ワンヘルス(→❻)の理念をふまえた途上国における疾病対策と家畜衛生の強化を目指します。具体的には、獣医師の育成、獣医サービスの拡充等に取り組みます。

❻動物由来感染症(人獣共通感染症)がすべての感染症の半数を占めるようになるなか、人と動物、環境(生態系)の健康・衛生を一体のものとみなし、関係者が横断的に取り組むという考え方。特に新型コロナウイルスの世界的蔓延を受け、注目されるようになった。

2030年への目標

★100万世帯の小規模農家の生計を向上させる。
★サブサハラ・アフリカのコメ生産量を、2800万tから5600万tに倍増する。
★島嶼国の水産資源が持続的に管理され、かつ沿岸コミュニティの経済を活性化させる。
★アジア及びアフリカ地域の畜産農家に対する獣医サービス能力を向上させる。

「売り先を考えてから作る」で小規模農家の所得倍増に貢献

市場志向型小規模園芸農業推進プロジェクト

対象国／マラウイ（アフリカ）

解説してくれた人／丹羽克介さん（JICA専門家）

マラウイ共和国

どんな国?▶アフリカのマラウイ湖西岸から南岸に位置する内陸国。主要輸出品は葉たばこ、紅茶、砂糖。後発開発途上国。

どんな課題?▶同国の農業セクターはGDPの23%、外貨収入の約8割を占める基幹産業である。労働人口の64%が農業に従事しており、農業分野の成長が社会・経済的な発展を支える原動力とされているが、農家の多くが農地面積1ha以下の小規模農家で、農村部の人口増加から土地の細分化が進んでおり、単位面積あたりの収益の向上が課題となっている。

首都／リロングウェ
面積／11.8万㎢
人口／1913万人
1人あたりGNI／550ドル
（日本のおよそ76分の1）

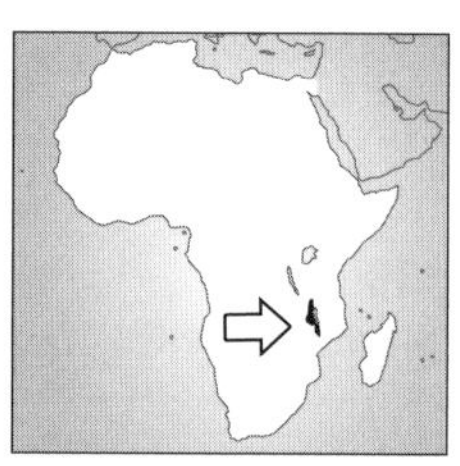

「モノの提供」という支援から「マーケティングを考え、やる気を引き出す」支援へ

マラウイはサバンナ気候で１年が乾期と雨期に分かれ、主食のトウモロコシや豆類、イモ類を栽培する雨期が農繁期です。乾期には、低湿地帯を利用して野菜などを家庭内消費と販売用に栽培します。小規模農家の多くは自給自足に近い状態で、市場動向に関係なく栽培・収穫して仲買人や地方市場に持ち込むため、供給過多で売れなかったり、低い価格での取り引きをよぎなくされます。長年にわたり国際機関やNGOが同国の小規模農家を支援してきましたが、種子や化学肥料といったモノの提供が大半で、そうしたアプローチへの農家の依存度が高いのが大きな課題となっています。

JICAは2014年から市場志向型農業アプローチ（→❶）に関する本邦研修を開始し、アフリカ各国の行政職員の能力強化に

❶本項Approach1「小規模農家向け市場志向型農業の振興」を参照。

❷SHEPアプローチに基づく一連の市場志向型農業の活動を、マラウイの状況に合わせカスタマイズした普及パッケージ（MA-SHEPパッケージ）をさす。2017年のスタートから5年半の間に、全国28県のうち24県・135農家グループ（農家数約6400人）に対して同パッケージを実施したほか、マラウイ政府並びに他ドナーやNGOを通して、141農家グループ（農家数約5900人）に対しても同アプローチが実施されている。

❸モノではなく、内面から湧き起こる関心や意欲によって動機づけられることが、持続性を高めるうえで重要である。

取り組んできました。マラウイから参加した行政職員が帰国後にパイロット活動（または、試験的に活動）を行い、このアプローチの効果を示すことができました。この成功事例をもとに同国政府から協力の要請があったことから、よりマラウイの現状に適したアプローチ（→❷）の構築と実践を通じて小規模園芸農家の生産性・マーケティング能力の強化を図ることになったものです。

これには、目標を共有するための啓発活動から、営農活動の記帳の重要性を気づかせるベースライン調査、ジェンダー啓発研修、ステークホルダーミーティング、市場調査研修、アクションプラン研修、市場調査の結果から農家グループが選定した園芸作物に対する技術研修などが含まれます。

マラウイの市場で調査を行う農家さんのグループ

農家の人たちの意識が変化

一連の研修を通して、農家の「気づき」を起こし、農家自身で意思決定し実践することを促すことで、「自分たちでできるんだ。自分たちで決めたんだ」とモチベーションを向上させ、普及員や市場関係者との信頼関係も強化されました。

本プロジェクトを通して、農家の平均園芸生産所得は倍以上になりました。一般的に農家の生計向上を目的としたプロジェクトでは成果が出るまで時間がかかることが多く、マラウイでの農家支援は10年単位での長期支援をすべきとの声もありましたが、SHEPアプローチは普遍性が高く、持続性が見込めることが改めて示されました。

モノを与える支援ではなく、モチベーションと知識やスキルを段階的に向上させるプロセスを重視したことで、「作ってから売る」から「売るために作る」へ農家の意識が変化したのです（→❸）。行政の普及員も自信がもてるようになっただけでなく、なにより農家の人々が自身で責任をもって行うというイニシアティブやオーナーシップが生まれたことが大きいと思います。JICAのプロジェクトは2023年に終了しますが、その後も、政府が独自にSHEPを継続・展開していくと明言してくれており、持続性という点からも理想的だといえるでしょう。

◉この取り組みで思ったこと

私は1997年に青年海外協力隊としてマラウイの地を踏んで以来、約18年間同国で農業支援活動に携わっています。慢性的な政府の予算不足から燃料費や日当などの支給が非常に限られているなか、普及員のモチベーションを上げることは容易ではありませんでした。「モノの支給なし」が方針でしたので、プロジェクト開始当初には疑念を抱く普及員もいました。研修内容を丁寧に説明し、演習や実演を含めてより実践的になるよう、熱意をもって伝えることを心がけました。参加してくれた農家のみなさんからは「これまで成功体験がなかったが、MA-SHEPを通して初めて成功体験を得た。それからさらに活動意欲が湧いたし、グループも活発になった」「家が貧しく自身が学校に行けなかったので、自分の子にはそんな思いをさせたくないという思いでがんばった。おかげで子どもを学校に行かせることができた」などの声が多く寄せられました。

全土に広がる稲作技術で自給を達成し、コメ輸出国を目指す

コメセクター生産性向上および産業化促進支援プロジェクト

対象国／マダガスカル（アフリカ）

解説してくれた人／羽原隆造さん（JICA専門家）

マダガスカル共和国

首都／アンタナナリボ
面積／58.7万㎢
人口／2769.1万人
1人あたりGNI／510ドル
（日本のおよそ82分の1）

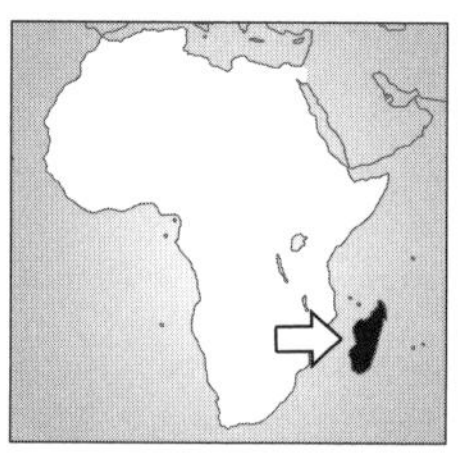

どんな国?▶インド洋西部、アフリカ大陸モザンビークの沖合約500㎞にある島国（マダガスカル島は世界の島面積で第4位）。1992年に社会主義から市場経済に移行。主要産業は農業で労働人口の7割以上が従事するが、生産性が低く農業がGDPに占める割合は25%にとどまる。後発開発途上国。

どんな課題?▶コメが主食のマダガスカルでは、1人当たり年間約100kg（国際連合食糧農業機関、2017年）と、日本人の約2倍の量を消費する。1970年頃まではコメの輸出国だったが、現在は人口の増加にコメの増産が追いつかず、自給率は90%。食料安全保障や経済・貧困削減の観点から政府もコメの自給達成を重視している。

生産性の低さが課題 新たな稲作技術を普及、トレーナーを育成

同国はＣＡＲＤ（→❶）対象国であり、その推進のためにJICAは2009年より「中央高地コメ生産性向上プロジェクト」を実施し、コメ生産性向上のための技術開発に取り組んできました。

同国の１haあたり収量は1970年頃と大きく変わらず2.５ｔ程度と、その生産性の低さが大きな課題でしたが、収量が上がらない最大の原因は肥料の不足でした。肥料を購入するための資金がない農家が多いため、コストを抑えながら収量を上げられるよう、さまざまな技術開発や試験を行いながらマダガスカルに適した稲作技術（→❷）を開発し、種子や肥料、パンフレットなどをパッケージにして農家への普及を図りました。

その後継プロジェクトでは、稲作技術をより多くの農家へ普及するための体制を強化しました。同国では技術普及のため

❶「アフリカ稲作振興のための共同体」（本項Approaches参照）。

❷種子の選抜、育苗、本田均平化、施肥、除草、収穫後処理などマダガスカルにおけるコメの生産性向上に効果的な12の技術のことで、マダガスカル政府もこのプロジェクト（PAPRIZ）の稲作技術をスタンダードにするという方針をとっており、今ではJICAプロジェクト以外でも使われている。国連機関の国際農業開発基金（IFAD）のプロジェクトでもPAPRIZの技術が採用されている。

❸コメ生産性向上・流域管理プロジェクト（PAPRIZ フェーズ2）（2015年12月～2020年11月）

の政府の技術者が圧倒的に少ないという現状があり、同国全23県のうち11県を対象として、農業畜産省県事務所のマスタートレーナーから郡事務所の担当者へ、そこから各区の農民トレーナーへと技術指導の研修を実施して技術の普及に努めた結果、トレーナーは3000人を超えるまでになりました。（→❸）

イタシ県アリヴニマム市の水田で、中央（右から4番目）の農業畜産省の技術者から、苗床から苗を移植するタイミングについて教わる周囲の農民トレーナーたち

農家の組織化でコスト削減 2030年の目標は「インド洋地域の穀倉地帯」

2020年からは、これまで行ってきた稲作技術の普及を全国に拡大しつつ、コメの生産農家とその周辺、流通などコメにまつわる各セクションの産業化促進を行うプロジェクト（→❹）を実施しています。

コメの収量が上がってくると、自家消費分以上の余剰が生じます。それを販売するには個人では難しいため、グループをつくって販売交渉を行うなどといった手法で、農家の経営能力の強化に取り組んでいます。

組織化することで、肥料もまとまった量を発注できるのでコストを抑えられたり、倉庫を共同で設置したり、高価な農業機械もグループでレンタルすることができます。集荷から精米、保管、運搬、マーケティングといった生産から市場までをつなぐコメバリューチェーンを強化して、コメセクターの産業化を目指しています。

2022年12月、同国政府は「国家稲作振興戦略ver.3」を打ち出し、2024年までにコメの自給達成を目標に掲げました。1haあたり収量を3.5tに増やせれば、政府が掲げる自給が達成されると見込まれます。また、同戦略によると2027年にはコメの輸出国となり、2030年には、インド洋地域の穀倉地帯、サハラ以南アフリカの持続的稲作開発のモデルになることを目指しています。JICAとして引き続き協力を続けたいと思います。

❹コメセクター生産性向上および産業化促進支援プロジェクト（PAPRIZ）（2020年12月〜2025年11月）

◉こぼれ話

私は2012年からプロジェクトに携わっていますが、この技術が広く農家のみなさんに伝わるようになったきっかけが、有名人の起用でした。マダガスカルにはラジャオさんというコメディアンがいて、日本でいったら志村けんさんぐらいの国民的な知名度を誇る方ですが、このラジャオさんに稲作技術の研修ビデオに登場してもらい、「ラジャオさんの米作り」と題して配布したりもしました。そのおかげもあり、実際にやってみたら収量も伸びて、使用する種の量も少なくてすむと農家の方から大変好評で、プロジェクトの対象になってない遠くの地域からも、噂を聞いて技術を学びたいとやって来てくれる人もいるほどです。プロジェクト名はフランス語の頭文字から"PAPRIZ"ですが、マダガスカルでは「パプリ」と呼ばれ、新しい稲作技術の代名詞になりつつあります。

2章 People 人々

SUSTAINABLE DEVELOPMENT GOALS

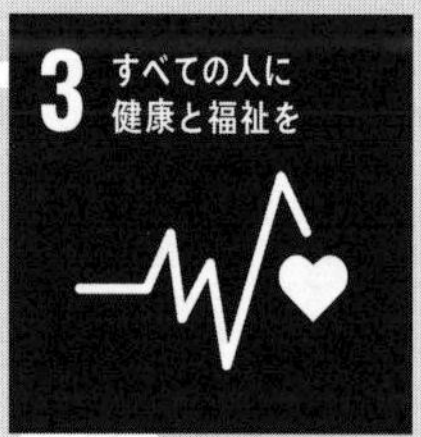

あらゆる年齢のすべての人々の
健康的な生活を確保し、
福祉を促進する

⑥ 保健医療

どんなときでも人々の健康を守る体制づくりを

生活の基盤となる健康を守る体制づくりを推進するとともにすべての人々が、いつでも、必要な保健医療サービスを経済的な困難なく受けられる「ユニバーサル・ヘルス・カバレッジ（UHC）」の達成に貢献する。

十分な保健医療サービスを受けられない国の課題とは?

新型コロナによる死者は世界で700万人 途上国との間には格差も

「あらゆる年齢のすべての人々の健康的な生活を確保し、福祉を増進する」(SDGsゴール3)。SDGsの目標のひとつに掲げられているように、健康は私たちの生活の基盤であり、地球上のあらゆる人々が、必要な保健医療サービスにアクセスできなくてはなりません。

保健医療の課題というと、誰もが新型コロナウイルス感染症(COVID-19)の猛威を思い浮かべるでしょう。2019年12月に最初に報告されて以降、これまでに全世界で7億人近くが感染、700万人近くが死亡(→❶)しました。ワクチン・医薬品開発が進みつつも新たな変異株が出現するなど、依然として地球規模で最大の課題となっており、私たちの社会・経済に大きな影響を与えているだけでなく、途上国では予防・治療体制の不備が際立つなど、格差が生じています。

35億人が質の高い保健医療サービスを受けられず 医療費による家計ひっ迫は毎年8億人が経験

世界の保健医療の課題はそればかりではありません。コロナ禍以前の状況においても、世界では35億人が健康を守るための質の高い基礎的サービスを享受できず、毎年約8億人が医療費による家計ひっ迫(総家計支出の10%以上)を経験し、約1億人が医療費の負担を原因として極端な貧困に陥っています。2000年に国連で合意されたMDGs(→❷)を振り返ると、1990年から2015年にかけ、5歳に達するま

❶ジョンズ・ホプキンス大学(アメリカ)の発表(2023年1月18日現在)による。

SDGsワード

❷ミレニアム開発目標

MDGs (Millennium Development Goals)

2000年の国連ミレニアム・サミットで採択された「国連ミレニアム宣言」をもとにまとめられた、開発分野における国際社会共通の目標。極度の貧困と飢餓の撲滅など、2015年までに達成すべき8つの目標を掲げた。その後、MDGsはSDGsに引き継がれた。

❸ゴール3のターゲットにはMDGsから引き継いだ妊産婦の死亡削減、新生児・5歳未満児死亡率の削減、感染症の蔓延防止、性と生殖に関する保健サービス強化のほか、薬物・アルコールなどの物質乱用対策、保健財政や人材の採用・能力開発・定着の強化など13項目が設定されている。

での子どもの死亡率は53%、妊娠・出産による女性の死亡率は44%減少しました。また、HIV（エイズ）、マラリアその他の疾病蔓延防止では、同期間で世界のHIV感染が40%減少し、マラリア対策で620万人以上、結核対策で3700万人の命が救われたとされ、目標は一定程度達成されました。しかし、2015年時点でも約600万人の5歳未満児および約30万人の妊産婦が毎年死亡していたほか、感染症の死者が年間で950万人に達するなど、依然として課題は残されています。

パンデミックでわかった保健システムの脆弱性 UHCの実現を目指して

SDGsのゴール3における幅広いターゲット(→❸)の達成のためには、それらの基盤となる、全世界でのユニバーサル・ヘルス・カバレッジ(UHC→❹)の実現が不可欠です。新型コロナウイルス感染症のパンデミックが各国の保健システムの脆弱性を露呈させるなか、そのような公衆衛生上の危機下においても安定した医療サービスを提供できる強靭性をもち、すべての人がアクセスできる保健システム構築の重要性が、あらためて浮き彫りとなっています。

SDGsワード

❹ユニバーサル・ヘルス・カバレッジ

UHC (Universal Health Coverage)
すべての人が、適切な予防、治療、機能回復などの保健医療サービスを、支払い可能な費用で受けられる状態をさす。SDGsゴール3のターゲット(3.8)としてもその達成が位置づけられている。UHC達成のためには保健医療サービスが身近に提供されていること、サービスの利用にあたって費用が障害とならないことの2つが必要となる。

❺コロナ禍の2020年からJICAが始めた、人間の安全保障とユニバーサル・ヘルス・カバレッジの達成を支援する取り組み。「治療」(感染症診断・治療体制の強化)、「警戒」(感染症研究・早期警戒体制の強化)、「予防」(感染症予防の強化・健康危機対応の主流化)の3つを柱とし、途上国の保健医療システムの強化を目指す。

日本とJICAがこの課題に取り組む理由

日本は近代化の過程で西洋医学を積極的に導入し、医学教育・研究での人材育成や国家的な公衆衛生の課題に取り組みながら保健行政の骨格を築きました。国民皆保険も1961年に実現しており、世界有数の健康長寿を達成するなど、世界的にも質の高いユニバーサル・ヘルス・カバレッジを維持しています。

JICAもこれまで日本の経験と人的リソースが豊富な母子保健、感染症対策に重点的に取り組んできました。自立発展を重視する長年の協力により培った信頼関係をもとに、「JICA世界保健医療イニシアティブ」(→❺)の推進を通じて、世界の連帯強化を主導することを目指します。

4つの方針で「保健医療」改善に挑戦！

Approach 1
中核病院における診断・治療の強化

各国の中心となる病院100カ所以上を目標に、病院の新設・拡充といったハード面と、院内感染予防対策、病院運営管理、医療施設・機材の維持管理など日本の長年の経験をもとにしたソフト面の技術協力をパッケージとして組み合わせ、包括的な医療提供システムの強化を図ります。さらに、日本の新型コロナウイルス感染症対応経験をふまえた重症化・死亡を防ぐためのケースマネジメント（診断・治療・ケア）といったノウハウの共有や、ハード・ソフト両面での遠隔医療技術を活用した集中治療の強化などにも取り組みます。

Approach 2
感染症対策および検査拠点の強化

感染症の流行拡大を防いで将来の健康危機への備えに貢献するため、検査・研究拠点を新増設・拡充して専門人材を育成するとともに、新型コロナウイルスの検査体制を整備し、感染者の早期発見や接触者の追跡、国境水際対策などの強化に取り組みます。JICAが推進するPREPARE（→❶）を生かし、これまでの協力で培った感染症検査・研究拠点とのネットワークを活用するとともに、民間を含む新しい協力パートナーも拡大しながら、各国における感染症への対応能力を高めるため多角的に支援します。

❶「健康危機対応能力強化に向けたグローバル感染症対策人材育成・ネットワーク強化プログラム」（通称PREPARE）。感染症対策拠点ラボの機能強化（教育・研究環境の整備、感染症対策能力の向上や、拠点ラボをベースにした周辺地域への対応能力向上など）、感染症対策人材の育成（拠点ラボ・感染症対策行政の中核人材を対象とした日本への留学生事業、拠点国から周辺地域への研修など）、地域・国際イニシアティブへの貢献（拠点ラボ間、周辺地域とのネットワーク強化、知見の共有など）の3つを柱とする。

Approach❸
母子手帳の活用を含む質の高い母子継続ケアの強化

妊娠から出産、子どもが5歳に至るまでの期間を中心とする母子保健は、アフリカや南アジア地域においては依然として主要な課題です。母子は感染症などの健康リスクでも脆弱なため、妊産婦と子どもに質の高い保健サービスを継続して提供する体制の強化を目指します。母子手帳(→❷)など母子健康にかかる家庭用記録の活用を国際的にも促進しつつ、途上国における母子の死亡を削減して生涯にわたる健康の実現に貢献し、死亡率について一定の改善がみられる地域に関しては、保健システム全体の強化を重視します。

Approach❹
医療保障制度の強化

ユニバーサル・ヘルス・カバレッジを実現するためには、必要な保健医療サービスが「負担可能な費用」で提供されなくてはなりません。そのためには日本の健康保険制度のように、個人の医療費負担を社会が共有する制度の構築・拡充が不可欠です。

対象国の政策・制度に助言して国のコミットメントを高めつつ、サービス提供との連携や、政策実行を後押しする資金の支援を行います。

2030年への目標

★質の高い医療従事者を約6万人増加させる。
★1080万人の人々が、基礎的な保健医療サービスへアクセスし、支払い可能な保健医療サービスの恩恵を受ける。
★外部資金の活用・連携により50カ国で母子手帳を含む家庭用母子健康記録が普及される、など。

❷世界に普及する日本発の母子手帳

母子手帳は妊娠中・出産時の母子の状態、子どもの成長・健康状況を継続的に記録するための冊子で、これにより医師などの保健医療スタッフが経緯や状況を把握でき、より安全で個人の状況に応じたケアを提供できるメリットがある。母子手帳は戦後の日本で誕生・普及し、日本は世界的にも母子の死亡が最も少ない国になっている。JICAはこれまでも多くの開発途上国で母子手帳の導入・展開を支援しており、世界のおよそ50カ国で使用され、世界で年間2200万冊(2020年JICA推計)が母親に手渡されている。

日本生まれの母子手帳でガーナの母と子を守る

母子手帳を通じた母子継続ケア改善プロジェクト

対象国／ガーナ（アフリカ）

解説してくれた人／萩原明子さん（JICA国際協力専門員）

ガーナ共和国

首都／アクラ
面積／23.9万㎢
人口／3107.3万人
1人あたりGNI／2210ドル
（日本のおよそ20分の1）

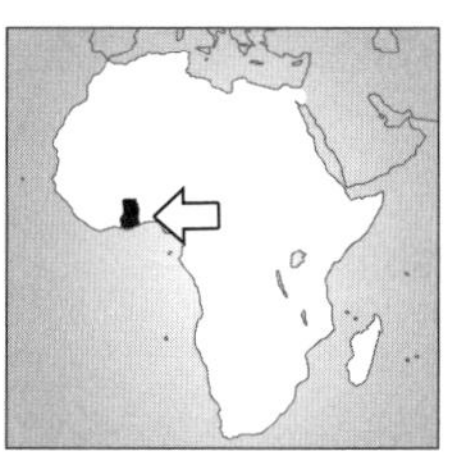

どんな国?▶西アフリカに位置し、南部はギニア湾に面する。長くクーデターと民政移管を繰り返したが2000年に史上初の選挙による政権交代を実現。主産業の農業（カカオ豆など）・鉱業（金など）に加え、2010年代から海上での石油の商業生産が始まり、原油が輸出額の3割を占める。

どんな課題?▶同国はMDGs（→❶）の取り組みで母親と子どもの死亡率が半減するなど改善が見られたものの、妊産婦死亡率、新生児死亡率、5歳未満児死亡率（→❷）は依然として高い数値にとどまり、保健サービスの質を改善することが喫緊の課題となっている。

母子の命を守り一生涯の健康を目指す

妊娠中や出産前後の母子にはさまざまな疾病やリスクが起こりやすく、生命が危機にさらされることもあります。これらの危機を予防または早期に発見して適切な処置を行うためには、定期的な健診や家庭でのケアが必要です。その手段として、JICAは保健人材の強化や保健サービスの提供体制の強化などとともに、母子手帳（→❸）の活用を推進しています。母子手帳は、母子の健康記録として、また家庭でのケアや危険な兆候を母親や家族に伝える指導書として、母子の命と健康を守るため役立てられています。

ガーナにはこれまで妊産婦のための「妊婦手帳」や乳幼児用の「子ども手帳」がありましたが、2冊に分かれていたことから子どものケアに出生時の記録が確認できないなど、母子の記録を十分活用することができませんでした。また、妊婦手帳は医療

❶本項Issues参照。

❷2014～15年の複数の統計では、妊産婦死亡率が319（出生10万当たり）、新生児死亡率が29（出生1000当たり）、5歳未満児死亡率が60（出生1000当たり）で、SDGsの目標達成（それぞれ70、12、25）にはさらなる努力が必要である。

❸正式には「母子健康手帳」。約50カ国・地域で使用実績、うち34カ国でJICAの支援実績がある。（2021年12月　JICA集計）

従事者向けの記録物として作成され、母親の理解を十分に促す内容ではありませんでした。そのため、JICAは、ガーナの実情にあった母子手帳をガーナ政府と協働で開発し、手帳を活用して母子に対して継続的なケアを提供することを支援しました。2018年に完成したガーナ母子手帳には、予防接種や妊娠、出産の記録や子どもの記録の他、妊婦や子どものケアに必要な情報が一冊にまとめられ、利用者が使いやすいようさまざまな工夫がなされました。ヘルスワーカーが正確に効率的に記入、参照できるよう、妊娠期、出産、産後、乳幼児期の記録欄を色分けしました。また、英語を話さない母親にも命を守る情報が伝わるよう、公用語である英語での表記に加えイラストを多用しました。母子が必要な健診や予防接種を受けると星印のスタンプがもらえるスタンプラリーも取り入れ、受診を促しました。

提供／JICA（2点とも）

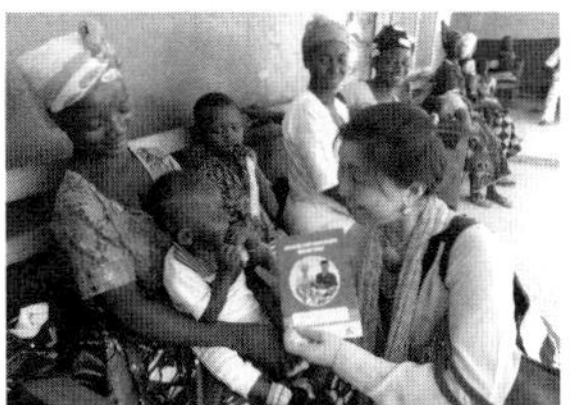

ガーナの母子に母子手帳を紹介する萩原さん

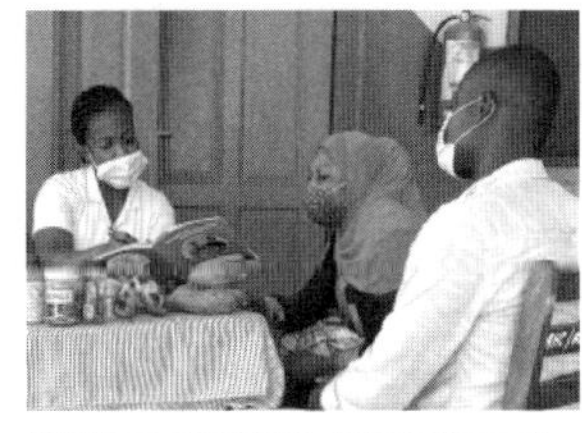

妊婦とその配偶者に母子手帳を使って健康指導を行う助産師

現地ヘルスワーカーに母子に寄り添う姿勢を伝授、持続性も見据えて

母子手帳を有効に活用してもらうため、全国の助産師、看護師、保健師、栄養士向けに研修や巡回指導を行いました。研修ではまず、正確な記録について学びました。漏れなく正確に記録することで、多様な職種がチームワークで母子の命を守ります。また、母子手帳を活用して母親に検査の結果や家庭でのケアなどについて説明する演習も行いました。一方的な指導ではなく、母親の質問に答え、母親を励ましながら、わかりやすい言葉で説明することを心がけてもらいました。手帳の導入と研修により、ヘルスワーカーは正確な記録に基づき、母親に寄り添ったケアを提供できるようになり、より多くの母親が、健診の重要性や危険な兆候の見分け方、家庭でのケアなどを理解するようになり、夫と出産や子育てについて話し合うようになりました。

母子手帳を持続的に活用できるよう、制度化にも取り組みました。母子手帳の管理を担う国の部局や管理運用規定が定められ、研修は看護師、助産師などの養成課程にも統合されました。年間100万冊必要とされる母子手帳の印刷費の確保も深刻な課題でした。当初はJICAや国連機関であるUNICEFなどが印刷を支援しましたが、徐々にガーナ政府が負担するようになり、2022年には大半をガーナ政府が政府資金で印刷しました。今後もパートナーの支援も受けつつ自国の財源による印刷を行う見込みです。また多数の現地語に対応するため、母親が現地語で音声を聞くことができるシステムなども検討されています。

◉この取り組みで思ったこと

妊婦や新生児のケアには、伝統的な文化、慣習も多いので、それらを配慮しながら正しい情報を伝えることに苦労しました。妊婦・母親に寄り添いながら、文化や慣習も踏まえ現地語で説明するヘルスワーカーの役割は重要です。母子だけでなく、男性や地域全体にも、母子手帳を活用して母子のケアの重要性をアピールしました。母子保健は社会全体で取り組みことが重要だと感じました。

健康保険制度の拡充に協力し みんなが病院へ通える世界に

ユニバーサル・ヘルス・カバレッジ支援プログラム

対象国／セネガル(アフリカ)

解説してくれた人／戸辺誠さん(JICA国際協力専門員)

セネガル共和国

どんな国?▶アフリカ大陸西端、サハラ砂漠南端に位置する。旧宗主国のフランスとの結びつきが強い。主要産業は農業(落花生・あわ)、漁業(マグロ・タコ)、主要輸出品は水産品・石油製品。鉱物資源やモーリタニア沖の石油・ガス田開発が期待されている。

どんな課題?▶医師や看護師・助産師の人数、総病床数はサハラ砂漠以南アフリカ諸国や低中所得国の平均と比べても劣悪な状況で、JICAの支援により貧困層が無料で医療を受けられる健康保険制度の加入者が18万人から134万人に増加したものの、政府が目標とする200万人には達していない。

首都／ダカール
面積／19.7万㎢
人口／1674.4万人
1人あたりGNI／1430ドル
(日本のおよそ29分の1)

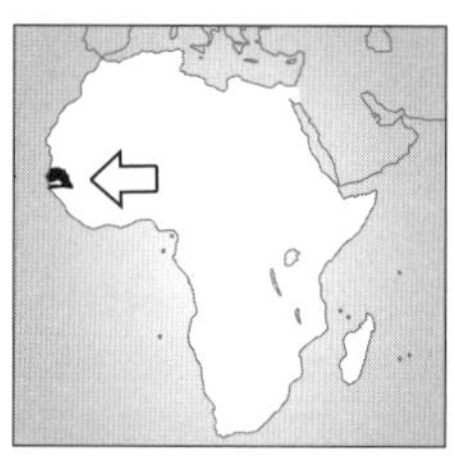

最貧困層の健康保険加入者が7倍に

同国では2010年代の初頭、国民の約7割が健康保険などの医療保障制度によってカバーされておらず、特に国民の約3割を占める貧困層は、お金の心配なく医療サービスを受けることができない状況にありました。同国は2022年までのUHC(→❶)達成を目指す医療保障分野の開発戦略を2013年に策定し、コミュニティー健康保険制度を全国に普及させるとともに、特に最貧困層200万人に対しては政府が保険料を全額補助するとしたものの、財源が不足していたことから、日本国政府がJICAを通じて円借款(→❷)を提供し、財源確保に協力することになりました。

2016年からの資金協力(フェーズ1)の結果、最貧困層の健康保険加入者は18万人(2015年)から134万人(2018年)へ、看護師と助産師が1名ずつ配置されているへき地の診療所の割

❶ユニバーサル・ヘルス・カバレッジ(本項Issues参照)。

❷「開発政策借款」と呼ばれる有償資金協力のひとつ。単に資金を低利子で貸すのみでなく、貸付にあたって「国民健康保険法案の制定」「へき地の医療施設への看護師・助産師配置計画の策定」など、医療保障制度の実施や医療サービスの提供に必要な政策の策定や実施を条件にすることにより、UHC実現に向けたセネガル政府の行動を促すものです。

❸フェーズ2実施の背景として、最貧困層の健康保険加入者数をさらに増加させる必要があるほか、同国では妊産婦死亡率が236(出生10万当たり)、新生

左写真撮影／大西洋也（コミュニティ健康保険制度強化プロジェクトフェーズ2）

左は最貧困層の健康保険加入者が無料でサービスを受けられる同国タンバクンダ県の病院。上は同国医療保障庁長官と協議する戸辺さん

合も41%（2015年）から80%（2019年）に増加しました。

フェーズ2（→❸）では、約235万人の最貧困層・脆弱層が健康保険に加入することを促進するとともに、健康保険事務コンピューターシステムの整備や健康保険事務を担当する職員の増員を目指します。またJICAがセネガルの一部地域で実施してきた母子保健サービスや地方自治体での保健計画・予算策定に関する技術協力の成果を全国に広げることを促進します。

制度拡大のネックは財源不足 資金支援のほか制度の運営能力向上にも協力

セネガルはGDP（国内総生産）換算で年率５～６%ほどの割合で経済成長を遂げています。沖合では油田やガス田の開発が進み、今後も国家財政の規模が拡大していくとみられます。現在は健康保険制度を全額賄えるだけの自前の財源はありませんが、今後10年強で国民１人当たりのGDPも1500ドルから倍の3000ドルになり、独自に制度を運営できる見通しです。それまで日本などの高所得国や国際機関からの支援が必要です。

資金協力だけでなく、2017年から医療保障制度の運営能力向上を目指したプロジェクトも実施しています。健康保険事務を実際に担う保険共済組合に対して、保険証の発行、台帳記入や保険料請求などの実務能力をつけるための研修を実施するとともに、事務所の機材が不足しているため、机、椅子、コンピュータやタブレットなどを供与しています。事務作業のデジタル化を進めるシステム構築にも協力し効率化を図っています。

児死亡率が28（出生1000当たり）、5歳未満児死亡率が56（出生1000当たり、いずれも同国調査2017年）と、サハラ砂漠以南のアフリカ諸国や低中所得国の平均と比較すると良好ですが、SDGsの目標達成に向けてはさらなる改善が必要であることが挙げられます。また人口1000人当たりの医師の人数、看護師・助産師の人数、総病床数はそれぞれ0.07（2016年）、0.3（2016年）、0.3（2008年、いずれもWHO発表）にとどまり、サハラ砂漠以南アフリカ諸国や低中所得国の平均と比べて劣悪な状況にあります。

◉この取り組みで思ったこと

フェーズ１を通じて貧困層・脆弱層の保険加入者は大幅に増えましたが、政府が目標とする200万人にまだ達していません。医療を受けられない人をなくすため、セネガル政府の担当者たちも懸命に働いており、気温40度の酷暑のなか、クーラーもない事務所でがんばっている人たちもいます。そういう姿を目の当たりにすると、こちらもその熱意に応えなくてはと、思いをあらたにすることがあります。

高齢化が進むタイで介護制度づくりや人材育成を支援

高齢者のための地域包括ケアサービス開発プロジェクト

対象国／タイ（アジア）

解説してくれた人／中村信太郎さん（JICA国際協力専門員）

タイ王国

どんな国?▶インドシナ半島中央部を占め、南北にミャンマーとの国境線、北東はメコン川を境にラオスと接し、南東はカンボジア、南はマレーシアに接する。就業者の4割弱を農業が占めるが、1980年代後半より自動車産業が発展。経済発展の地域格差が顕著である。

どんな課題?▶同国は2016年に65歳以上の高齢者の割合が約1割を占める「高齢化社会」（→❶）に突入した。しかし先進国とは異なり、社会保障制度が十分に整備されないまま急速な高齢化を迎えたため、医療·介護ニーズや年金などの所得補償への対応が喫緊の課題となっている。

首都／バンコク
面積／51.3万㎢
人口／6980.0万人
1人あたりGNI／GNI／7260ドル（日本のおよそ6分の1程度）

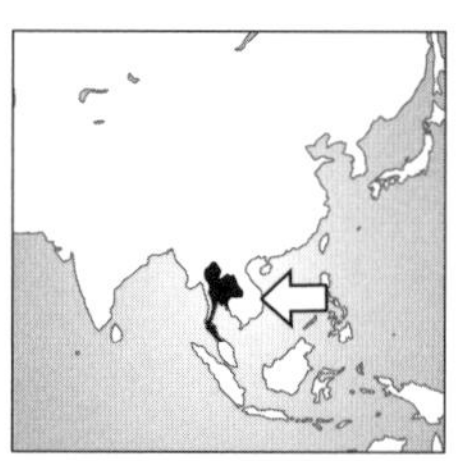

ケアマネジャーやホームヘルパーを養成 高齢者のリハビリも強化

タイにおける高齢化対策にJICAが協力を始めたのは2007年からで、2017年までに2件の技術協力プロジェクト（→❷）を実施しました。ひとつめは4つのパイロット地域で高齢者のニーズを調査し、例えば健康診断や給付金の支給など、高齢者が出向かなければ受けられなかったサービスを行政側が出向いて提供したり、ボランティアがそうした出張サービスの周知や、ひとりで出かけられない高齢者への付き添いに協力するなど、医療・福祉関係者らが話し合って解決策を探るシステムをつくりました。

続くプロジェクトでは、寝たきりなど介護を必要とする高齢者に対応するため、パイロット地域を増やし、日本の介護保険のようなケアマネジメント・モデルを開発しつつ、介護サービ

❶一般的には、高齢化率（総人口に占める65歳以上人口の割合）が7%を超えた社会を「高齢化社会」、14%を超えた社会を「高齢社会」と呼ぶ。日本の高齢化率は29.1%（2021年9月総務省発表）。

❷「コミュニティーにおける高齢者向け保健医療・福祉サービスの統合型モデル形成プロジェクト」（2007〜11年）と「要援護高齢者等のための介護サービス開発プロジェクト」（2013〜17年）。

❸タイ保健省の研修を受けた人は2020年4月までにケアマネジャーが14474人、ホームヘルパーが92348人に達した。

スに必要な研修を実施してケアマネジャーやホームヘルパーの養成（→❸）に取り組みました。研修終了後は、ケアマネジャーがケアプランを立て、これをもとにボランティアのホームヘルパーが高齢者の家を訪問して介護サービスを提供します。

この介護サービスを受けた高齢者の多くに要介護度の改善が見られた一方、高齢者がそれまで十分なリハビリテーションを受けられず、自宅で寝かせきりになっている状況も明らかになりました。そのため、2017年から始まった今回のプロジェクトでは、脳梗塞（こうそく）や脊髄（せきずい）損傷の手術など急性期医療を受けた後、在宅治療・療養に円滑に移行するためのケア提供の仕組み「中間ケア」を地域医療の拠点病院を中心に充実させるとともに、リハビリテーションの人材育成に力を入れました。

タイの高齢者に話を聞くJICA専門家たち（2013〜17年のプロジェクト時）

「寝たきり」を減らして家族の負担を軽減

タイ国内において中間ケアで先進的な取り組みをする施設や大学から協力や指導を受けるとともに、日本から専門家を派遣してセミナーを開催したり、介護現場を共同でモニタリングをして問題意識の共有化を図ったりしました。また、日本へ招待し専門施設などで研修を受けてもらいました。１回の研修は１〜２週間の期間で十数人ほどが訪日し、新型コロナ感染が広がった後はオンラインになりましたが、計８回、延べ149人が参加しました。

タイでは高齢者の介護は同居する家族がするものという考え方が今でも強く、介護にストレスを感じても助けを求めにくい状況があります。リハビリや介護を職業として支える人材を育てることは、体の機能回復を図って高齢者の寝たきりを減らしたり、同居家族の負担を軽減することにつながるので、使命感をもって取り組みたいと思っています。

◉こぼれ話

タイではまだ医療関係者の間でもリハビリの大切さが浸透しておらず、人材が不足しています。高齢者対策について縦割り行政の弊害がある一方、タイは仏教が生活に根づき、寺院を中心に地域コミュニティーで助け合いの精神が生きています。そうしたタイの特色を生かしながら高齢化社会に対応できるパートナーになれば、近い将来、同じ問題に直面することになる東南アジア諸国に対しても一緒に協力できる存在になると思います。

2章 *People* 人々

SUSTAINABLE DEVELOPMENT GOALS

飢餓を終わらせ、
食料安全保障及び栄養改善を実現し、
持続可能な農業を促進する

あらゆる年齢のすべての人々の
健康的な生活を確保し、
福祉を促進する

⑦ 栄養の改善

健康な未来へ導く
適切な栄養を、すべての人々に

途上国の子どもを中心に必要な栄養が不足する低栄養や、深刻化する過栄養の問題にさまざまな分野（保健、農業・食料、水・衛生など）を連携して取り組み、世界の人々が健康に暮らせるよう貢献する。

「低栄養」「過栄養」がもたらす問題とは？

❶世界の栄養不良人口の推移

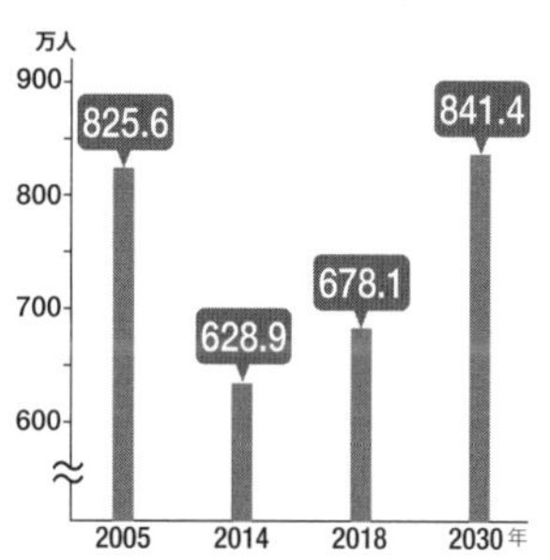

※2030年は国連食糧農業機関の予測値
出典／FAO（国連食糧農業機関）、2020

❷本書「保健医療」Issues参照。

世界の栄養不良人口は2014年から増加 MDGs目標は達成できず

人間にとって、栄養の適切な摂取はその生命を守り、健康的な生活を送るうえで欠かすことのできないものであり、極度に栄養が不足すれば、それは飢餓となります。SDGsに「飢餓をゼロに」（ゴール2）が設定されているように、私たちはまだ「飢餓のない世界」を実現できていません。世界における栄養の課題は今、どうなっているでしょうか。

世界の栄養不良（低栄養）人口をみると、2002 年以降は継続的に減少してきたものの、紛争や気候変動の影響などから2014年を境に再び増加に転じ、その後も拡大基調にあります（→❶）。その結果、2015 年を目標にMDGs（→❷）が掲げた「栄養不良人口の割合の半減」を達成することはできませんでした。

世界で9人に1人が飢餓・低栄養 5歳未満児の3890万が「過栄養」も問題

世界では今も約9人に1人が飢餓または低栄養の状況におかれているだけでなく、アフリカ・アジアを中心に世界の5歳未満児の22%、およそ1億4920万人が、慢性的な低栄養状態から身長・体重が標準値に満たない発育阻害に直面しています。特にアフリカでは依然として子どもの低栄養が増加傾向を見せており、世界で1年間に死亡する5歳未満児の45%が低栄養に関係しているとの報告もあります。こうした状況にある子どもは、肺炎や下痢による死亡リスクが高まり、脳の発達が妨げられることがわかっています。

一方で過栄養(→❸)も世界的に増加傾向にあり、深刻な課題となっています。世界の5歳未満児の5.7%に相当する3890万人が肥満といわれます。途上国も例外ではなく、同じ国・地域に低栄養と過栄養が併存する二重の負荷が生じています。

❸慢性的な過体重・肥満や微量栄養素(塩分など)の過剰摂取は子どもの脳の発達を妨げ、生活習慣病など非感染症疾患のリスクを高める。

生命・健康への悪影響だけでなく医療・社会保障費の増大にも

そこに新型コロナウイルスの影響が加わり、世界の栄養不良人口のさらなる拡大も懸念されています。栄養不良は人間の生命・健康に影響を与えると同時に、生産性の低下や医療・社会保障費の増大を通じて社会・経済にも多大な影響を及ぼします。

UNICEFは、子どもの栄養不良の直接的要因は「不適切な食事摂取」と「病気」であるものの、その背後に「不十分な食料入手」、「子どもと女性に対する不適切なケア」「保健サービス・衛生環境の不備」といった世帯・家族レベルの関節的要因(→❹)があるとし、双方の要因に対する対策が必要であると指摘しています。

❹加えて、栄養に関する教育・啓発活動の不十分さや、それによる栄養に関する知識の不足も重要な要因である。また世界・家族レベルの要因は経済、社会文化や政治状況とも関連しており、食料入手が不十分な点には食料の生産・流通・消費のあり方やフードロス問題が関わるように、厳しい生活環境、女性の地位や教育水準の低さなども栄養不良の要因となるため、保健、農業・食料、水・衛生、教育などのさまざまな分野横断的な取り組みが必要となる。

日本とJICAがこの課題に取り組む理由

これまで日本では、第二次世界大戦後の深刻な栄養不足や、その後の炭水化物に偏った食事、塩分の過剰摂取など時代ごとに異なる栄養の課題に取り組んできました。地域において栄養指導を行う栄養士の養成や、妊婦と乳幼児の健康状態を記録する母子手帳の普及、小中学校への学校給食の導入、上下水道の整備、手洗いの習慣化など、栄養改善や衛生環境の改善に実績をあげてきた経験があり、それらは現在、多くの途上国が直面している課題です。JICAはその経験・知見を共有、活用してきた実績があり、日本の開発協力の理念「人間の安全保障」にもつながります。

2つの協力方針で「栄養の改善」に挑む!

Approach❶ 母子栄養の改善

子どもにおいては、特に胎児から満2歳までのおよそ1000日の期間の栄養不良が死亡リスク、発達や将来にわたる健康・疾病リスクに深刻な影響を及ぼすだけでなく、その影響の多くが不可逆(元に戻らない)なものであることが、これまでの研究などでわかっています。そのため、母子の「最初の1000日」に重点を置いた低栄養対策の取り組みを展開していきます。

母子の栄養改善に必要な妊娠期の栄養指導や貧血予防、新生児・乳幼児への微量栄養素の補給から、完全母乳育児や適切な離乳食の推進など栄養に特化した取り組みに加え、母子手帳など日本の経験を活用・応用しながら、栄養も含めた一体的な母子保健サービス提供体制の実現を支援します。また、政府・行政による対策を支援するだけでなく、「栄養改善事業推進プラットフォーム」(→❶)などを活用し、母子の栄養改善につながる栄養強化食品などの加工技術をもつ日本の民間企業と連携し、その海外展開を推進します。

一方、栄養状態の改善には胎児期から高齢期までライフステージに応じた対策も必要となります。

過栄養は食事に関連する生活習慣病の主要リスクのひとつであることから、特定の食べ物の過剰摂取やバランスの悪い食事を改善するためには、母子への食育や食事・栄養指導が欠かせません。幼少時から健康的な食習慣を身につけられるよう、取り組みを図ります。

❶民間企業のアイデアとイニシアティブをもとに、日本の技術と知見を生かし、途上国や新興国の栄養状態を改善できる食品供給などのビジネス(栄養改善事業)を推進するための官民連携の枠組み。政府や海外の関係機関とも協力しながら、持続可能なビジネスモデルを目指す。

Approach❷
「食と栄養のアフリカ・イニシアティブ(IFNA)」を推進

2019年の低栄養人口は全世界で約6.9億人ですが、アジアが3.8億人、アフリカが2.5億人で、この2地域が全体の8割以上を占めています。現時点ではアフリカの方が少ないものの、2030年の予測ではアジアが3.2億人と減少する一方で、全世界の低栄養人口は8.4億人に増え、なかでもアフリカが4.3億人と大幅に増加して、両地域で低栄養人口の逆転が起こるとされており、アフリカでの栄養改善対策は喫緊の課題です。

JICAは2016年の第6回アフリカ開発会議で、アフリカでの食料と栄養に関する政策を進めるため「食と栄養のアフリカ・イニシアティブ(IFNA)」(→❷)を立ち上げました。IFNAの推進にはJICAのほか国連食糧農業機関(FAO→❸)や国連世界食糧計画(WFP→❹)など10の機関で構成し、2025年までにアフリカの2億人の子どもたちの栄養改善を目指します。

2019年の第7回アフリカ開発会議では、IFNA立ち上げ時の参加10カ国だけでなくアフリカ全土で展開することが宣言(→❺)され、JICAは同イニシアティブ運営委員会の一角として、その取り組みをけん引していきます。

2030年への目標

★母子の栄養改善に関わるコア人材を2500人養成し、これによって助けられる母子人口100万人を達成する。
★IFNAで栄養コア人材5000人を養成し、これによって助けられる人々27万人を達成する。

❷各国の重要課題と具体的アクションの絞り込み、マルチセクトラル(農業、保健、水・衛生、教育など)な活動、必須栄養素の需給量をふまえた農業セクターの介入などの手法で、アフリカにおける食料・栄養に関する政策の実践を促進するもの。

❸各国民の栄養、生活水準の向上を目指し、農林水産業の増産や配分の改善を目的とする国連専門機関。

❹低所得国への食糧援助や穀物の国際備蓄を行う国連の食糧援助機関。

❺当初参加国10カ国での取り組みで得られた成果や好事例をふまえ、JICAは現場レベルでの栄養改善事業の推進を軸に、各国の栄養改善に関わる人材の育成などを全アフリカへ展開していく。

農村地域での野菜栽培を通じて「家族の幸せ」の実現を

北部ウガンダ生計向上プロジェクト

対象国／ウガンダ（アフリカ）

解説してくれた人／大野康雄さん、石川渚さん（株式会社JIN）

ウガンダ共和国

どんな国?▶アフリカ大陸中央部、ヴィクトリア湖（水面標高1134m）北岸に位置する。1970年代のアミン独裁政権の後遺症とその後の内戦状態で国内経済は低迷。主要産業はコーヒー豆、茶、葉たばこ、綿花など。

どんな課題?▶プロジェクト対象である北部ウガンダ・アチョリ地域は1980年代中盤から20年にわたり反政府軍（神の抵抗軍など）との内戦で住民の9割、200万人を超える人々が国内避難民となっていた。2006年以降大半が帰還したが、ウガンダのなかでも特に開発が遅れている。

首都／カンパラ
面積／24.2万㎢
人口／4574.1万人
1人あたりGNI／780ドル
（日本のおよそ53分の1）

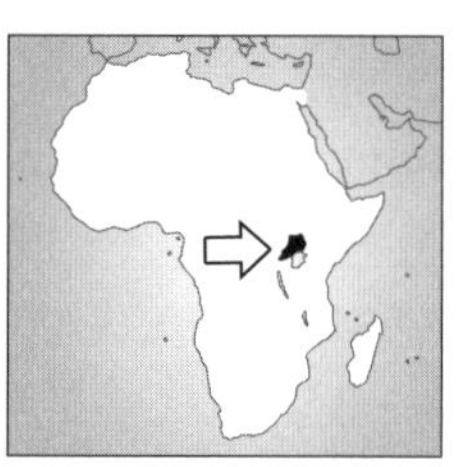

「作って売る」から「売るために作る」市場志向型野菜栽培の支援

ウガンダ北部では内戦当時、多くの住民が先祖代々の土地から離れて、長いあいだ避難民キャンプでの生活を余儀なくされました。その結果、土壌が肥沃で降水量も十分で農業に適した土地に住みながらも農業経験・技術の蓄積に乏しく、生産性の低い農業をしています（→❶）。住民の90%は農家ですが、自家消費目的で穀物や豆類、野菜類を栽培する自給的農業を営み、農業収入も低く、国内の他の地域と比較しても貧困率は未だ高いことが課題となっています。

プロジェクトはこの地域で市場を意識した野菜栽培の技術指導を通じて、人々の収入向上を目指しています。「売るための」野菜栽培の第一歩目は市場調査です。実際に近隣の市場に足を運んでもらい、各種野菜の時期ごとの取引価格などの情報など

❶メイズ（トウモロコシ）の単収では、全国平均の2.3トン／haに対し、北部地域は1.2トン／ha（2009年）など、北部は作物全般の単収において低い傾向があった。

❷栽培指導している野菜はトマト・キャベツ・ナス・ピーマン・玉ねぎ・スイカの6品目。これらはアチョリ地域で栽培でき、かつ市場で売れる品目である。研修を受けるグループは、市場調査から2品目を選定し、栽培方法を学ぶ。

を踏まえ、グループで栽培する野菜を選定します(❷)。

栽培面では小規模で手間をかけることの重要性を強調しています。伝統的な作物では、1ha（100m四方)ほどの広い農地を使い、天水依存でほとんど管理をしない粗放的な農業をしていますが、20m四方の管理ができる大きさの圃場で野菜を植え付け、その代わり毎日作物の生育や病害虫の状況を観察、必要な措置を施し、水やりをするよう指導しています。管理の行き届く小規模な栽培にすることで、失敗のリスクを最小限にして、高い品質の野菜を市場に卸すことができています。

研修で栄養バランスのとれた年間の食材選びを、カードを使って議論している風景。左はプロジェクトの指導で市場向けのキャベツ、ピーマンの収穫を喜ぶ農家の人々

アチョリ地域の世帯・社会の底上げを目指すスローガンは「家族の幸せのために」

家計管理・栄養改善・ジェンダーへの取り組みによる世帯の生活の質の向上も大切です。多くの世帯では、収穫や収入があっても計画的に管理できていなかったり、毎年食料が底をつく時期があったり(→❸)、主食偏重の食事や、妻が意思決定に参加できないなど、日常生活からも改善できる部分があります(→❹)。研修を受けて、「収穫物や現金の無駄づかいが減った」「夫婦で協力してお金の管理をした方が、使えるお金が増えた」など、多くの変化や気づきが共有されています。ここに野菜栽培からの収入が加わり、子どもの学費や家の改築、家畜や牛耕のための牛の購入など、家族の幸せのためにお金が使われています。

一連の研修を受けた農家グループを対象に、現在は灌漑用のポンプを利用した乾期栽培の指導も進めています。市場への野菜の供給が減る乾期に収穫できれば多くの収入が得られますが、プロジェクトが支援したグループばかりが成功して豊かになり、地域内で貧富の格差が大きくなるリスクもあります。そのため、知識・技術の地域内での共有を促し、さらに障害者ら社会的弱者の人々も居場所や役割を見つけ助け合いができる社会づくりに取り組んでいます。

❸毎回の食事で調理する量も目分量で、作り過ぎて余ってしまい、犬などに与えていた。その結果、収穫期前の6月ごろには食料が底をつくことが珍しくなかった(＝季節的な食料不足)。

❹内戦の影響から教育を受けられず文字を読めない人も多いため、わかりやすいように図や写真を使った研修教材を開発している。家計管理や栄養改善の研修では、年間の収穫や収入、消費や支出を「見える化」して振り返り、どこに無駄があるのか、改善するにはどうすればいいのかを農家に考えてもらっている。

◉プロジェクトの今後！

プロジェクトは2015年からフェーズ1、2021年からはフェーズ2が始まっています。対象グループ数をフェーズ1の80からフェーズ2では500ほどに拡大し、1万人弱ほどの農家が参加する計画です。

モンゴルの学校給食を改善して子どもたちの健康を守る

学校給食導入支援プロジェクト

対象国／モンゴル共和国（アジア）

解説してくれた人／野村真利香さん、仲田俊一さん（JICA国際協力専門員）

モンゴル共和国

どんな国?▶アジア大陸中央部にあり、北はロシア、南東西部は中国に接する。1990年に複数政党制を導入。1992年にモンゴル人民共和国から現国名に変更し、社会主義を放棄した。銅・金などの鉱物資源が豊富で、鉱業・畜産業が基幹産業。

どんな課題?▶同国では初等教育課程の児童（6～11歳）のうち7.3%が発育阻害、2.8%がやせ型に分類される一方、22%は肥満とされ、低栄養と過栄養（→❶）の両方が課題。小学校での軽食提供（→❷）は2006年から、給食提供は2020年から始まったが、栄養・衛生面で問題がある。

首都／ウランバートル
面積／156.4万㎢
人口／327.8万人
1人あたりGNI／3790ドル（日本のおよそ11分の1）

JICAでも初 これから重視される低中所得国の学校給食

JICAが学校給食の導入を支援するのは本プロジェクトが初めてです。低所得国から経済水準が上がった低中所得国では、国内で食料の調達が可能になっても栄養バランスのよい食事の提供にまで至っていない状況がみられ、こうした国々からの課題解決の要望に応えていく必要があります。

モンゴルでは2020年に全小学校への給食提供が始まりましたが、多くの学校には調理場がなく外部業者への委託のため、栄養面より採算性が重視されたメニューになっていたり、不適切な環境での調理や食材の保存、運搬によって異物が混入したり、子どもが下痢を発症するなどの問題がありました。そのため同国教育省から栄養バランスのとれた給食提供に必要な人材の育成と環境の整備、食材・給食の運搬や行政機能の強化など

❶同国では古くからの遊牧文化の影響で肉食が中心であり、現在でも塩分や油分が多い食事や肉食が好まれ、生活習慣病にり患する人が増加している一因と考えられており、幼少期からの食や栄養に関する意識改善や食育の重要性が同国教育関係者の間でも強く認識されている。

❷同国政府の調査では、学校での軽食（パン、かゆなど）の提供により、就学率の上昇や中途退学率の低下、学習意欲の改善などの効果が確認されている。

給食中に笑顔の児童。右は給食の準備をする調理員たち（どちらもドンドゴビ県のマンダル小学校）

につき、支援の要請があったものです。

モンゴルで小学生に提供されている給食を見ますと、小麦で作った団子や炒めた麺類、スープ、乾燥果物、乳製品などのうち2～3点が食材入手の状況によって提供されているようで、日本の給食のように主食・主菜・副菜を組み合わせて提供するかたちではありません。また、子どもたちの成長に応じて、栄養バランスや総エネルギー量など給食の基準に基づいて献立を立てる必要がありますが、同国には栄養士の資格は存在するものの各学校に配置できるほど人材がいない状況です。この点については大学の栄養士養成コースに学校給食運営に必要な科目を追加するなどカリキュラムの見直しを行い、人材育成を支援しています。

長い冬の野菜不足をどうするか？
献立から食材の運搬、人材育成も

大きな課題のひとつは年間で安定的にバランスのとれた食材を確保することですが、マイナス30～40℃にもなる厳しい冬が長いモンゴルでは、作物を収穫できる時期が夏季の3～4カ月ほどで、冬季は特に葉物野菜などの調達が難しくなります。日本の約4倍もある国土では食材の輸送も簡単ではなく、乳製品の運搬に不可欠なコールドチェーンもまだ未整備な状況です。対策として夏季に収穫した食材を冷凍貯蔵したり、冬季に野菜の施設栽培を試験的に始めるなどして、持続可能な食料調達を支援していきます。

プロジェクトはこれからで、学校給食の献立設計から食材の調達、調理と提供、結果のモニタリングという流れを、首都圏と地方の拠点校で実践できることが目標です。しかし、食事摂取基準、人材育成、食材調達の仕組み、予算不足など課題が多く、関連するさまざまな省庁や機関の連携も必要です。

◉こぼれ話

モンゴルの人々はもともと遊牧民の生活をしていたため、夏は乳製品、冬は肉類を中心とする食事でした。砂漠地方の小学校の先生に話を聞くと、「学校で初めて野菜を食べた」という子どももいるそうです。食事調査はまだこれからですが、全体的にビタミンやミネラルが不足傾向にあるようです。

学童期は心身の変化が大きく、生涯にわたる身体や食習慣の基礎を作る大切な時期です。将来の生活習慣病予防のために、自分の健康に関心を持ち自己管理力を育む「食育」も重要でしょう。学校給食と食育の運用に長い歴史をもつ日本にとっては得意分野の一つであり、これからアジアやアフリカの国々で活用できると思います。

2章 People 人々

SUSTAINABLE DEVELOPMENT GOALS

すべての人々への包摂的かつ
公正な質の高い教育を提供し、
生涯学習の機会を促進する

⑧ 教育

一人ひとりが生き生きと輝く、質の高い教育を

質の高い教育の提供を可能とすることで、すべての人々が自らの才能と能力を十分に伸ばし、尊厳をもって生きることができる社会の基盤を築き、ひいては持続可能な社会経済の開発を可能にする。

世界における「教育」の問題とは?

❶世界における未就学児・若者(6〜17歳)数の推移

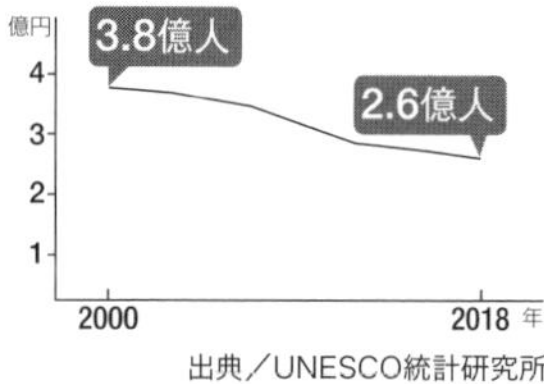

出典/UNESCO統計研究所

❷同報告書の執筆者の一人である世界銀行のディオン・フィルマー氏は2018年の日本での講演で「学校で身につけるスキルは社会に出て働くためにも必要なスキルに通じるもので、教育は人々が貧困から抜け出すのに役立ち、国家の経済成長を促すもの。国の投資として教育ほど大きな効果が期待できるものはない」としながら、まだ多くの途上国で、栄養失調で授業に集中できない子どもや低い教員の質、学校設備の貧弱さといった課題があり、基礎教育が十分になされていない現状に警鐘を鳴らした。

❸信頼度の高い指標として知られる「THE(タイムズ・ハイヤー・エドゥケーション)世界大学ランキング2023年」でも、低所得国の大学で上位1200位にランクインしたのはウガンダ、バングラデシュ、ネパールなど6カ国8大学のみである。ちなみに日本の大学は117校がランキングされ、その数はアメリカ(177校)に次ぐ世界第2位。

世界には最低限の読解力・計算力を習得していない子どもが6.1億人も

教育は、すべての人が等しく享受すべき基本的権利であり、一人ひとりがその才能と能力を十分に伸ばし尊厳をもって生きていくための基盤であるだけでなく、持続可能な社会・経済の発展を築いていくためにも、高度な専門知識や技術を身につけた人材の育成は欠かせません。

ところが、世界ではいまだに2.6億人もの学齢期にある子どもや若者が、就学の機会を得られておらず(2018年)、また、学校に通ってはいても、最低限の読解力や計算力を習得していない子どもの数が6.1億人以上に上る(2017年)と推計されています(→❶)。

子どもたちが就学していても基礎学力を身につけられないまま成人となる状況について、国際機関の世界銀行もその報告書(2018年)で「学習の危機」(Learning Crisis→❷)と警鐘を鳴らしました。また、貧困やジェンダー、障害、民族と言語、居住地域による教育格差も依然として存在しています。

低所得国の高等教育就学率は9%優秀な人材の不足・流出がネックに

途上国の持続的な発展のためには、政治や経済、科学技術などの各領域で発展をけん引する高度な専門知識・技術を持つ人材が必要です。その育成には高等教育が不可欠ですが、就学率をみると、高所得国では平均して75%を超すのに対し、低所得国では依然として9%程度にとどまり、大きな格差があります。

途上国では、高等教育の底上げを先導する主要大学ですら財政・技術面での制約から、資格を持つ教員や施設・機材を確保できていません（→❸）。そのため優秀な人材が他国へと流出してしまったり（→❹）、行政官や研究者など専門的スキルを持つ人材が不足しているのが現状です。

新型コロナによる教育機会損失で日本の総所得×4が消える??

2019年からの新型コロナ感染症がそうした状況をさらに悪化させています。世界銀行などはコロナ禍の学校閉鎖によって、10歳児の70%が最低限の読解・計算能力を身につけられておらず、将来所得が総計で21兆ドル失われるという試算（2022年）を発表しました。この額は、世界3位である日本の国民総所得（GNI。2019年）5兆2524億ドルの4倍に相当するものです。また、途上国の高等教育分野では、施設閉鎖に伴う留学機会の逸失や、研究者や大学間での物理的な連携が困難になるなど、教育の質の低下が懸念されています。

❹人口100万人あたりの研究者数

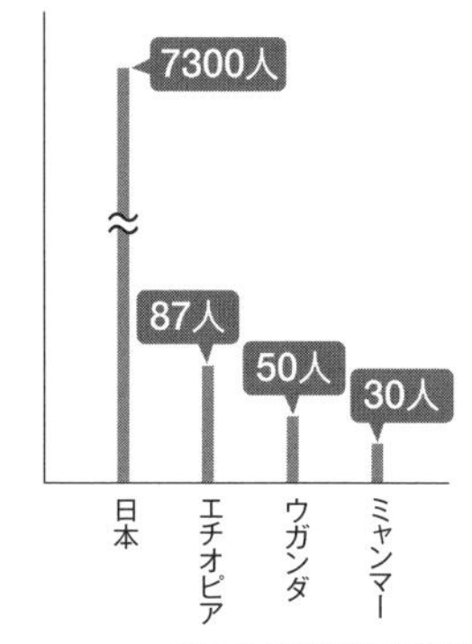

出典／UNESCO統計研究所

❺PISA（Programme for International Student Assessment）とは「OECD生徒の学習到達度調査」で、15歳児を対象に読解力、数学的リテラシー、科学的リテラシーの3分野について、3年ごとに調査している。TIMSS（Trends in International Mathematics and Science Study）は国際教育到達度評価学会（IEA）が実施する算数・数学・理科の到達度に関する国際的調査で、小学4年生・中学2年生相当の子どもを対象に、4年ごとに実施される。

日本とJICAがこの課題に取り組む理由

日本の基礎教育の強みは、就学率だけでなく質の高さにあり、PISAやTIMSS（→❺）といった国際学力テストでも、日本は相対的に世界トップクラスの水準にあります。高等教育でもさまざまな分野に必要な人材を供給してきた長い歴史があり、多くのノーベル賞受賞者を輩出し、世界大学ランキングで本邦大学は引き続き相対的に高い教育・研究水準を維持しています。JICAはこうした質の高い教育の普及を発展の基礎としてきた日本自身の経験、またその強みである系統立った教科書・教材、教員研修制度、保護者・地域社会の支援といった開発協力の経験を生かし、さらに途上国における教育開発に貢献していこうと考えています。

4つの方針で問題解決を考える！

Approach 1
教科書・教材開発を通じた学びの改善

学校の教育課程からのアプローチとして、良質な学習教材の開発と教師の職能開発（→❶）を進め、子どもの主体的・継続的な学習を促進することで「学習の危機」に対応します。質の高い教育の実現を目指すため、これまでに協力実績がありリソースが整っている理数系分野、特にあらゆる学びの基礎となる算数を起点に協力を展開します。また、パンデミックの経験から、教科書・教材のデジタル化、算数アプリ開発を積極的に進めていきます。

❶教科書・教材開発では日本の教科書会社・ICT（情報通信技術）企業のノウハウを活用した取り組みがなされている。教科書開発は現地の教育カリキュラム改訂を含めた教育政策に関わるため、一定の信頼関係を築いた国でないと協力が難しい面もある。

Approach 2
コミュニティ協働型教育改善（みんなの学校クラスター）

学校とコミュニティの協働を促すことで、子どもの学習とその環境を改善していくアプローチです。子どもの学習環境を包括的に改善するには、保護者と地域社会が教育の価値を理解し、学校と信頼し合うことが大切です。コミュニティと学校が協働する、通称「みんなの学校」（→❷）プロジェクトは2004年にニジェールで始まり、アフリカのフランス語圏で展開されてきました。モデルづくりと国家間ネットワークの構築に取り組み、「みんなの学校」を他のパートナーとも協力し、さらに広げていきます。

❷無記名投票による民主的選挙の実施を通じて学校運営委員会を設立し、地域コミュニティと学校が協働して教育課題を特定し、優先順位をつけながらともに解決に向けて取り組むモデル（基礎モデル）をつくる。それをベースにしながら、学習改善（補習の実施など）、コミュニティ幼稚園の設置、給食の提供、未就学児の就学促進活動などさまざまな課題に取り組んでいく（発展モデル）。

Approach3
誰ひとり取り残さない教育改善

世界の初等教育での就学率は90%に近づいていますが、残りの10%に当たる、障害者、女子、貧困層、少数民族、避難民といった脆弱層はいまだに取り残されたままで、特にパキスタンでは2300万人を超す不就学児の大半が女子となっています(→❸)。公教育では施設の拡充等による包摂を目指し、ノンフォーマル教育(→❹)の場においても質の高い教育を提供することで、その両面から「誰ひとり取り残さない」不就学児童の学習機会の提供に努めます。

Approach4
国・地域の拠点となる大学の強化

国・地域の高等教育セクターをけん引する大学を対象に、教育・研究・大学運営能力の強化を通じて高度人材の育成を促進します。日本の大学と現地の拠点となる大学および周辺の他大学などとのネットワークを構築し、大学教員や優秀な学生たちの日本への留学や国際共同研究の機会を増やすことで、その国・地域の高等教育全体の底上げを目指します。

また、日本の豊富な開発経験を講義として実施する「JICAチェア」(→❺)も推進し、開発リーダーの育成にも寄与します。

2030年への目標

★教育の質の向上への支援で2000万人、外部との連携で4000万人の子どもに質の高い教育を届ける。
★教育支援アプローチの開発などで、脆弱層の子ども300万人に学習機会を提供する。
★アプローチ1、2の代表的プロジェクトで算数(数学)の学力を向上させる。
★対象拠点大学で30万人の高度人材を育成･輩出する。

❸パキスタンは世界有数の人口を抱えるものの、1人あたり国民総所得(GNI)は日本のおよそ50分の1、特に女性の識字率の低さが目立ち、人間開発指数でも中位グループの下部にとどまっている。パキスタンの不就学児童の問題を解決することは「誰ひとり取り残さない」教育を実現する最重要課題のひとつであり、JICAではパキスタンを重点国とし、女子教育を重視しつつ、公教育・ノンフォーマル教育の両面でその充実に取り組んでいる。

❹正規の学校教育の枠外で、ある目的をもって組織的に行われる教育活動のこと。十分な教育を受けていない子どもや成人を対象とする。

❺JICAチェア(JICA日本研究講座設立支援事業)とは、アジア諸国への政府開発援助を通じて蓄積された多くの開発協力経験を生かし、世界の持続的な発展に貢献するもの。日本から現地に講師を派遣し、主に政治、経済、行政、法律などの分野で日本の開発経験に関する講義を実施したり、現地の大学に日本研究の講座設立の支援などを行っている。

教員・教材の質の向上で子どもたちの算数・数学力をアップ

初中等算数・数学教育における学力評価に基づいた学びの改善プロジェクト

対象国／エルサルバドル(中央アメリカ)

解説してくれた人／西方憲広さん(JICA国際協力専門員)

エルサルバドル共和国

どんな国?▶中央アメリカ諸国のなかで最も小さな国。1980年代に左翼ゲリラとの戦闘が激化し内戦となったが、92年に終結。主要な産業は衣類等の軽工業や農業で、アメリカへの出稼ぎ者・移民約250万人から自国への送金額がGDPの23%を占める。近年はギャング等による迫害を受けた大量の難民がアメリカを目指し、社会問題化した。

どんな課題?▶同国では教育の質の向上を重点政策目標の一つとして掲げてきたが、日本の義務教育課程のように教科書が無償で給与されるのではなく貸与のため(当時)、学童らが教科書を持たずに授業が進められることも多かった。2007年のTIMSS(国際数学・理科教育動向調査)では、4年生の算数学力が330点、8年生の数学学力が340点と、国際平均の500点を大きく下回った。

首都／サンサルバドル
面積／2.1万㎢(九州の半分ほど)
人口／648.6万人
1人あたりGNI／3990ドル
(日本のおよそ10分の1程度)

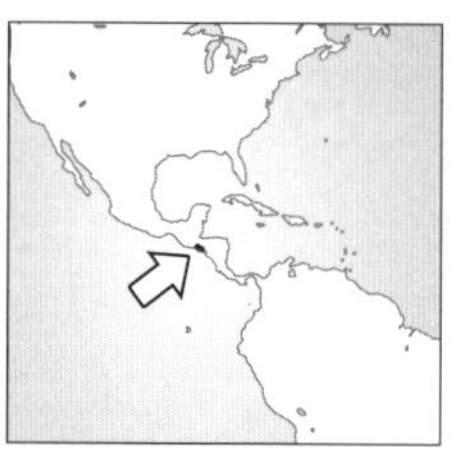

能動的な学びができる教科書を開発

エルサルバドル政府は、教育のなかでも特に初中等課程での算数・数学の学力向上を重視していました。そこでスタートしたのが本プロジェクトの前身である「初中等教育算数・数学指導力向上プロジェクト(2015〜19年)」(→❶)です。

プロジェクト開始後、教育省とともに同国の子どもたちの学力低迷の実態を分析すると、その最大の原因は授業中の子どもたちの学習時間の少なさにあることが分かってきました。先生が説明して子どもがノートに書き写すという授業がほとんどで、子ども自身が問題を解くという時間が少なかったのです。

子どもたちが能動的に学習できるような教科書があれば、先生はそれをサポートする役に徹することができます。その教科書を使って個々の児童・生徒が能動的に問題を解き、「わかった」「できた」の小さな成功体験を毎日積み重ねることで学習意欲が醸成されて

❶エルサルバドルの人たちは「エルサルバドル(略してES)の算数・数学(西語でMatemáticasなので略してMATE)のプロジェクト」と親しみを込めてESMATEプロジェクトと呼んでいる。

◉うれしかったこと!

一緒にプロジェクトに関わった同国教育省の課長さんが家族で海水浴に行ったときに、路上でお菓子や果物を売っている女の子が、私たちがつくった練習帳で熱心に問題を解いているのをみかけたそうです。「勉強したいという子どもに教材を届けるのはとても意義があることだ」という彼の言葉に私も感動しました。

いくかたちが望ましいと考えました。

そのため、技術協力の主眼としたのが、子どもたちが能動的に学習できるよう学習内容を精選した新しい教科書、そして先生が学習の支援者となって授業ができるような教員用指導書の開発でした。それに加えて、家庭学習で活用できるように問題集も同時に開発しました。さらに先生方が授業を継続的に改善できるように、学期ごとの先生方同士の学び合いの場も提供しました。

新しい教科書を使い始めて授業に大きな変化が表れました。子どもたちは授業開始と同時に教科書を開いて問題を読んで考え始めるようになり、また問題演習時間が増え、友達同士での学び合いも促進されるようになりました。先生はそれまで大きな声で説明していましたが、学習の支援者として授業をすることで問いかけが多くなりました。2018～19年に実施した調査では、学びが改善されていることが確認されました。

開発された教科書で数学を勉強するエルサルバドルの中学生

自らの手で改善していけるサイクル確立を目指して

ただ、せっかく良質な教材を開発できても、それがすべての子どもたちの手に平等に渡らなければ、SDGsのゴール4「質の高い教育をみんなに」は達成できません。エルサルバドルで は学年の最初に制服や靴、学用品を各児童・生徒に配布するプ ログラムがありますが、そこに開発した算数・数学の教科書や 問題集を加えてもらい、全国の公立学校にあまねく行き渡らせることができたのは、このプロジェクトでの大きな成果です。2018年に中学校、2019年には小中高校で全国配布が開始され、その後毎年無償供与されています。

このプロジェクトで子どもたちの算数・数学の学力向上は確 かに見られました。しかし一方で課題として持ちあがったのが、一連のカリキュラム・教科書改訂プロセスと教材の導入効果を、子どもの学習状況や学力というレベルで適切に評価する制度的な仕組み(日本の「全国学力・学習状況調査」に相当するもの)が整備されていないことでした。そこで2021年から開始した後継プロジェクトでは、日本で行われているような全国的学力・学習状況調査のような制度を構築したうえで、その結果に基づいて教材を改善し、改善された教材を効果的に活用するために授業を改善するというPDCAサイクル(→❷)を確立することで、同国が自分たちの手で子どもの学力向上を図れるかたちを目指しています。

◉この取り組みで思ったこと

日本と同様に資源の乏しいエルサルバドルは、教育によって人的資源を充実させることが必要です。現在の取り組みは世界的に見ても先進的で、その知見を周囲の国と共有しつつ、JICAが周辺国を支援できればと考えています。こうしたプロジェクトを立ち上げるのには、やはり人と人とのつながりが大事で、日本に来てもらう本邦研修などでキーパーソンとなる人物とずっと温めてきた構想が醸成され、プロジェクトとしてかたちになりました。

この経験は、他国のニーズに応じて 共有されており、中米算数・数学教育広域展開構想(対象国はホンジュラス、グアテマラ、ニカラグアなど)の中核として広く他国を含んだ算数・数学教育の質改善を目指します。

❷ PDCAサイクル

品質改善や事業経営など多くの分野で用いられる管理手法の一つ。Plan（計画)、Do（実行)、Check（評価)、Act（改善)のステップを繰り返すことで継続的に業務の質を向上させていく手法をいう。

「地域ぐるみ」の学校運営で子どもたちの教育を改善

「みんなの学校」プログラム

対象国／ニジェールの他アフリカ9カ国

解説してくれた人／國枝信宏さん（JICA国際協力専門員）

ニジェール共和国

首都／ニアメ
面積／126.7万㎢（日本の3.4倍）
人口／2420.7万人
1人あたりGNI／600ドル
（日本のおよそ70分の1程度）

どんな国?▶西アフリカのサヘル地帯（サハラ砂漠南縁部の半乾燥地域）にある内陸国。1960年に独立後、たびたび軍事クーデターによる軍政が繰り返されたが2011年に民主政治を回復。伝統的農牧業とウラン輸出を経済の柱とするが、最貧国のひとつ。

どんな課題?▶アフリカでは2割近くの子どもが小学校に通えず、通えたとしても9割近くが最低限の読み書き・計算さえできずに学齢期を終えるという現状がある。同国初等教育の総就学率は世界最低水準の59%（2019年）にとどまり、教育の質の低さや地域間·男女間格差の大きさが課題となっている。

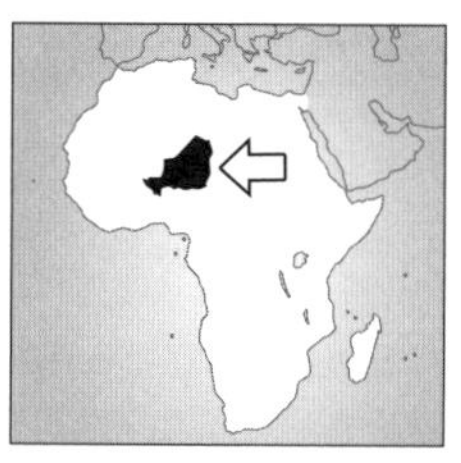

「教育の質」低迷に拍車をかける協働の欠如

アフリカ各地で教育のアクセスや質が低迷している背景には、子どもたちの言語や民族、障がいといったニーズの多様性や、教育の機会費用が非常に高く、人口が急速に増えているという、教育を受ける側の事情があります。その一方、「供給」に当たる教育を提供する側には、財政難で施設が足りないとか、教員の能力不足、一貫性のないカリキュラムなどさまざまな問題があります。これらの需要と供給の間には大きなミスマッチが存在しています。

しかし、行政（役人や教員）と保護者・地域住民、開発協力関係者といったステークホルダー間でコミュニケーションがなされず、責任を互いに転嫁する傾向があり、協働関係が醸成されてこなかったため、需給のミスマッチは一向に改善されませんでした。

◉この取り組みで思ったこと

私たちが目指しているのは、改善された学校運営を土台に、その結果として現場が変わり、子どもたちがしっかりと学んで学校を卒業していけるようにすることです。保護者らが汗を流してつくった教室で、彼らが一生懸命に学んでいる姿や、放課後の補習教室でさえ子どもたちが楽しみにしてくれるようになり、早く学校に来て先生を待っている姿を見られたのは得がたい光景でした。また当初は教育改善なんて無理だと言っていた現地の人々の意識が少しずつ変化し、「自分ごと」として考えてくれるようになったこともうれしい体験です。

定期総会で学校活動計画を協議する地域住民_（セネガル）

地域で支える課外補習に真剣に取り組む女子（ニジェール）

そうした状況を改善するため、私たちは学校を拠点とし、「地域ぐるみ」で教育環境を改善して子どもたちを応援する「みんなの学校」プロジェクトを立ち上げました。これはいわば、日本や欧米ではおなじみのPTAの拡大版のような仕組みです。PTAは基本的に教員と保護者の協働ですが、これに地域住民らも含めた学校運営委員会をつくり、行政と連携しながら皆で子どもたちに学ぶ機会を提供するものです。現地では子どもの数に学校施設が追いつかない現状があるため、例えば保護者や地域の人々が協力して資材を集め、仮設の教室や机を整備します。子どもを学校に通わせていない保護者に対しては皆で就学促進キャンペーンを実施したり、学習時間の足りない子どもらには課外補習の機会を提供するなど、まさに「地域ぐるみ」で課題に取り組むのです。

手洗い場や給食も「地域ぐるみ」で

民主的な手続きで意欲・能力のあるリーダーを選び、定期的に住民集会を開いて課題を話し合い、解決に向けた年間計画を立て、実行した施策に問題があれば修正していくというサイクルにより、閉鎖的だった学校運営が開かれたものに変わり、「地域ぐるみ」で課題解決に取り組んでいけるようになりました。

一方で教育とは、先生と教室、机があれば十分というわけではなく、学校の安全対策や保健衛生、環境の整備なども重要です。先進国では水道やトイレ、給食の提供が学校では当たり前ですが、ニジェールやアフリカ諸国では多くが未整備です。そのため、委員会が食材を調達して地域のボランティアが調理して給食をつくったり、手洗い場を設置したりもします。子どもたちに学校で栄養のある食事を提供できるようにするのも委員会の仕事なのです。

一連の取り組みにより、実際に子どもたちの学力が向上し、特に伝統的な家事労働力として学校を中退する傾向が強い女子生徒の進学率がアップしています（→❶）。文化や民族が違っても、子どもの健やかな成長を祈るという大人の思いは世界共通です。今後もさまざまな国や地域へこのモデルを普及できれば（→❷）と考えています。

❶同国で実施した全国女子中退防止キャンペーンにより、中学1年生女子の中退率が33.4%から20.0%に減少、同2年生への進級率も44.6%から57.5%へとアップしている。

❷「みんなの学校」プロジェクトはニジェールで2004年に始まり、着実な成果を上げている。その後、プロジェクトはアフリカ各国で展開され、現在までにセネガル、マリ、ブルキナファソ、コートジボワール、マダガスカル、ガーナ、ジブチ、エチオピアの9カ国・7万校にまで広がった。このプロジェクトは全国に展開することを想定しているが、JICAの協力だけでは実現できない。その国の教育省やユニセフ、世界銀行といった機関と連携する必要があり、スムーズな協力関係をつくりだすのは難しい作業だが、成果をデータとして示しつつ、各機関の担当者に実際の現場を見てもらい、地域がどう変わったのかを実感してもらうことで理解を得ながら進めている。

日本型「研究室中心教育」で途上国の工学系人材を育成

産業開発のための工学教育研究強化プロジェクト

対象国／カンボジア（東南アジア）

解説してくれた人／佐々木慶子さん（JICA専門家）

カンボジア王国

どんな国?▶東南アジア、インドシナ半島南西部に位置する。独立は1953年。75年に樹立された急進左派のポル=ポト政権下では多数の自国民が虐殺され、内戦を経て91年に終結。農業・縫製業・建設業・観光業が主要産業。

どんな課題?▶世界経済フォーラム報告書によると、同国の大学卒業生に占める理工学部学生の割合は12パーセントで、工学系の学部学科数は国立・私立を合わせて全国でわずか14校しかない。特許制度が導入されたばかりで、大学からの特許申請は0件（2018年現在）。政府は2025年までに、国内総生産の1パーセントを研究費に当てることを目指している。

首都／プノンペン
面積／18.1万㎢（日本の半分ほど）
人口／1671.9万人
1人あたりGNI／1530ドル（日本のおよそ4%程度）

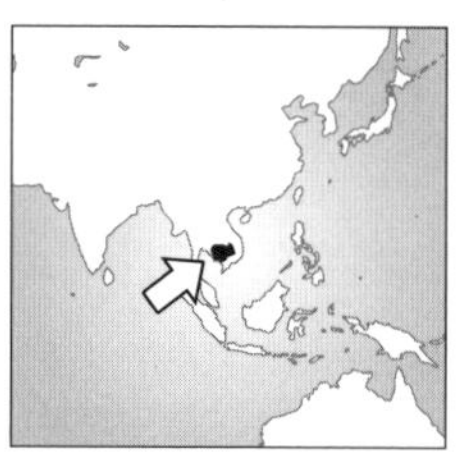

日本の「研究室中心教育」をカンボジアでも

経済急成長に伴い、カンボジアでは工学系人材の育成ニーズが高まっています。しかし財政的な事情から実験・実習機材や研究資金が不足し、大学は座学中心となっていました。JICAは長年にわたり、同国における工学分野の拠点校であるカンボジア工科大学（ITC）を支援しており、2011年から学部レベルで実習・実験を中心とした、より実践的な教育を目指す教育能力強化プロジェクトを実施してきましたが、大学院における研究を基盤とする教育体制の構築までは十分に進んでいませんでした。

本プロジェクトは、ITCの教育研究能力の向上を目的としています。そのひとつの柱が、日本式の「研究室中心教育（LBE）」（→❶）の導入です。欧米などではコースワークや個別指導が中心ですが、日本の工学系大学は研究室を活動単位とした研究

◉この取り組みで思ったこと

カンボジアでは、大学教員の仕事は授業をすることで、研究は教員にとって”余計”な負担という位置づけでした。プロジェクト開始当時は、カンボジアの経済的背景もあり、教員の研究意欲を上げることが課題でしたが、徐々に、卒業生が優良企業に就職する、学生のプレゼンテーション力やマネジメント能力が向上するなど研究を通じた成果が出てきました。カンボジアの発展を支える優秀な産業人材や国際的な研究者を輩出することを目指したプロジェクトに関わることができ、大変光栄です。日本としてはカンボジアの発展に真に必要な支援を分析・検討し、集中的に支援していくことが望ましいと思っています。

カンボジア工科大学で開催された企業向けのラボツアーの様子

重視の体制が特色です。教授をトップに、准教授、助教、ポスドク、大学院生、学部4年生などがチームとなり、研究を通じた実践的な教育が行われます。LBEにより高い専門性、研究能力、問題解決能力、プレゼン能力などのソフトスキルを備えた工学系人材が育成されています。

また研究室内では教員が学生を指導するだけでなく、先輩学生が後輩学生の指導をし、後輩学生は先輩学生の研究を手伝い、同学年の学生間で学びあうといったさまざまな関係性のなかで、学生のコミュニケーション能力、協調性、マネジメント能力、リーダーシップが育まれます。このような能力を備えた人材は卒業後、企業でも大変高い評価を得ています。

地方大学のフォローと産学連携の強化も

2019年から始まったこのプロジェクトでは、ITCの大学院編成に伴い、学部横断型な融合も目指しています。毎年10件以上、LBEを実践する研究チームを支援しており、テーマは地熱の活用や水環境の改善、水耕栽培のスマート農業(→❷)化など、電気、機械から農業に至る幅広い分野で展開しています。

一方、南部経済回廊(→❸)沿いの経済特区に高度な人材を供給できるよう、その付近に位置する地方大学の理工系教育研究体制の整備にも取り組んでいます。それらの大学では理工系教育が脆弱であるため、教員あるいは教員候補者がITCの大学院に国内留学をし、修了後それぞれの大学で教員として工学分野を強化していくという流れです。

また産学連携を強化し、産業界のニーズに合った質の高い工学系人材の育成を目指しています。ITCの5年生(最終年度)は企業インターンシップか卒業研究のどちらかを選択します。このため、受け入れ企業の開拓や、LBEでの研究成果を発表する産学マッチングイベントなどのキャリア支援なども行っています。

❶ 研究室中心教育

LBE（Laboratory-Based Education）日本では、1950年代から理工系大学の急速な拡充により、質の高い工学系人材が多数育成されたことが高度経済成長を支えた。この日本の工学教育の特長をJICAでは「LBE（研究室中心教育）」と名付け、途上国の工学系教育の強化へ向け積極的に推進している。

SDGsワード

❷ スマート農業

ロボット技術や情報通信技術(ICT)を活用することで、これまで人手に頼り、熟練者でなければできなかった作業を省力化・精密化し、高品質生産を目指す新たな農業のあり方。

❸ 南部経済回廊

東南アジアのインドシナ半島南部を、東からホーチミン(ベトナム)、プノンペン(カンボジア)、バンコク(タイ)の大都市を経由してインド洋に面するミャンマーのダウェーへと貫く国際幹線道路計画。カンボジア政府は海外企業が集まるバンコクやホーチミンとのサプライチェーン構築を目指し、主要な経済特区を南部経済回廊沿いに設置している。

2章 People 人々

SUSTAINABLE DEVELOPMENT GOALS

あらゆる場所の
あらゆる形態の
貧困を終わらせる

包摂的かつ持続可能な経済成長及び
すべての人々の完全かつ生産的な雇用と
働きがいのある人間らしい雇用
(ディーセント・ワーク)を促進する

各国内及び各国間の
不平等を是正する

⑨ 社会保障、障害と開発

誰もが尊厳をもって自分らしく生きる世界を目指して

社会保障の拡充や労働環境の改善、障害者の社会参加の促進、障害の主流化に取り組み、誰もが社会保障制度や福祉につながり、尊厳をもって生きていくことができる社会の実現を目指す。

途上国の社会保障や障害者を取り巻く課題とは?

❶国際労働機関
ILO
(International Labour Organization)
国連の専門機関のひとつで、労働条件の改善を国際的に実現することを目標とする。

SDGsワード
❷インフォーマルセクター
経済活動を行っているものの、国の統計などに反映されないインフォーマルエコノミー(非公式経済)に属する業態を指す。2016年時点で全世界の労働者の61%がインフォーマルセクターで雇用されている。SDGsではゴール8「働きがいも経済成長も」などで、こうした雇用をディーセント・ワーク(働きがいのある人間らしい仕事)へ転換することを推進している。

すべての人々の尊厳ある生活に必要な社会保障カバーされているのは世界の45%

医療保険や失業保険、定年後の年金……。個人の責任や自助努力では対応するのが難しいリスクを社会全体で支え合う社会保障は、すべての人々が尊厳をもって生きていくために必要なソーシャル・セーフティネットです。途上国においても、それは貧富の格差を是正し、経済発展の恩恵を脆弱層にまで行き渡らせる所得の再分配機能を果たし、脆弱層の「人間の安全保障」の観点からも不可欠な制度といえます。

しかし、国際労働機関(→❶)によると、何らかの手当や保険といった社会保障制度を利用可能な人々は世界人口の約45%にとどまり、年金制度に代表される包括的な社会保険制度の利用者に限定すると、わずか 29%しかカバーできていません。多くの途上国では社会保障制度が十分に整備されていないだけでなく、特に子どもや女性、高齢者、障害者、インフォーマルセクター(→❷)の労働者といった社会・経済の変化に脆弱な層が取り残されています。

他方で、経済発展に伴い労働災害や職業病が増加傾向にあり、世界では毎年300万人近くが仕事に関係する事故や疾病で命を落としています。労働者保護のためには、労働安全衛生、労働基準などの法制度や実施・監督体制の整備も重要です。

途上国に世界の障害者人口の80%が集中 障害児の9割は就学の機会すらなく

世界保健機関は(→❸)、世界人口の15.4%にあたる約10億人の障害者を、引き続き「最も取り残されがちなグループのひとつ」と指摘しています。障害者の80%は途上国で暮らし、その多くが保健、教育、就労などの機会を制限され、さらなる貧困状況に陥りやすいという悪循環のなかに置かれています。極度の貧困状態にある人口のおよそ20%は何らかの障害を抱えていると推定され、途上国の障害児の9割は就学の機会すら奪われているとも指摘されます。

障害児や障害者が経済的・社会的に自立した生活を築くためには、医療、教育、就労などの社会サービスに、完全かつ平等にアクセスできるインクルーシブ(包摂的)な体制づくりが欠かせません。

新型コロナウイルス感染症の流行は、移動に制約の多い途上国の障害者の社会的な脆弱性を、あらためて浮き彫りにしました。

❸世界保健機関
WHO（World Health Organization）
国連の専門機関のひとつで、世界のすべての人々の身体的・精神的健康の向上や国際的保健事業の推進などを目的とし、感染症の予防や被災地への緊急医療支援などの活動も行う。

日本とJICAがこの課題に取り組む理由

日本は、現在の途上国と同様に農業人口やインフォーマルセクター人口の割合が高かった、経済発展の比較的早い段階である1961年に国民皆年金を実現しており、途上国からもそのノウハウを学びたいという期待が寄せられています。また、高齢化をはじめ社会・家族を取り巻く環境の変化への対策など、課題先進国として有益な教訓を途上国に提示することができます。

障害と開発においても、日本は1925年に世界で初めて点字投票を実現するなど障害者の社会参加の促進に取り組んできた経験があります。社会保障制度と同様、その軌跡は類似の制度改革を目指す国々に多くの学びを提供します。

課題解決への5つの方針

Approach 1 社会保障制度の構築

当該国の社会経済状況や人口動態に合わせた年金、雇用保険、労災保険、介護保険など、適切な社会保険制度の整備を支援します。各制度を支える体制づくりのため、社会保障政策の立案・実施を支える行政官や関係機関の人材育成に重点を置き、日本の社会保障制度に学びたいという途上国のニーズに応えるため、日本での研修や途上国におけるパイロット事業を通じた実践的な人材育成を推進します。

Approach 2 社会福祉の推進

社会的に疎外されている人々との関係を構築し、各種の社会資源などと結び付けながら、さまざまな課題に対応する社会福祉専門職の人材育成を支援します。また、コロナ禍によって生活への支障が生じた社会的脆弱層の孤立を防ぐ取り組みを強化し、特に社会の変化にさらされる子どもの保護(児童福祉→❶)や家庭の課題に積極的に取り組みます。

Approach 3 雇用・労働環境の整備

雇用分野では公的職業紹介やキャリアカウンセラー育成のほか、障害者を含む社会的脆弱層の就労支援に重点を置いて取り組みます。労働環境の改善、ディーセント・ワーク(→❷)の実現に向けては、主に建

❶子どもへの社会保障のカバーは世界の約35%にとどまっている。子ども手当などの現金給付は、子どもの栄養、保健、教育へのアクセス改善と強い相関関係があることから、児童労働、貧困を削減するために有効な選択肢となりうる。

SDGsワード

❷ディーセント・ワーク

Decent Work

ディーセントは「きちんとした」「適切な」を意味し、「働きがいのある人間らしい仕事」をさす。具体的には、自由・公平・安全と人間としての尊厳を条件としたすべての人のための生産的な仕事を意味する。

国際労働機関の1999年の報告に初めて登場し、SDGsのゴール8の目標などにもその達成が取り入れられている。

設現場や工場などにおいて培われた日本の労働安全衛生の指導方法などの知見を共有していきます。

Approach4
障害に特化した取り組み

障害者の人材育成やエンパワメント(能力開花・権限強化)、障害者団体の組織能力の強化、障害関連統計の整備に取り組みます(→❸)。また、それらを基礎として、バリアフリー化や情報提供を通じた物理的なアクセス(施設や交通手段などの利用)や情報へのアクセスの改善、障害者の自立や社会的活動への参加、就労支援サービスの拡充に取り組みます。

❸多くの途上国では障害担当行政組織や行政官、障害当事者組織が十分な能力をもたないため、そのエンパワメントやネットワーク形成が重要視されている。障害に対する理解や、障害者が自立して生活するための環境が整備されていない国が多く、啓発や環境・制度の改善が必要である。

Approach5
「障害主流化」の取り組み

障害と開発を推進するには、すべての取り組みにおいて"障害"の視点を反映し、障害者が受益者あるいは実践者として事業プロセスへ参加する「障害主流化」が必要です。環境・設備のバリアフリー化、インフラ整備の際の物理的アクセシビリティの確保、各種計画策定における障害者参加を支援するほか、インクルーシブ防災(→❹)やユニバーサルツーリズム(→❺)など他分野とも横断的に「障害主流化」を進めます。

❹障害者をはじめ、高齢者や子どもなど災害に脆弱な人々に対しても「インクルーシブ」(包摂的)な、誰も取り残さない防災のあり方。東日本大震災を教訓に、国連防災世界会議などでその重要性が国際的に認識されるようになった。

❺高齢や障害の有無にかかわらず、すべての人々に開かれ、気兼ねなく参加できる旅行のあり方。乳幼児連れや妊産婦、外国人旅行者なども含まれる。

2030年への目標

★社会保障分野で関係省庁、NGOなどを対象に13500人の人材育成を実施する。
★8万人の障害者の社会参加・経済参加の機会が向上する。

2億7000万人の国民すべてに公的健康保険を

社会保険実施能力強化プロジェクト

対象国／インドネシア（東南アジア）

解説してくれた人／中村信太郎さん（JICA国際協力専門員）

インドネシア共和国

どんな国?▶東南アジア南東部、大小多くの島々からなり、面積は日本の約5.5倍、ジャワ島に人口の3分の2が集中する。世界最大のイスラム教徒人口を抱える。原油などの地下資源が豊富で液化天然ガスの輸出に力を入れる。

どんな課題?▶同国では労働人口の6割がインフォーマルセクターに属している。2014年以降、同国は全国民を社会保障制度の対象としたが、インフォーマルセクター労働者の加入率は低く、健康保険では貧困層対象に無償化して加入者が増えたものの、制度の収支が赤字になるなど多くの課題を抱える。

首都／ジャカルタ
面積／191.1万㎢
人口／2億7352万人
1人あたりGNI／4050ドル
（日本のおよそ10分の1）

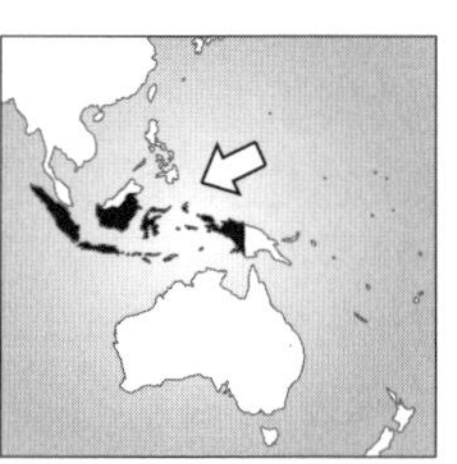

インドネシアの国民皆保険化を支援
メリットをどう理解してもらえるかが課題

　同国では国民皆保険を目指し、制度・運用を見直して2014年から健康保険と労働保険（労災、老齢・死亡一時金、年金）の5つの給付・保障を柱とした新制度がスタートしました（労働保険は2015年から）。当時は労働保険の加入対象者1億2500万人のうち2000万人しか実際には加入しておらず、特にインフォーマルセクターの加入率は全体の0.4%という低さで、その数をどう拡大するかが大きな課題となっていました。JICAは制度の運用体制を強化するため、2014年に最初のプロジェクトを開始しています（→❶）。

　そもそも保険制度が国民の間でほとんど認知されておらず、知ってもらっても健康な若年層には医療保険や何十年も先の年金の必要性を理解してもらえません。企業にとっても保険料の

❶同国は当時、2019年までに健康保険で100%、労働保険ではフォーマルセクターで80%、インフォーマルセクターで5%の加入率達成を目指していた。「社会保障制度強化プロジェクト」（2014～17年）では現地に専門家を派遣してセミナーを開催したほか、政府関係者を日本に招いて日本の社会保障制度を視察してもらった。期間は10日間から12日間、1回13人から17人が参加する研修を3年間のうちに3回実施した。

地方の労働保険事務所にて。職員、民間パートナーとともに

支払いを余計なコストと受け取るなど、制度の利点を評価して加入、保険料を毎月支払ってもらうことは簡単ではありませんでした。

同国労働人口の6割におよぶインフォーマルセクター労働者はそれだけでなく、収入が不安定で保険料の支払いが難しいというハードルがあります。また、政府が肩代わりをして低所得者層の医療保険料を無償化しており、医療保険財政は赤字が続いていました。

インドネシア版社会保険労務士制度で社会保障の拡大を目指す

2017年から始まった本プロジェクトでは、各種保険についての啓発活動を推進して加入を促すとともに、保険料滞納者対策で徴収率を向上させるための技術協力(→❷)を行っています。インドネシア政府の担当者らを日本に招き、日本年金機構(→❸)や国民健康保険業務の実情を視察してもらった際に、日本の社会保険労務士(→❹)に着目し、「インドネシア版」ともいえる社会保険労務士制度を発案することになりました。

仕組みはできたものの、人材の育成や資格の認定方法、運用などの細かい部分はこれからです。農村部では特に医療へのアクセスが悪いだけでなく、健康保険が使えるのが公立病院や提携病院に限られるという現状から、加入が進まない傾向がある点や、社会保険に関わる政府機関が6つもあり、どうやって連携していくかなどが今後の課題です。

❷インドネシアの社会保障実施機関では、退職した学校教員など地域の事情に詳しい人々に「民間パートナー」になってもらい、社会保険の普及啓発、加入促進、滞納保険料の徴収などの業務を委嘱している。2020年時点で民間パートナーは健康保険担当が2300人、労働保険担当が7100人いる。プロジェクトでは彼らへの研修を実施し、活動を支援している。

❸日本年金機構法に基づき、国から委託され公的年金(厚生年金・国民年金)業務の運営を担う特殊法人。

❹社会保険労務士法に基づき、労働者の雇用・退職に応じて社会保険の加入、給付などの手続き、労務管理などの事務を代行する国家資格者。

児童養護施設職員のスキルを改善し子どもを「貧困の連鎖」から救う

児童養護施設の養育体制強化を通じたこども達の成長と自立を促進するプロジェクト

対象国／フィリピン（東南アジア）

解説してくれた人／横田宗さん（NPO法人アクション）

フィリピン共和国

どんな国?▶マレー諸島の北部に散在する多数の島々からなる。最大の島は首都があるルソン島。主要産業は米、とうもろこしなどの国内向け小規模経営と、ココナツ、バナナなどの輸出向けプランテーションを中心とする農林水産業。

どんな課題?▶同国の子どもの貧困率は3割を超える。暴力、搾取、虐待などから児童養護施設に入所する子どもは多いが、ケアを担うハウスペアレントに資格が義務付けられておらず、子どもが退所後に定職につけないなど「貧困の連鎖」を断ち切れないケースが多い。

首都／マニラ
面積／30万㎢
人口／1億958.1万人
1人あたりGNI／3850ドル
（日本のおよそ11分の1）

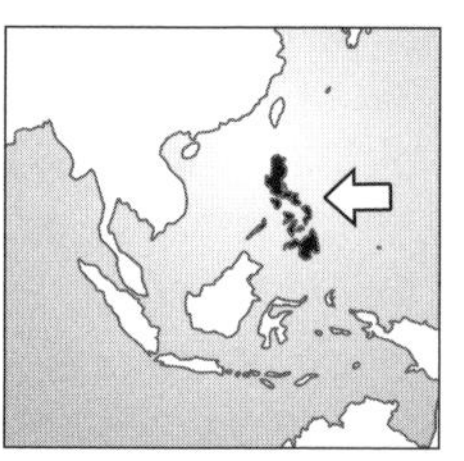

知識・スキルをもたない児童養護施設の職員子どもに高圧的な態度をとるケースも

子どもに接する仕事に就く場合、日本では保育士や社会福祉士など一定の知識・スキルを保証する資格をもつ必要がありますが、フィリピンでは児童養護施設（→❶）などの児童関連施設で働く職員の多くは心理学・教育学などアカデミックな教育を受けておらず、管轄省庁や行政が提供する研修もありません。

同国には日本の少年院に相当する施設がないため、こうした民間施設で触法行為を犯した子どもたちの更生・自立支援も受け持つことがあります。施設の職員には、仕事への熱意は高いものの、子どもたちにどう向き合えばよいかわからない人が多く、言うことを聞かない子どもに高圧的な態度をとったり、極端な例では手を上げてしまったというケースも見られます。それでは、虐待で保護された子どもに対しては逆効果となります。

❶フィリピン国内に約800あり、監督省庁の認可を得て官民で運営されるが、ほとんどの施設は行政からの資金的なサポートがなく、財源は寄付などに頼らざるをえず財政的に厳しい施設が多いようである。施設はソーシャルワーカー（国家資格）が管理・監督し、児童のケアはハウスペアレントが担当する。

また子どもたちとの関係に行きづまったりして職員が辞めていくなど悪循環が生じていました。

2014年から開始したプロジェクトでは日本で実施されている研修をベースとしつつ、専門家をフィリピンへ招くなどして同国の実情に合った教材をフィリピンの児童福祉有識者や政府職員と開発し、研修カリキュラムを作成しました。

子どもたちの自立性を育む
ライフスキルマネジメントを導入

まず施設のリーダーである国家資格を持つソーシャルワーカーたちを研修によって育成し、彼らとともに、現場で子どもと日常的に接するハウスペアレント(児童指導員)への研修を実施しました。研修の柱は2つで、一つは子どもへの接し方や記録のつけ方、次の担当者への引き継ぎの仕方など、施設の仕事として必要な内容を中心とする職員の能力向上です。

ハウスペアレントの日々の業務は忙しく、当初は研修に時間をとられることに不満を感じる人もいたようですが、研修内容が日ごろの業務で活用できることがわかると、前向きに参加してくれるようになりました。ハウスペアレントたちがこの研修を受けてどう変わったか、日ごろケアを受けている子どもたちから聞き取りをしたところ、「頭ごなしに叱られることがなくなった」「話をよく聞いてくれる」「優しくなった」などの声が上がるなど、改善がうかがえました。

二つめは、施設の子どもたちが退所後、社会で自立できるように促すライフスキルマネジメント・プログラム(→❷)の実施方法を職員たちに身につけてもらうことです。

子どもたちにとって最も大切な環境は周りの「人」だと考えています。日々、情熱を持って子どもたちと向き合うソーシャルワーカーやハウスペアレントの能力向上をサポートすることで、少しでも施設にいる子どもたちの環境を改善していきたいと思います。

❷ライフスキルマネジメント・プログラムは「自分を知る」「人生のゴールを決める」「周りの人とのコミュニケーション」「お金のため方・使い方」など10の単元からなり、子どもたちが自分の心と体をケアしながら周りの人々と上手につきあえる方法を学ぶ。日本で行われているプログラムと同じだが、フィリピンの子どもたちは特に歌や踊りが好きなので、自己表現の方法として、それらをより多く組み込んでいる。ストレスへの対処や感情をコントロールする能力がつき、施設の職員やほかの児童との関係が良くなったなどの結果が出ている。

◉うれしかったこと！

こうした研修の効果を継続させるには行政を巻き込み、制度化する必要があります。ただ、私たちの団体(NPO法人アクション)は国の機関ではなく外国のNPOにすぎないので、あくまでもお手伝いするという立場で、粘り強く丁寧に説得しました。政府側の方針が途中で変わり、私たちの活動計画も変更しなければならないなど予期しない事態もありましたが、政府が私たちの意見を取り入れてくれ、この研修を国の制度として義務化することができました。

就労支援サービスを実現し障害者の社会参加を増やす

障害者就労支援制度構築プロジェクト

対象国／モンゴル(アジア)

解説してくれた人／千葉寿夫さん(株式会社コーエイリサーチ&コンサルティング)

モンゴル国

どんな国?▶アジア大陸中央部にあり、北はロシア、南東西部は中国に接する。1990年に複数政党制を導入。1992年にモンゴル人民共和国から現国名に変更し、社会主義を放棄した。銅・金などの鉱物資源が豊富で、鉱業・畜産業が基幹産業。

どんな課題?▶同国は急速な経済発展の一方で国内の経済格差が拡大しており、特に障害者対策の政策判断の根拠となる障害統計も不十分で、社会包摂が遅れている。障害者の社会参加を促すためには、雇用の拡大が望まれる。

首都／ウランバートル
面積／156.4万㎢
人口／327.8万人
1人あたりGNI／3790ドル
(日本のおよそ11分の1)

障害者の社会参加の土台に多くの課題 まずは意識改革から

同国は国連で採択された障害者権利条約(→❶)を2009年に批准したのち、2016年には障害者の権利を定めた「障害者権利法」を制定するなど、障害者の権利保障と社会参加のための施策を強化していますが、障害者に対応した職場環境や公共交通機関・建物のバリアフリー化、福祉機器などの多くが未整備なだけでなく、障害者団体や支援団体も十分に育っておらず、社会参加の土台が脆弱で障害者の多くが貧困に陥りがちな状況にありました。

同国政府の要請でJICAは2016年から首都ウランバートルでの技術協力(→❷)を開始しました。モンゴルの障害者の多くには自身の障害のせいで社会に迷惑をかけているという意識があり、一方で行政側なども施設などのバリアフリー化を社会の

❶障害者の人権及び基本的自由の享受を確保し、固有の尊厳の尊重を促進することを目的とし、障害者の権利のための措置などについて定める条約。批准した国には条約を実施する枠組みや国連に報告する義務があるため、各国の取り組みが促進される。日本も2014年に批准している。

❷「ウランバートル市における障害者の社会参加促進プロジェクト」(2016～2020年)

❸例えば車いすでは段差のある階段は上れないが、エレベーターがあれば車いすでも上階へ移動することが可能となり、車いす利用者にとって「障害」は解消されたことになる。つまり、障害とは社

ジョブコーチ入門セミナーでグループワークに取り組むモンゴル人参加者。右は障害者雇用を進める企業を訪問しヒアリングを終えたプロジェクトスタッフと企業担当者

義務というより「施し」として捉えている傾向がありました。そこで双方の意識改革に重点を置き、「障害の社会モデル」(→❸)という新しい概念を広く理解してもらうため、まずは障害者たちに理解してもらったうえで彼らが講師となり、政府の関連省庁や自治体・障害者団体職員、学生ら延べ１万人以上に研修を受けてもらいました。その結果、政府側の姿勢も変わり、バリアフリーを施設整備に組み込むようになりました。

障害者と雇用主をマッチングするジョブコーチを養成

2021年からの本プロジェクトは、より具体的に障害者の就労支援事業の促進を目的とするもので、障害者と雇用主の間に立って仕事のマッチングを行う「ジョブコーチ」就労支援サービスの実施が協力の中心となります。ジョブコーチが就労を希望する障害者の能力、特性、職場経験などを評価したうえで、障害者を雇用したいと考えている雇用主側が要求する仕事内容や職場状況、障害者に対する理解度などを勘案しつつ両者をマッチングし、障害者が就職したあとも職場を訪問して困りごとへの相談に乗るなどフォローを続け、社会人として順調に自立できるよう支援するのです(→❹)。入門研修によるジョブコーチの養成から取り組んでおり、修了者はすでにジョブコーチとして就労支援サービスに携わり、この制度を活用して就職した障害者も誕生しています。2023年から同サービスを本格的に稼働する予定で、障害者や障害のない人にも意識を高めてもらうため、障害者雇用優良事例をまとめ、2022年５月から同国のウェブメディアなど(→❺)に掲載しています。

会・環境と個人の心身機能の障害の状況によってつくりだされるものであり、その障壁を取り除くことは社会の責務であるとする考え方。2006年に国連で採択された障害者権利条約でこの概念が示され、2011年に改正された日本の障害者基本法でもこの考え方が採用されている。

❹2022年７月からパイロットプロジェクトが始まり、最初の１年は首都ウランバートルで実施し、２年目以降は地方都市で展開していく計画。

❺JICAのHPでも掲載されている。
https://www.jica.go.jp/project/mongolia/030/index.html

◉この取り組みで思ったこと

このプロジェクトが成果を収めるためには各方面の協力が欠かせず、ジョブコーチが所属する障害者就労支援団体に政府から財政的な支援が継続されるかどうかも重要なポイントです。障害者の雇用を増やすには、企業側に障害者の積極的な雇用を働きかける必要もあります。また、障害者が通勤に公共のバスを使うことが多いにもかかわらず、利用可能なバスが少ないという現実があり、行政側の対応が望まれます。

2章 People 人々

SUSTAINABLE DEVELOPMENT GOALS

あらゆる年齢のすべての人々の
健康的な生活を確保し、
福祉を促進する

すべての人々への包摂的かつ
公正な質の高い教育を提供し、
生涯学習の機会を促進する

ジェンダー平等と
すべての女性や女児の
エンパワメントを推進する

持続可能な開発のための平和で包摂的な社会を促進し、すべての人々に司法へのアクセスを提供し、あらゆるレベルにおいて効果的で説明責任のある包摂的な制度を構築する

⑩ スポーツと開発

すべての人々が、
スポーツを楽しめる平和な世界に

障害者や女性、紛争下の人々などにスポーツを通じた社会参加を促すとともに、社会的背景の異なる人々の相互理解をスポーツを通して支援し、誰もがスポーツを楽しめる平和な社会の実現に貢献する。

SDGs達成にスポーツはなぜ必要?

課題解決のアプローチとしてのスポーツ「持続可能な開発」の重要な鍵に

楽しさ、熱狂、感動……。スポーツは多くの人々を魅了するだけでなく、言語や文化、宗教の違いを超えて多様な人々・地域をつなぐ力をもっています。

スポーツが開発課題の解決のためのアプローチになるという考え方が発展したのは、21世紀に入ってからです。2003年に国連で「教育を普及、健康を増進、平和を構築する手段としてのスポーツに関する決議」が採択されて以降、それまでは余暇・健康増進の範囲に位置づけられていたスポーツが、人間開発や平和構築(→❶)のための一つのアプローチとして定着するようになります。

その流れをくみ、2015年に国連で採択された「持続可能な開発のための2030アジェンダ」のなかに、スポーツが持続可能な開発における重要な鍵であることが明記(→❷)されました。このアジェンダの具体的行動指針として示されたのが、17の達成すべきゴールをもつSDGsなのです。

また2017年に開催された第6回体育・スポーツ担当大臣等国際会議においても、持続可能な開発と平和に向けたスポーツの貢献の最大化がテーマとなり、SDGs達成へのスポーツの貢献が明言され、その効果を測定するための指標の開発が進められてもいます。

❶JICAではスポーツが相互理解を促進するという特性に着目し、平和構築の分野では、2002年の東ティモールで独立直後の国民融和を目的とした独立記念スポーツ大会、2016年からは独立後の南スーダンで民族融和を目的とした国民スポーツ大会など、積極的にスポーツを活用してきている。

❷同アジェンダの宣言(37項)に「スポーツもまた、持続可能な開発における重要な鍵となるものである。我々は、スポーツが寛容性と尊厳を促進することによる、開発及び平和への寄与、また、健康、教育、社会包摂的目標への貢献と同様、女性や若者、個人やコミュニティのエンパワメントに寄与することを認識する」と記されている。

途上国では一部スポーツエリートに特化 機会を制限される障害者、女性

このようにスポーツの果たす役割の重要性が増すなかで、開発途上地域においては予算の確保が難しく、人材不足など関連機関の組織力の弱さなどから、十分なスポーツ関連事業が展開されていない状況があります。また、当該国におけるスポーツ関連事業が必ずしも人々の生活の質の向上ではなく、一部のスポーツエリートに特化されるといった、競技スポーツの向上のみに集中している傾向があります。

一方、世界の障害者人口の約80%が生活する開発途上地域では、障害者が日常的にスポーツを楽しめる環境の整備が進んでいません。同様に、ジェンダー格差や文化的背景から、女性のスポーツの機会も制限されています。学校体育についても、世界の9割以上の国でナショナルカリキュラムとして必修化されているにもかかわらず、開発途上国ではその認知度の低さや、指導人材・施設の不足などにより、十分に実施されていないケースが多くみられます。

また、紛争などの不安定な情勢下にある途上国では、スポーツへのアクセスが一層制限されているのが現状です。

日本とJICAがこの課題に取り組む理由

日本の学校では体育科教育や運動会、課外活動を通じ、貧富の差にかかわらずすべての子どもたちにスポーツをする機会を広く平等に提供してきた歴史があります。

JICAも青年海外協力隊の発足当初（1965年）からスポーツ隊員を派遣し、世界に先んじて「スポーツと開発」に取り組んできた実績があり、スポーツは人間が生きていくうえでかけがえのないものと捉え、すべての人が性別や年齢、文化、地位、障害の有無に関係なくスポーツを楽しめる平和な社会の実現に向けて協力を推進しています。

3つの方針で開発と平和を促進！

「スポーツの開発」と、スポーツを手段として課題に取り組む「スポーツを通じた開発」の2つの観点から協力を展開していきます。大別すると以下の3つの方針があります。

Approach1
【スポーツの開発】スポーツを楽しむ機会の拡充

開発途上地域におけるスポーツへの参加機会を拡充し、スポーツの価値や楽しさを届けます。そのため、スポーツ関連政策・制度の整備、政府・行政、競技団体の体制強化、人材育成などから障害者・女性を含む多くの人がスポーツを楽しめるような「ソフトインフラ整備」のほか、施設や器具、用具の整備（→❶）、スポーツをしやすいまちづくりなどの「ハードインフラ整備」、日本の競技団体とも連携して指導者や審判を養成し、スポーツの裾野拡大に加え、国際舞台で活躍できるアスリートの育成なども行う「スポーツの普及・強化」を進めます。

❶障害者スポーツ関連用具の整備では競技用車いすや義手義足などの開発を行う民間企業との連携を図る。施設整備に際しても障害者を含め誰もが使いやすい設計に留意する。

Approach2
【スポーツを通じた開発】心身ともに健全な人材の育成

幅広い年代の人々への運動機会の提供を通じて高齢者の体力維持や生活習慣病の予防・改善を促進するため、日本のスポーツ団体や民間企業が開発したスポーツ健康増進プログラムを途上国に輸出し、適度な運動の習慣化をはかります。

また、学力テストではかるIQ（認知能力）だけでなく、他者との協働や情動の制御などの非認知能力（→❷）の重要性が多数の研究で指摘されるようになり、その能力は特に幼児期から青年期に形成されます。学校体育や課外活動などでのスポーツの機会を通じてその能力向上を目指し、体育教科の教科書や指導要領の作成、教員の要請を支援して途上国での実施体制強化を促進します。

❷アメリカの経済学者ジェームズ・ヘックマン（2000年にノーベル経済学賞受賞）が提唱した能力の概念で、「社会情動性スキル」とも呼ばれ、「目標の達成」（忍耐力、自己抑制、目標への情熱）、「他者との協働」（社会性、敬意、思いやり）、「情動の制御」（自尊心、楽観性、自信）に関わるスキルと整理されている。

Approach❸
【スポーツを通じた開発】社会包摂と平和の促進

スポーツへの参加は障害者や女性、子どもなどの社会的弱者や、被災者や難民など何らかの事情で社会参加の機会が限られている人々にとって精神的な支えとなるだけでなく、公平なルールの下で関わり合うことで偏見や差別を払拭したり、個々のエンパワメントにもつながります。そのためのスポーツへの参加機会を整備・提供し、障害者や女性などの社会包摂を進めます。

また、すべての人々が言語や文化、宗教などの違いを乗り越えて公正かつ公平に参加できる国民スポーツ大会の開催支援や、多様な人々が参加できるスポーツの場の創出に取り組み、相互理解・民族融和を促進して平和な社会の実現に寄与します。

2030年への目標

★JICA事業を通じて開発途上国の人々にスポーツの価値や楽しさ、喜びをとどける。

★広くスポーツの裾野を拡大し、また特に貧困、難民、障害者、女性などの困難な状況に置かれた人々にスポーツへの参加機会を提供することで個々のエンパワメントを促進する、など。

◉注目されるユニバーサルスポーツ

近年、ボッチャ（下記参照）など障害の有無や性別・年齢に関係なく誰もが一緒に楽しめるユニバーサルスポーツが注目されている。JICAはその普及などを通じ、多様なアクターが「スポーツと開発」の取り組みに気軽に参加できるよう、イノベーティブな仕組みづくりを推進していく。

※ボッチャ
ジャックボール（目標球）と呼ばれる白いボールに赤・青6つのボールをいかに近づけるかを競う、カーリングに似たスポーツ。重度の障害者向けにヨーロッパで考案され、パラリンピックの正式競技ともなっているが、近年では障害の有無にかかわらずあらゆる層で楽しまれるようになった。

紛争・地域対立を超え
スポーツで融和・平和を目指す

スポーツを通じた平和促進プロジェクト

対象国／南スーダン（アフリカ）

解説してくれた人／内田順子さん（株式会社JIN）

南スーダン共和国

どんな国?▶アフリカ大陸中央部の内陸国。1983年以降スーダン南部の反政府勢力との間で内戦（第2次スーダン内戦）が続き、2005年の和平合意を経て2011年にスーダンより独立。経済は石油に依存するが、独立後の政情不安などで低迷している。

どんな課題?▶独立後も国内各地で反政府勢力との武力衝突がくり返され、人口約1100万人の半数近い450万人（国内220万人、国外230万人）が避難民となっている。2021年の人間開発指数（→❶）でも同国は191カ国中、最下位の191位。

首都／ジュバ
面積／65.9万㎢
人口／1119.4万人
1人あたりGNI／431ドル
（日本のおよそ96分の1）

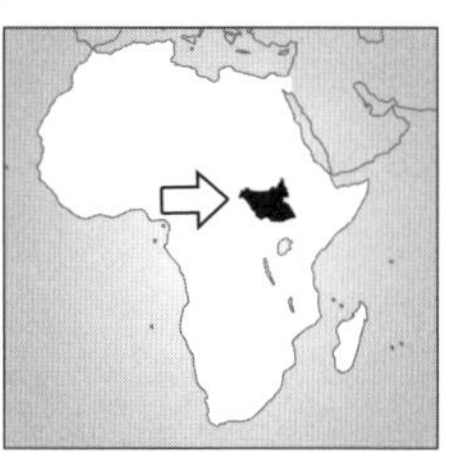

紛争と地域・民族対立が続く南スーダン 首都で全国スポーツ大会実施を支援

同国はスーダン時代の1950年代から続く長い紛争を経て2011年に独立を果たしたものの、国内の権力闘争や民族間の対立を背景に現在まで紛争が続いており、紛争によって人の移動や交流が制限されることで地域・民族間の不信がさらに高まるという悪循環が生じていました。平和を実現し、独立国として安定した発展を遂げるためには、政治レベルでの和平合意の履行だけでなく、その基礎として民族間の融和を通じた包摂的な社会の形成が喫緊の課題となっています。

JICAは次世代を担う同国の若者たちが出身地域や民族の対立を超え、スポーツを通じて信頼や結束を醸成していくことが平和構築につながると考え、2016年から毎年開催されるようになった「国民結束の日」と呼ばれる全国スポーツ大会の開催を支援してきました（→❷）。

❶国連の開発援助機関である国連開発計画（UNDP）が、各国の社会の豊かさを測るために設定した経済社会指標で、長寿、知識、生活水準の3分野の平均達成度で評価する。各国の比較で用いられる。

❷19歳以下の若者を対象とし、2016年の第1回大会には全国9地域から約350人の選手が参加。翌年は紛争によりJICA職員は国外退避を余儀なくされリモートでの支援となったものの、選手の安全確保に努めながら第2回大会も実現できた。第3回大会からは女子バレーボールが競技種目に加わるなど競技種目も増え、第5回大会にはパラスポーツである車いすバスケットのエキシビジョンマッチも実現したほか、同大会参加選手が

全国スポーツ大会で恒例の綱引き。異なる民族からなるチームを編成し、他民族との交流を図るものだ（南スーダン）

2020東京五輪にも出場している。競技以外に選手を対象とする平和構築、ジェンダー、HIV/AIDS啓発をテーマとするワークショップなども実施されている。

参加選手の9割が他地域の選手と友人に 今後は草の根レベルでもスポーツを普及

2019年の第４回大会時に聞き取り調査を行ったところ、参加選手の9割以上がこの大会を通じて他地域の選手と友人になったと回答し、99%が他地域・他民族の人々との交流を「心地よい」と答えていることから、スポーツが平和構築に一定の役割を果たすことが確認できました（→❸）。同国政府からもJICAによる継続支援の要請があったことから、同年より本プロジェクトが開始されました。

プロジェクトの目的はこの大会を今後も継続的に開催できるよう支援することですが、参加選手以外の人々にも気軽にスポーツにアクセスしてもらうため、学校や民間の各種スポーツ団体などを対象に草の根レベルの支援を実施しています。現在はこれまでの取り組みをふまえながら、地域・コミュニティに根ざしたパイロット事業をジュバで行っているほか、コーチや審判員の育成など全国でスポーツができるような環境づくりを目指しています。

こうした活動には多額の資金が必要となりますが、政府の財政状態に余裕がないことから、国際機関やNGO、民間企業などに開発パートナーとなってもらいながら、連携してスポーツを通じた平和促進を展開していこうと考えています。

❸なかには家族から「敵対している地域に行ったら殺される」と参加を反対された選手もいたが、宿舎で異なる地域の選手らと同じ部屋で過ごしたりした結果、若者の間で理解が進んだ。ジュバに暮らす国内避難民の選手も大会に参加したことで他地域の人々への恐れがなくなり、避難民キャンプを出ることができたというケースもみられた。

◉感動したこと！

私は元々JICA職員として第１回大会への協力に参加していましたが、その後JICAを退職してJINに入社し、引き続き南スーダンでのプロジェクトに携わるようになりました。

いつも不思議に思うのはどんなに財政が厳しい国でも、地域で子どもたちに無償でスポーツを教えているコーチの人たちがいることです。彼らの動機は「スポーツだからこそ、人間づくりができる」というもので、日本での研修に参加して学校やスポーツクラブを訪れ、日本のコーチらと話すと必ず意気投合します。国の状況がどうあれ、スポーツで人を育てたいという共通の姿に、あらためてスポーツの力を実感しました。

スポーツは「男性がするもの」？意識を変えて女性をエンパワメント

タンザニア女子陸上競技会“Ladies First”

対象国／タンザニア（アフリカ）

解説してくれた人／伊藤美和さん（JICA人間開発部）

タンザニア連合共和国

どんな国?▶アフリカ東部、タンガニーカ（94.3万㎢）とザンジバル・ペンバ両島からなる。1977年以来の社会主義体制をけん引したニエレレが85年に引退後、市場経済に転じ95年、複数政党制による初の大統領選挙を実施。主要産業は農業（コーヒー豆、綿花、とうもろこし）で、金などの鉱物資源に恵まれ、近年は情報通信、建設・運輸などが拡大。

どんな課題?▶同国は男女格差を示すジェンダー不平等指数（→❶）が世界169ヵ国中146位（2021年）で、女性への暴力や若年妊娠（→❷）が問題となっている。スポーツも「男性がするもの」という考え方が根強く、女性がスポーツに取り組む機会は限られ、女子選手は男子選手に比べて育成の機会が限られている。

首都／ダルエスサラーム（法律上の首都はドドマ）
面積／94.7万㎢
人口／5973.4万人
1人あたりGNI／1100ドル（日本のおよそ38分の1）

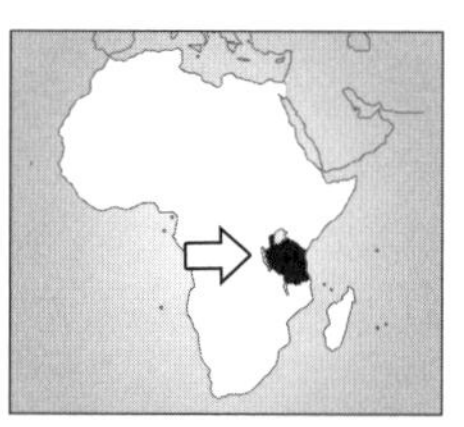

女子陸上大会の開催をジェンダー平等へのきっかけに

1980年代に活躍した世界的なマラソン選手として知られ、JICAタンザニア事務所の広報大使を2016年から務めているジュマ・イカンガー氏（→❸）は、女子選手が少ないタンザニア陸上界にも多くの「原石」が眠っていると考えていました。そのような原石を発掘するとともに、タンザニアの女性たちをエンパワメントするため、JICAも協力して2017年にタンザニア初の女子陸上競技会“Ladies First”を開催することになりました（→❹）。

関係機関の協力もあり国内最大都市ダルエスサラームの国立競技場を無償で使用することができ、当日は全国31地域の3分の2以上にあたる24地域から、105人の選手が集まりました。各競技は「目指せ、オリンピック」を合言葉に公式ルールに

❶国連開発計画（UNDP）が2010年より『人間開発報告書』で発表しているジェンダー格差についての指標。

❷同国は法律で中絶が認められておらず、女子学生が妊娠した場合は退学を余儀なくされ、教育を受けられなくなるなどの問題がある。

❸**ジュマ・イカンガー**（1957〜）
タンザニア出身の元マラソン選手。1980年代に選手デビュー、83年の福岡国際マラソンで瀬古利彦と競り合い（2位）、東京国際マラソンで2度優勝するなど日本でも注目を集めた。

❹ジェンダー平等、女性のエンパワメントの実現とスポーツ振興、体育科教育の

タンザニア女子陸上競技会（2017年）の様子（1万メートル走と走り幅跳び）

基づき行われました。

Ladies Firstの特徴は、競技の前後に複数のサイドイベントを実施したことです。なかでもタンザニアの社会問題の一つである若年妊娠の予防啓発活動は注目を集めました（→❺）。

競技会を通じて女性・男性双方の意識が変化

この競技会をきっかけにスポンサーが名乗り出て練習環境が改善された選手もいます。女子選手たちにも性別に限らず機会が与えられるべきだという意識が芽生え、「すぐに変えるのは難しいけれど、自分がオリンピックに出てモデルケースになりたい」と積極的に活動する選手も出てきました。また、選手が一生懸命競技に取り組む姿、入賞して喜ぶ姿、負けて悔しくて泣く姿を観た観客の女子中学生は「女性だって走ることができるし、様々な可能性を持っている」「女性でも何でもできると自分を信じるべき」といった感想を述べ、女性である自分たちに大きな可能性を感じていたようでした。

またこの競技会がきっかけで男性側の意識も変化しました。競技会を共催した同国スポーツ団体の男性幹部のなかには最初は“Ladies First”と書かれた競技会ユニフォームを着ることに戸惑っていた人もいましたが、いつの間にかみんな当たり前のように着用するようになり、競技会を観戦したスポーツ大臣が「これからは私たちも女性の地位向上に力を入れて取り組む」とスピーチのなかで決意を表明しました。

2019年の第３回競技会には初めて南スーダンの選手も参加（→❻）しました。2020年以降はコロナ禍で開催できませんでしたが、2023年には第４回競技会を開催することができました。今後は、同国が主導権をもって継続して開催できるよう、JICAとしても支援をしたいと思います。

普及などを競技会の目的とし、11月25日の「女性に対する暴力撤廃国際デー」から翌日の2日間にわたって開催された。

❺第１回競技会では若年妊娠をテーマにした絵本の読み聞かせなどのほか、タンザニア唯一の女子ソフトボールチームによるデモンストレーションなども行われた。女子たちが揃いのユニフォームを着て、投げたり打ったりする姿が新鮮だったようで、学校の先生方も熱心に取り組むようになり、２年後には8チームに増えて、全国大会が開けるようになった。

❻JICAが南スーダンで協力する全国スポーツ大会（130~131頁参照）で選出された女子選手たちを招待した。

◉感動したこと！

第３回競技会ではタンザニアと南スーダンの選手が400mリレーで競い合い、僅差でタンザニアが１位となりましたが、レース後、異なる背景を持つであろう両国の選手が一緒に南スーダンの国旗をまとい、抱き合ってお互いに健闘を讃えあっている姿には胸が熱くなりました。

スポーツをきっかけに ラオスの障害者の自立・社会参加を

ラオス障害者スポーツ普及促進プロジェクト

対象国／ラオス（東南アジア）

解説してくれた人／中村由希さん（特定非営利活動法人アジアの障害者活動を支援する会）

ラオス人民民主共和国

どんな国?▶インドシナ半島のほぼ中央に位置し、南北に細長く国土の大部分が山地の内陸国。1975年以来社会主義を堅持するが86年から経済開放・改革路線をとる。農業は米・コーヒー・木材など農林産物が主で、工業は銅と水力発電（電力をタイに輸出）。

どんな課題?▶同国では1990年代半ばに障害当事者団体が生まれたものの、まだまだ地方においては大半の障害者は家族の庇護の下で生活し、社会参加や社会経済的自立が遅れているほか、保健医療や教育サービスも受けられていない。

首都／ビエンチャン
面積／23.7万㎢
人口／727.6万人
1人あたりGNI／2490ドル（日本のおよそ17分の1）

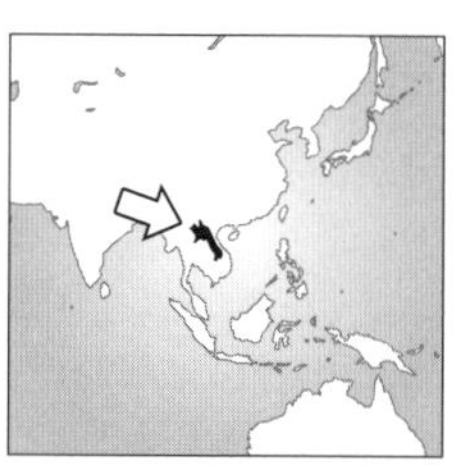

自宅で孤立していたラオスの障害者 スポーツを社会参加のきっかけに

障害者スポーツは、障害者が仲間と出会い、社会的自立に向けて自信をつけるよい機会となります。私たちのNPOは主に東南アジアで障害者スポーツ振興に関する活動をしており、ラオスでの支援を開始したのは1997年になります。

当時のラオスの障害者たちは多くが家族の元でひっそりと暮らしている状態でした。同国にはベトナム戦争時の不発弾（→❶）で手や足を失った人たちも多くいます。孤立する障害者同士が交流し、社会参加のきっかけにしてもらうため、最初は車いすバスケットボールの普及に取り組みました（→❷）。

2016年からはJICAと協力して、ラオス政府が障害者スポーツを促進・振興していくためのノウハウを支援する本プロジェクトを開始しました。障害者向け競技スポーツ指導者の養成、

❶同国はベトナム戦争（1960〜75年）中にクラスター爆弾（大型容器中に多数の子弾を搭載し、投下後に散布される）の子弾2億7000万個を含む200万トン以上爆弾を投下され、全土に埋没する不発弾は8000万個に及ぶとされる。

❷日本の車いすバスケット連盟に協力を仰ぎ、車いすの寄贈やコーチの派遣をしてもらうなかでチーム数も増え、2007年にはラオス初となる障害者スポーツの国際大会として、ラオス、日本、タイ、マレーシア4カ国対抗の国際車いすバスケットボール大会を開催した。

その指導者を中心とした競技スポーツ選手の育成のほかに、家に閉じこもっている障害者がもっと気軽に外に出られる、誰もが簡単に楽しめるユニバーサルスポーツの普及を両輪で目指すものでした。

車いすバスケットボールの選手たち

ラオスには特別支援学校も極端に少なく、パラスポーツの振興に関しても白紙のような状態でしたが、逆に日本のようなオリ・パラの区切りがないぶん、障害者や障害のない人にもスポーツを普及できたところがあります。日本から来てもらった多くのパラスポーツ指導者が、オリ・パラの区別がないことに驚いたほどです。一方ではユニバーサルスポーツに触れ、やがてエリートパラスポーツで国際大会に出場するという選手まで出てきました。

障害者スポーツで自信がつき パティシエになった女性も

スポーツで自信をつけた障害当事者のなかから「自立して生活したい」という声が上がるようになり、就労支援の活動もするようになりました。日本から専門家を招き、クッキーやパン作り、車の修理、美容、農業、清掃などの職業訓練を実施したところ、今ではトップ・パティシエとして働く車いすバスケの女子選手もいるほどです。彼らが、スポーツで自信を取り戻し、自立へのモチベーションも高まり、仕事でもがんばるという相乗効果のロールモデルとなります。

一方、知的障害や身体障害など、多様な障害をもつ人々がともに支えあう、ソーシャルビジネスとしてのカフェも誕生しました。そこでは足が麻痺した車いす生活の子が手話を身につけて聴覚障害者を支援するといったことが自然発生的に起こり、みんなが誰かのジョブコーチ役を担うという、小さいけれど立派なインクルーシブ社会が実現しているのです。

◉感動したこと！

車いすバスケは障害の重さによって選手に持ち点が定められ、障害の軽い選手と重い選手を組み合わせる編成が必要です。家に閉じこもっていたある重度障害者がチームみんなのサポートを受けながらプレーしたあと、「まさか自分がスポーツをすることができるとは思わなかった。生きていてよかった」と言ったことをよく覚えています。スポーツはエンパワメントのツールになる大きな力をもっていると実感しています。

3章 *Peace* 平和

SUSTAINABLE DEVELOPMENT GOALS

持続可能な開発のための平和で包摂的な社会を促進し、すべての人々に司法へのアクセスを提供し、あらゆるレベルにおいて効果的で説明責任のある包摂的な制度を構築する

⑪ 平和構築

恐怖と暴力のない
平和で公正な社会を目指して

暴力的紛争の発生・再発を予防することのできる強靭な国・社会をつくるため、人材育成・制度構築やコミュニティの融和・能力強化を支援する。
「人道・開発・平和」の連携によって難民・避難民の課題にも対応し、すべての人にとって平和で公正な社会の構築を目指す。

紛争はなぜ起きる？最近の紛争の特徴とは？

❶難民の本国への帰還や第三国への定住支援などを含め、国際的な難民の保護を担う国連機関。1991年から2000年まで日本人として初めて緒方貞子が国連難民高等弁務官を務めた。

❷UNHCRによれば、2021年末の時点で8930万人が国内外で強制的な移動を強いられた難民・避難民となっていた。2022年2月からのロシアによるウクライナ侵攻で国内外への避難民が急増し、2022年5月に1億人を超えたことがUNHCRから発表された。

持続可能な開発に不可欠な平和 暴力的な紛争は2015年ころから増加傾向

持続可能な開発は、社会が平和でなくては達成することができません。紛争は人命を奪い、心身に深い傷を負わせるだけでなく、人々を生活する場所から追い立てたり、生計手段を奪います。特に脆弱な子ども・女性への被害は深刻です。また、2022年に起こったロシアのウクライナ侵攻は、戦争による直接的な被害だけでなく、世界のエネルギーや食料のサプライチェーンに多大な影響を及ぼし、SDGsの進捗を遅らせる要因となっています。

一方で、紛争の予防や平和の定着のためには持続可能な開発が不可欠であり、平和と持続可能な開発は両輪で達成される必要があります。

暴力的な紛争は、今なお世界で後を絶ちません。むしろその数は2015年ころから増加傾向にあり、2020年には過去最高の56件を記録、年間8万人以上の人々が犠牲になっています。

また、国連難民高等弁務官事務所（UNHCR→❶）によると、紛争などによる世界の難民・避難民の数は2022年に、第二次世界大戦以後ではじめて1億人（→❷）を超えました。

紛争も難民の避難期間も長期化傾向に 「脆弱国」が抱える紛争リスク

紛争の性格にも変化が見られ、2010年代に入って国全体を巻き込むような大規模な内戦が減る一方、国内の一部地域での局地的紛争が長期化する傾向があります。難民の避難も長期化しており、8割近い難民が5年以上にわたる避難を強いられています。それに伴い、従来の難民・避難民に対する人道支援だけでは対応が難しくなり、中長期的な開発の視点での難民の能力強化や自立支援、受け入れ社会への協力等の取り組みも必要になっています。

紛争が起こる原因にはアイデンティティ集団間の不平等とそれによる不満、失業や経済格差、天然資源管理、ガバナンスの問題や法の支配の不備などさまざまなものが考えられます。紛争を予防するためには、社会の課題や対立が暴力的な紛争につながらないよう未然に防ぐ国家の制度が必要であると考えられています。

そうした制度が整っていない国々は「脆弱国」と呼ばれることがあります。世界銀行の分析では、現在、貧困率の最も高い43カ国すべてが脆弱・紛争影響国か、サブサハラ・アフリカの国で、2030年には極度の貧困の3分の2が脆弱・紛争影響国に集中すると予測されており、紛争予防のための制度構築・能力強化が急務となっています。

近年では、このように統治制度が脆弱な地域に暴力的過激主義（→❸）が浸透するリスクも高まっています。こうした集団が、地域住民の安全を脅かしたり、政府の機能を麻痺させたりして、治安悪化の悪循環を生んでいます。

❸過激思想をもつグローバルまたは地域的なテロ組織や、局地的に暴力的な支配を進める過激派集団などをさす。国連開発計画（UNDP）のアフリカでの調査では、教育の欠如や宗教的な勧誘、経済状況、政府に対する不満などが暴力的過激主義に参加する要因となっており、政府の政策への不満が参加の決定的なきっかけになると分析している。

日本とJICAがこの課題に取り組む理由

日本は、戦争と戦後の復興経験を踏まえ、いかなる紛争も力の行使による解決ではなく、法の支配を尊重し平和的・外交的に解決することを原則としてきました。開発協力では、日本の戦後復興や災害後の復興の経験も生かして、世界各地の平和を追求してきました。これらの経験は、社会や行政機能が混乱した状況での制度構築の実例として途上国にも広く共有できるものです。

JICAは1990年代から平和構築支援を強化しており、こうした経験も生かして、暴力的紛争を発生・再発させない強靭な国・社会づくりに貢献しています。また、UNHCRなどの人道支援機関との対話・連携の経験を踏まえて、難民・避難民の課題への中長期的な対応のための開発協力にも取り組んでいます。

問題解決に向けた3つの協力方針

Approach 1
「人間の安全保障」アプローチによる紛争予防と強靭な国・社会づくり

平和の促進と紛争予防には、住民から信頼される国家をつくるための政府の能力強化・制度構築と、強靭な社会をつくるための住民・コミュニティの能力強化が必要です。JICAは、政府の能力強化・制度構築による保護と、下からの住民・コミュニティの能力強化を組み合わせた「人間の安全保障」アプローチ(→❶)を実践していきます。

また、平和構築には各国・地域において、政治・経済・社会の側面から不平等や疎外などの紛争リスク要因を分析し、JICAの取り組み全体のなかで平和の促進や紛争予防への配慮を主流化していくことが不可欠です。JICAのすべてのセクターの協力を通じて、国際機関などとも連携しながら、紛争リスク要因への負の影響を最小限に抑えつつ、国・地域ごとに存在するぜい弱性の低減を図ります。

Approach 2
脆弱地域における地方行政の能力強化、強靭な社会の形成と信頼醸成

特に紛争発生・再発リスクの高い脆弱な地域では、JICAは住民に最も近い地方行政に焦点を当て、住民との対話を通じてそのニーズに応える機能的で包摂的な行政サービスの提供を可能にするための能力強化や、住民・コミュニティの融和や結束の強化を図ります。こうした取り組みが、国家と住民の間の信頼及

❶人間の安全保障
Human Security
すべての人々が恐怖と欠乏から免れ、尊厳を持って生きる権利を有し、国際社会と各国政府がそのような権利が保障された社会をつくる責務を有するという考え方。人々の命、暮らし、尊厳を守るために、保護と能力強化(エンパワメント)を組み合わせ、多様な脅威を予防し対応できる強靭な社会をつくることを目指す。1990年代にUNDPが発表し、2003年に国連の人間の安全保障委員会で緒方貞子(後にJICA理事長)とアマルティア・セン(ノーベル経済学賞受賞者)が議長として提言をまとめた。

◉脆弱な国・地域とは?
国家が治安維持や教育・保健等の基礎的な社会サービスを提供できておらず、貧困・格差などの社会・経済・政治的な面での紛争リスク・不安定要因を抱える状況を脆弱な国・地域と呼ぶ。過去の紛争経験、国家への信頼の欠如や周辺国からの影響等も重大な要因となり得る。こうした紛争要因・脆弱性に対応することが紛争予防につながると考えられている。

び住民間の信頼醸成を促進することを目指しています。

難民・避難民についても、受け入れ地域での政府や地域住民との信頼醸成を図り、ホスト・コミュニティと難民・避難民が共存できる社会 の形成を支援します。

Approach 3
人道･開発･平和(HDP)ネクサスの推進

JICAは開発協力機関として、人道機関や外交・安全保障等の平和活動アクターと協力する人道・開発・平和(HDP)ネクサス(→❷)を推進し、難民・避難民の課題に対応し､受け入れ社会との共存を促進します。

特に長期化した難民・避難民危機に対して、開発協力機関の知見を生かして、能力強化や自立支援、受け入れ社会を含む地域社会全体の開発に協力します。受け入れ国・地域における受け入れ能力の強化や緊張緩和に向けた支援のほか、難民・避難民の生活環境を改善するための支援や、自発的な帰還・定住の支援、ホスト・コミュニティの支援にも力を入れます。

2030年への目標

★1000万人に平和の基礎となる対話と信頼を重視した公共サービスを届ける。
★300万人の難民・避難民を受け入れる地域に対してHDPネクサスを推進する支援を届ける。

❷人道・開発・平和ネクサス
Humanitarian-Development-Peace (HDP) Nexus
難民・避難民問題が拡大・長期化するなかで、難民に対して人道支援だけを継続するのではなく、開発、平和の視点も含めた人道・開発・平和関係諸機関の連携(ネクサス)を重視するアプローチ。難民の権利を保護し、食糧等の必要物資を提供する伝統的な人道支援だけでは長期的な避難状況には対応できないことから、難民の教育・自立支援、公共サービスの提供、受け入れ社会との共存等について開発協力が対応するなど、互いの強みを生かした連携を図る。2016年の世界人道サミットなどで重要性が指摘され、2019年には 経済協力開発機構(OECD)開発援助委員会(DAC)もHDPネクサスの実現に関する勧告を発表した。

地方行政の人材育成で紛争からの復興を目指す

レジリエンス強化のための能力向上プロジェクト

対象国／シエラレオネ（アフリカ）

解説してくれた人／佐藤慶一さん（JICA専門家）

シエラレオネ共和国

どんな国?▶西アフリカ南西端、北東をギニア、南をリベリアと接する。1990年代より反政府ゲリラとの12年におよぶ内戦を経験。最大の産業はダイヤモンドで、コーヒー豆、カカオ豆を主とする農業国であるが、鉄鉱石、ボーキサイト、金といった地下資源が豊富な国。

どんな課題?▶鉱物資源に恵まれる一方で、ダイヤモンド採掘に関わる利権が内戦の原因の一つともなり、鉱物資源に依存した経済構造や内戦、エボラ出血熱の流行（2014～15年）などによる経験豊富な行政人材の喪失と効果的な財政運営の構造的な欠如など多くの課題を抱える。2021年の「人間開発指数」は195か国中181位と世界各国と比べても低く、課題は多い。

首都／フリータウン
面積／7.2万㎢
人口／797.7万人
1人あたりGNI／540ドル（日本のおよそ77分の1）

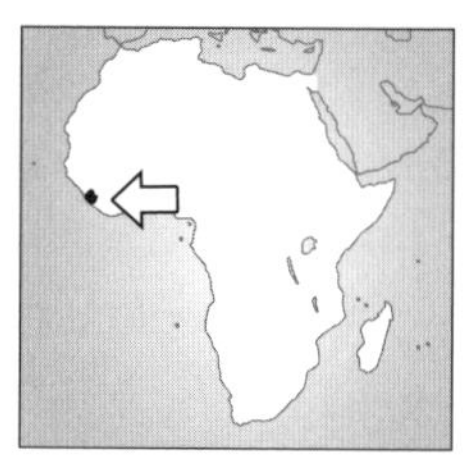

「世界で最も悲惨な紛争」行政の人材が不足しインフラ整備も進まず

シエラレオネの内戦は政治体制の不安定・脆弱性もあって長期化し、当時「世界で最も悲惨な紛争」と呼ばれました。1961年までイギリスの植民地だったこともあり、独立後に近代的な地方行政を行う人材が不足していた点も見逃せません。

国内には大規模な雇用を生み出す産業がほぼ存在せず、慢性的に失業率が高い状態です。熟練の労働者不足や行政の予算不足も加わり、電力や道路などのインフラ整備も不十分なままで、首都フリータウンに比べ、地方における社会サービスは質が低く、その格差は広がるばかりでした。

政府は2004年に地方行政法を制定して地方分権化を推進しましたが、地方統治の仕組みに問題を抱えたままだったため、小学校の建設現場から資材が盗まれてしまい、工事が途中で放

◉こぼれ話

プロジェクトを一緒に進める政府の高官も、当初は限定的な協力でしたが、徐々に理解を示すようになりました。中央政府高官が「これはシエラレオネ政府が定める政府の方針を実現するためのガイドラインを普及する活動であり、我々の活動だ」と地方行政機関の方々にはっきり説明するようになった時には、とてもやりがいを感じましたし、「このガイドラインに法的地位を与えるために、働きかけていきたい」と明言した際には感動しました。

Ibrahim KAMARA撮影、本プロジェクト提供

行政機関の職員が、学校の設備改修について村で説明する。地域の開発には、コミュニティの人々への説明責任は重要である。

棄されてしまったり、村の井戸の設営作業を分割払いで請け負った業者が途中で逃げてしまい完成しないなど、インフラ整備も困難を極めていました。

地域開発のガイドラインを作成 今後は全土への普及を

JICAは同国の地方分権化政策に基づき、地方行政機関の開発事業能力を向上させるプロジェクトを2009年から実施してきました(→❶)。地域開発モデルの形成からその実施体制の確立を支援するもので、地域開発の担い手である地方自治体と、県の下部組織で地元の開発ニーズをくみ上げる役割の選挙区ごとの委員会(→❷)の能力向上に協力し、その成果は地方行政職員が開発事業を実施するにあたってのガイドライン(→❸)としてまとめられました。

しかし、このガイドラインが全地方行政機関に適用されるべき位置づけになっていなかったため、他州では使用されなかったり、ガイドラインに沿って業務が行われているかどうかをチェックする仕組みもありませんでした。

その後継となる本プロジェクトは、ガイドラインが全州で活用され、改訂を重ねつつ使用状況をモニタリングすることで行政機関の能力をより向上させる仕組みづくりを支援するものです。資金や物品を提供するプロジェクトとは異なるため、なぜこれが必要なのか納得してもらうまで時間がかかりましたが、信頼関係が生まれ、中央政府高官にもようやく協力の意味が理解されるようになり、これからが楽しみです。

❶2009年から2019年にかけて北部州全5県を対象に、地方自治体と住民が協働する「カンビア県地域開発能力向上(CDCD)プロジェクト」を実施した。

❷正式にはワード(選挙区をさす)委員会と呼ばれ、地元議員や住民代表などからなり、県議会は委員会を通じて開発計画を策定するなど、住民との橋渡し的な役割を担う機関。

❸同国の地方公務員が実際に小学校や公共トイレなどの開発事業を行った経験に基づいて、法律の実際の運用の仕方、合意形成の手法などを地方公務員と関係省庁で話し合って決めたもの。地域で開発を進めるためには、地域全体の意見を聞く姿勢、さまざまな部局との連絡調整、地域とそれら部局との合意形成、公的機関の調達に関する透明性(納税者からの信頼性)の確保といった事柄が重要であることを強調し、確実な履行を支援するための行政職員向けの作業基準書である。

人道・開発・平和で難民と受け入れ国を包括的に支援

難民支援アドバイザー

対象国／ウガンダ（アフリカ）

解説してくれた人／嶋脇武紀さん（JICA専門家）

ウガンダ共和国

どんな国?▶アフリカ大陸中央部、ヴィクトリア湖（水面標高1134m）北岸に位置する。1970年代のアミン独裁政権の後遺症とその後の内戦状態で国内経済は低迷。主要産業はコーヒー豆、茶、葉たばこ、綿花など。

どんな課題?▶歴史的に難民受け入れに寛容な政策をとっている同国は受け入れ数で世界3位（150万人超→❶）、アフリカで最大の難民受け入れ国（2021年）であるが、受け入れ数の増大によって難民を受け入れる地域コミュニティからの不満など負担が深刻化している。

首都／カンパラ
面積／24.2万人
人口／4574.1万人
1人あたりGNI／780ドル
（日本のおよそ53分の1）

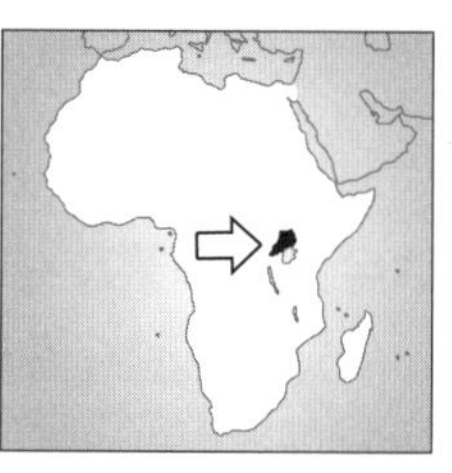

世界３位の難民受け入れ国
滞在長期化で住民からの不満が増大

ウガンダに逃れてきた難民は、居住地と就労の自由を与えられれるだけでなく、居住地を超えての社会サービスを享受できます。そのため同国の難民政策は国際的にも高く評価されているものの、周辺の難民流出国の状況が安定せず、受け入れ負担が増大しています。特に2016年からの急激な難民の増加と滞在の長期化により、教育や保健、給水などの公共サービスや資源管理に影響が出はじめ、難民や行政に対する地元住民の不満も深刻化していました。

JICAは長期化する難民問題に対し2014年以来、UNHCR（国連難民高等弁務官事務所）と連携し、稲作振興プロジェクトを通じて難民・ホストコミュニティ農家向け稲作栽培技術を指導したり、北部ウガンダにおける地方自治体の開発計画に難民

❶内訳は６割が南スーダン、３割がコンゴ民主共和国、残りの１割は約30の国からの難民となっている。

❷2017年の同国における難民連帯サミットでJICAは受け入れ地域の地方行政支援を表明し、ニーズ調査を通じて特定された優先度の高いインフラ事業の実施も支援している。

難民居住区の様子。バラックのような建物が並ぶ難民居住区(ウガンダ)

のニーズが取り込まれるよう直接・間接に支援してきました(→❷)。

ウガンダの難民対策は主として首相府難民局が担い、関係各機関との調整や全国の難民居住区の統括など幅広い業務を所掌しています。長期化する難民に対応するため短期的な援助を目的とした人道支援から長期的かつ持続的な開発支援が必要とされるなか、首相府難民局に対して開発視点の政策策定能力の強化を支援するため、2021年に「難民支援アドバイザー」として同国首相府難民局に配属されました。

緊急的な人道支援だけでなく長期的な開発、平和も視野に

JICAの協力はウガンダでの難民支援を含む包括的な平和構築支援に取り組みつつ、首相府難民局職員の能力を強化することを目的としています。これまでの同国での難民支援は緊急的な人道支援が主流でしたが、今後は「人道・開発・平和(HDP)ネクサス」のような持続的な難民支援のあり方が重視されるようになっており、教育・医療の支援、さらにはビジネス・投資など長期的な視野に立った開発支援ができるよう、担当省庁や民間企業との連携を進めていきます。

また、国連機関や国際NGOなどパートナーとの連携強化も大切です。難民支援には多額の資金が必要でステークホルダーも多いため、情報共有しながら調整することも大きな仕事になります。

◉こぼれ話

首相府難民局は難民認定・登録・保護にかかるすべての法的手続きを全面的に支援しており、毎日多くの難民・庇護希望者が手続きに訪れます。同国の難民居住区では、滞在の長期化などにより難民に子や孫、つまり第2世代、第3世代が誕生するようになっており、居住区がこれ以上の難民を受け入れられない状態になりつつあります。このことも喫緊の解決課題です。

平和と安定のため
暫定自治政府の予算・開発計画を支援

BTA（バンサモロ暫定自治政府）アドバイザー（予算管理・開発計画）

対象国／フィリピン（アジア）

解説してくれた人／佐野喜子さん（JICA専門家）

フィリピン共和国

どんな国?▶マレー諸島の北部に散在する多数の島々からなる。最大の島は首都があるルソン島。主要産業は米、とうもろこしなどの国内向け小規模経営と、ココナツ、バナナなどの輸出向けプランテーションを中心とする農林水産業。

どんな課題?▶同国ミンダナオ島ではイスラム系反政府勢力との紛争が長く続いてきたが2014年、同国政府との間でバンサモロ・ムスリム・ミンダナオ自治地域（右頁地図参照）の設置と同地域での自治政府の設立を定めた和平合意が締結された。現在、暫定自治政府（BTA）が将来の自治政府設立に向け統治を始めているが、地域の安定のためには行政機関の能力向上が課題である。

首都／マニラ
面積／30万㎢
人口／1億958.1万人
1人あたりGNI／3850ドル（日本のおよそ11分の1）

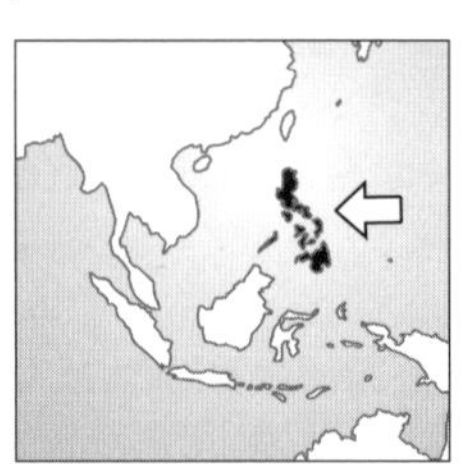

自治が認められても予算配分は未経験 暫定自治政府内で協力

JICAは1990年代後半からミンダナオの紛争影響地域での開発ニーズに対応しつつ、多様なセクターに対して協力を行ってきました（→❶）。2019年からは、新たに設置されたバンサモロ暫定自治政府に対する支援に一本化し、2025年のバンサモロ自治政府への移行を目指して活動を実施しています。JICAのミンダナオの平和と開発の支援は「ガバナンス・行政運営能力の強化」「生活改善に資する社会経済開発事業」「正常化（イスラム系反政府勢力側兵士の退役・武装解除後の社会経済支援）」を柱としていますが、私は「ガバナンス・行政運営能力の強化」のうち、暫定自治政府の開発計画の策定や予算管理に関する支援を行なっています。

暫定自治政府の前の統治機構であったムスリム・ミンダナオ

❶2013年からの「バンサモロ包括的能力向上プロジェクト」では、新たな自治政府への移行準備を進める組織（バンサモロ移行委員会）と既存行政組織（ムスリム・ミンダナオ自治地域政府）の双方に対し、ガバナンス、コミュニティ開発、経済開発分野の支援を行いました。

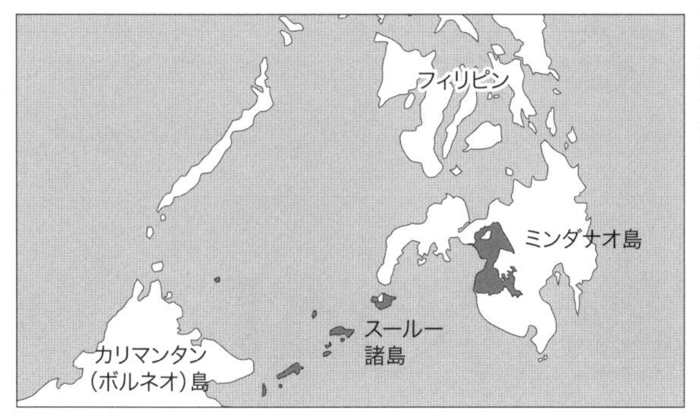

フィリピン・ミンダナオ島およびスールー諸島のバンサモロ・ムスリム・ミンダナオ自治地域（グレー部分）

自治政府には、日本の財務省のような省庁がなく、毎年必要な予算を中央政府に申請し、査定と承認を得ていたものが、暫定自治政府では中央政府から決められた額が交付され、それを自治政府で配分できる権限が与えられました。自治政府内で予算を配分する経験がなかったため、予算管理を行う省庁を新たに設置し、日本と同様、行政府で予算案を策定、議会府で承認を受けるプロセスになります。

自治政府であってもフィリピンの一部であるため、当然、同国の法に従う必要があります。当初はなぜ自治政府が国のルールに従わなければならないのかという声も自治政府内にありましたが、研修を重ねて中央政府や地方自治体の予算編成プロセスを学び、暫定自治政府独自の予算編成制度をつくりました。自治権に基づき自分たちで予算配分を決めるのはバンサモロ地域としても歴史上初めてのことで、独自の予算編成制度の完成時に私も政府関係者らと立ち会い、とても感激しました。

今後は実行性の高い計画策定能力強化が課題

予算は、開発計画における課題の重要性・優先度をベースに配分されることになりますが、自治政府設立後の１年目は計画が間に合わず、２年目から本格的に開発計画の策定に着手し、３年目の2021年は開発計画に基づいて予算を配分するという形が整いました。

現在の課題は、予算を策定しても執行が滞っている点です。コロナ禍で行動制限もあり思うように事業実施ができなかったこともありますが、例えば、道路建設の際の用地取得に想定以上の時間がかかり、予算年度中に着工できないなど計画の精度、実行性が低いといった課題もあります。今後はより実行性の高い開発計画を立てられるよう、支援をしていきます。

◉こぼれ話

長年にわたる紛争後の平和の果実として設立された暫定自治政府には若くて理想に燃えた人たちがたくさんいます。ただその分、理想も能力も高いがゆえに野心的な計画になりがちなので、彼らのモチベーションを下げることなく、かつ実現性の高い計画になるよう調整するのは大変でした。それでも、バンサモロという新しい政府をつくり上げていく過程で、みんなが新しいことを学んでダイナミックに変化していく姿を見ることはすごく楽しいです。

3章 *Peace* 平和

SUSTAINABLE DEVELOPMENT GOALS

持続可能な開発のための平和で包摂的な社会を促進し、すべての人々に司法へのアクセスを提供し、あらゆるレベルにおいて効果的で説明責任のある包摂的な制度を構築する

⑫ ガバナンス

すべての人々が、
尊厳をもって暮らせる社会を

民主的で包摂的なガバナンスの強化を支援し、基本的人権、自由、法の支配などの普遍的価値を実現して一人ひとりが人間として尊重される社会を目指す。

「法の支配」や「報道の自由」はなぜ必要？

国民の権利・自由を守るために必要な「法の支配」や「報道の自由」

すべての国の一人一人の国民が基本的権利をもつ人間として尊重され、幸福な社会を実現するためには、国家の指導者を含む権力や国民すべてが法の下に置かれ、一部の都合によって国民の権利や自由が侵されることを防ぐための「法の支配」が不可欠です。SDGsのゴール16のターゲットにも、「国家及び国際的なレベルでの法の支配を促進」(→❶)することが掲げられています。

法の支配を実現するためには、法の起草から執行、紛争解決が適正に機能しているかどうかだけでなく、法が国民の意見を踏まえて制定され、国民に理解・履行可能なものになっているか、行政・司法の手続きが法に基づいて運用されているか、また、権利が侵害されたときに問題を解決する仕組みが用意されているかも重要な課題です。あわせて、報道の自由の下で法の支配のゆがみをチェックしたり、国民が広く議論するための情報を提供するメディアの存在も必要です。

❶ゴール16のターゲット16.3。このほか「あらゆるレベルにおいて、有効で説明責任のある透明性の高い公共機関を発展させる」(16.6)、「あらゆるレベルにおいて、対応的、包摂的、参加型及び代表的な意思決定を確保する」(16.7)、「国内法規及び国際協定に従い、情報への公共アクセスを確保し、基本的自由を保障する」(16.10)も本アジェンダの目的に関係する。

世界で法にアクセスできない人が14億人 被疑者の31%は判決がないまま身柄を拘束

しかし、世界には司法制度やメディアが機能せず、法律があっても正しく運用されず、人々の権利が守られていない国・地域が多数存在します。

ある調査(→❷)によると、法的解決を望みながらなんら対応を得られていない人々が14億人、さらに極めて不正義な状況に置かれる人々が2.5億人に達す

❷「法の支配」推進のための学際的取り組み「ワールド・ジャスティス・プロジェクト」による2019年の報告による。

るとされています。司法においても、刑務所・拘置所などの刑事施設に収容されている被疑者の31%が、被疑事実に関する判決が得られないまま身柄を拘束されているという報告（→❸）があります。

❸国連薬物・犯罪事務所（UNODC）による報告（2021年）

低所得国の賄賂授受は高所得国の5倍 世界73%の国に「報道の自由」がない現状

また行政については、低所得国では公務員の賄賂の授受が高所得国の5倍も多く発生している（→❹）ほか、世界銀行のガバナンスに関する指標においても、アジア・アフリカ・大洋州の大半の国が下位50%のグループに属しており、中央や地方レベルにおいて幅広い参加と説明責任を実行できる民主的制度・体制の構築に多くの課題があることを示しています。

法の支配の基盤といえる報道の自由についてみると、世界180カ国のうち132カ国、約73%の国で制限されています（→❺）。

❹国連SDGs報告（2021年）

❺「国境なき記者団」の世界報道自由度ランキング（2021年）

日本とJICAがこの課題に取り組む理由

日本は近代化の過程で、それまでの法とは異なる欧米諸国の法体系を継受しながら法概念を理解する人材を育成し、日本の社会・文化を加味しつつ法・司法分野及び行政分野で広く法律の起草、制度の構築などにあたってきました。

JICAはその経験を踏まえ、それぞれの国の固有の状況、背景を考慮しながら、相手国の現状に即した制度構築を支援して成果をあげ、相手国の信頼を得てきました。日本の近代化の経験を踏まえ、相手国の社会・文化・歴史に基づいて、その主体性と内発性を重視し、相手国に寄り添って課題解決を目指すのが、日本ならではの協力です。

3つの方針で問題解決を考える

Approach 1
法の支配の実現

基本的人権や自由などの普遍的価値を保障するため、法令の整備、司法制度の運用や法執行を担う人材や組織の能力強化(裁判官、検察官、弁護士、警察等)に取り組みます。また、表現の自由や報道の自由を保障するため公共放送局などメディアを支援します。

これまでの取り組みでも、長期研修で日本に留学した研修員が帰国後、司法大臣に就任した例をはじめ、人材育成の成果もあがっています。

法の支配の実現にあたっては、女性、障害者、少数民族、外国人などの脆弱層が法の支配から取り残されないようにすることが重要です。特に、世界の子どもの10人に1人が児童労働に従事している実態(→❶)に対して、児童労働の撤廃など、ビジネスと人権の課題にも取り組みます(→❷)。

Approach 2
公務員および公共人材の能力強化

普遍的価値や行政と住民の協働の視点に基づいて、適正な行政サービスを効率的に提供できる中央・地方の公務員制度の構築と人材育成、国民へのサービスデリバリーに必要な計画策定・事業実施能力の強化を目指します。

そのため、公務員制度の改善、公務員の公正な採用制度の整備や研修制度の改善、リーダー人材の育成、市民や民間の参加・協働による地方自治体の計

❶国連SDGs報告(2021年)によれば、世界には児童労働に従事している5〜17歳の子どもが1.6億人おり、教育を受ける機会や健全に成長する機会を奪われている。

❷本項プロジェクト「開発途上国におけるサステイナブル・カカオ・プラットフォーム」を参照。

2030への目標

以下のSDGのターゲットの実現に貢献します。

16.3「国家及び国際的なレベルでの法の支配を促進し、全ての人々に司法への平等なアクセスを提供する」

16.4「2030年までに、違法な資金及び武器の取引を大幅に減少させ、奪われた財産の回復及び返還を強化し、あらゆる形態の組織犯罪を根絶する」

16.6「あらゆるレベルにおいて、有効で説明責任のある透明性の高い公共機関を発展させる」

16.7「あらゆるレベルにおいて、対応的、包摂的、参加型及び代表的な意思決定を確保する」

16.10「国内法規及び国際協定に従い、情報への公共アクセスを確保し、基本的自由を保障する」

8.7「強制労働を根絶し、現代の奴隷制、人身売買を終わらせるための緊急かつ効果的な措置の実施、最悪な形態の児童労働の禁止及び撲滅を確保する。2025年までに児童兵士の募集と使用を含むあらゆる形態の児童労働を撲滅する」

画策定・実施能力向上などに取り組みます。

Approach 3 海上保安能力の強化

法とルールが支配する海洋秩序に支えられた「開かれた海洋」は、日本だけでなく国際社会全体の平和と繁栄に不可欠です。このため、海上保安に関する法令執行・組織能力強化、また海上保安政策や国際公法に関する人材育成に取り組みます(→❸)。

❸「特に開発途上国において、暴力の防止とテロリズム・犯罪の撲滅に関するあらゆるレベルでの能力構築のため、国際協力などを通じて関連国家機関を強化する」(SDGsゴール16のターゲット16.a)に貢献する取り組み。

法の支配実現へのJICAの取り組み

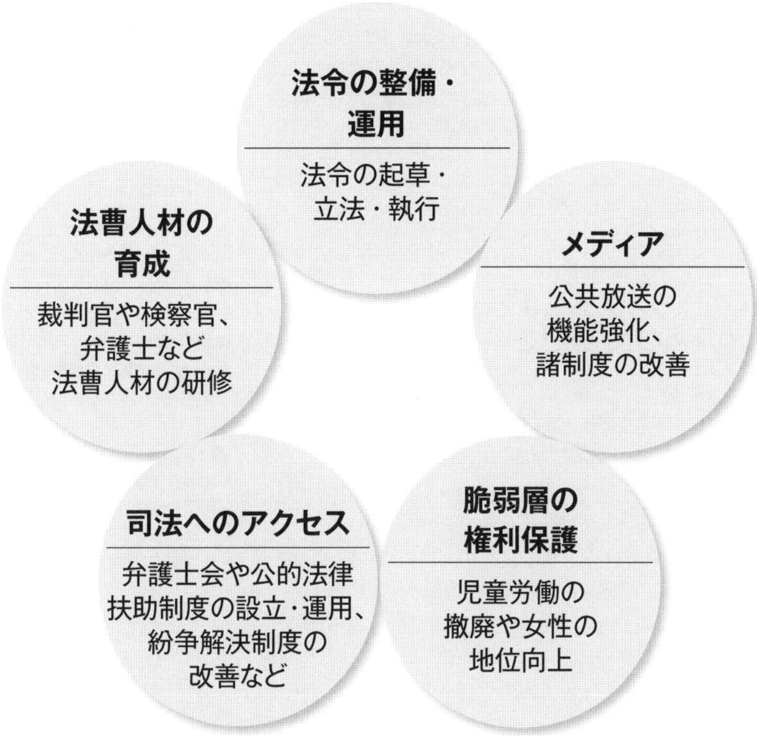

法令の整備・運用
法令の起草・立法・執行

メディア
公共放送の機能強化、諸制度の改善

脆弱層の権利保護
児童労働の撤廃や女性の地位向上

司法へのアクセス
弁護士会や公的法律扶助制度の設立・運用、紛争解決制度の改善など

法曹人材の育成
裁判官や検察官、弁護士など法曹人材の研修

法の整備と法律人材育成で「法の支配」をラオスに定着させる

ラオス「法の支配発展促進プロジェクト」

対象国／ラオス（東南アジア）

解説してくれた人／西木陽子さん（JICAガバナンス・平和構築部）

ラオス人民民主共和国

どんな国?▶インドシナ半島のほぼ中央に位置し、南北に細長く国土の大部分が山地の内陸国。1975年以来社会主義を堅持するが86年から経済開放・改革路線をとる。農業は米・コーヒー・木材など農林産物が主力。主な輸出品は銅と電力（水力発電による電力をタイに輸出）。

どんな課題?▶同国は1975年の建国以来、社会主義体制下で事実上政令や通達などの行政命令によって統治されていた。80年代半ばより市場経済化を目指し、91年に憲法を制定するなど法制度の整備を進めてきたが、法律間の整合性や運用面、人材面などさまざまな課題がある。

首都／ビエンチャン
面積／23.7万㎢
人口／727.6万人
1人あたりGNI／2490ドル
（日本のおよそ17分の1）

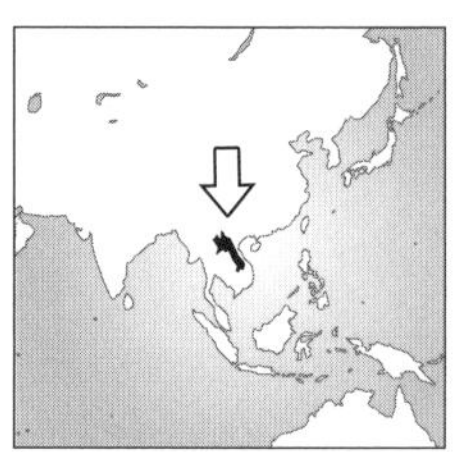

「ラオス人の、ラオス人による、ラオス人のための民法典」を

同国は憲法制定以降に世界銀行の支援で家族法、契約法、相続法など民法系の法律が個別に制定された経緯から、同じ事柄に関する規定が法律によって異なるなど、整合性に問題がありました。また市場経済化が進んで社会・経済も大きく変化するなか、新たな社会問題などに法を対応させていく必要もあり、法整備の重要性が認識されるようになります。JICAは1998年以降、日本の法学者、法務省、最高裁判所、日弁連などの協力を得て同国の法整備を支援しており、2012年から民法典の起草を支援してきました（→❶）。

このとき大切にしたのはラオス側の主体性を尊重することで、日本の法や考え方を押しつけず、「ラオス人の、ラオス人による、ラオス人のための民法典」づくりを支援するという姿勢

❶2014年からの「法律人材育成強化プロジェクト　フェーズ2」（〜2018年）では民法典案作成のほか、立法・行政・司法実務用の民法逐条解説書や経済紛争解決法ハンドブックなどの作成を支援した。

❷フランスやドイツ、ベトナム、タイ、カンボジアなどの民法を参考にした。

現地法律実務家たちとのグループワークで解説するJICAチーフアドバイザー

です。ラオスの社会や文化を踏まえつつ、日本だけでなく他国の民法も参考にしながら(→❷)、多くの関係者と議論を重ねて条文を練り上げました。こうした積み重ねにより起草されたラオス民法典は、2020年に施行されました。

法が適切に運用されるよう法律実務家たちの能力をアップ

しかし、法律が施行されただけで、人々の権利・利益が保護されるわけではありません。同国では裁判官や検察官、弁護士、司法省職員といった法律実務家が自国の法律を十分理解しておらず、同じような事件の裁判で法解釈に大きな違いが生じ、異なる判決が下されるケースがみられました。法司法制度が人々に信頼されるためには、法の恣意的な運用や主観的な解釈を排し、法の運用が安定的に行われる必要があります。

そこでJICAは2018年から実施している「法の支配発展促進プロジェクト」を通じて法の運用に関わる法律実務家の能力強化のための支援を継続しています。2014年から続く民法のすべての条文についての逐条解説書(→❸)の完成に向けてさらなる支援を行い、また民法だけでなく刑事法も含めた法理論の研究などを通じて、実務家や法学者の能力向上や大学など法学教育機関におけるカリキュラム·教材の整備などにも取り組んでいます。

実際に起こりうる事件などを想定し、どの条文に該当するのか、どういったことに留意しないといけないか、その事件を担当したとしたらどう考えるのかなど、裁判官や検察官らがグループワークを通じて議論を重ねることで、法律の条文やその条文の背景にある理論への理解を深めていっています。

❸法律の条文の趣旨や要件、効果などについて解説をしたもの。

◉こぼれ話

同国の司法大臣と面談した際に「この国の法の支配を発展させるには何が必要で、何を目指していけばいいのか。日本と一緒に考えていきたい」との発言がありました。「法の支配」の実現を真摯に考える姿勢に感銘を受けるとともに、日本の支援への大きな信頼と期待を実感しました。

関係者みんなの力で持続可能なカカオ生産を実現する

開発途上国における サステイナブル・カカオ・プラットフォーム

対象国／カカオ豆生産国、日本

解説してくれた人／山下 契さん（JICAガバナンス・平和構築部）

カカオ生産と児童労働

どんな課題?▶チョコレートの原料となるカカオ豆の生産では、西アフリカのコートジボワールとガーナで世界生産量の半数を占め、日本が輸入するカカオの7割以上はガーナ産。

カカオ農家の多くは家族単位の小規模農家で収入が低く、子どもが重要な労働力となってきたことから、教育の機会などを奪う児童労働が問題視されてきた。児童労働をなくすためチョコレートメーカーを含めた国際的な取り組みが続けられてきたものの、アメリカの研究機関NORCの報告（2020年）によると、コートジボワールとガーナだけで156万人の児童労働者（5～17歳）がカカオ農業に従事している。

カカオ豆の生産（2020年）

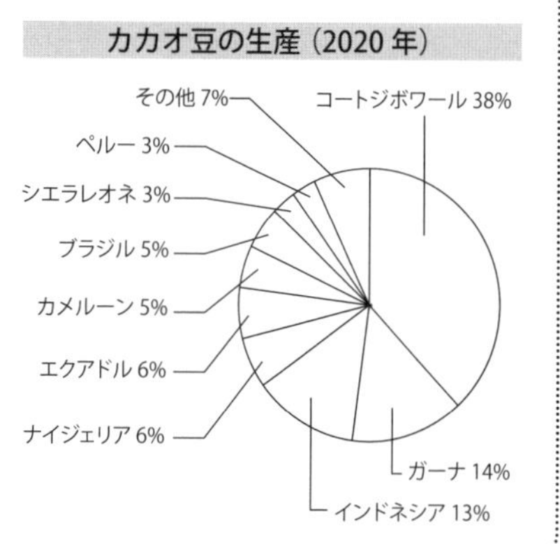

おいしいチョコレートの陰にある農家の貧困、児童労働、森林破壊

カカオ農園は機械化が進んでおらず、カカオの木から果実を収穫し、それを割って種子（カカオ豆）を取り出す過程はすべて人の手で行われます。子どもたちも刃物を使っての収穫や運搬を担っており、ケガをしたり、身体への負担から成長が阻害されるリスクにさらされているだけでなく、労働によって学校に通えず、最低限必要な知識・スキルを学ぶことができません。また児童労働以外でも、農園を広げて収穫量を増やすために森林伐採が行われている実態もあり、気候変動対策の点からも注目を浴びるようになっています。

こうした状況が国際的にも問題視されるようになり、2000年代に入ってカカオ生産国と欧米のチョコレートメーカーなどが児童労働をなくすための取り組みを始め（→❶）、日本でも

❶カカオ生産における「最悪の形態の児童労働」をなくすため、米国議員の主導で2001年にチョコレートメーカー団体とハーキン・エンゲル議定書を締結、02年にメーカーと生産国などによる国際ココアイニシアティブ（ICI）が設立されるなどしたが、児童労働の撤廃には至っていない。

児童労働フリーゾーン・ガイドラインの完成式典(ガーナ)

サステイナブル・カカオ実現に向けた方策を話し合うワークショップ(日本)

JICAによるカカオ生産国への支援、国内メーカーやNGOなどによる取り組みが行われてきましたが、輸入したカカオ豆生産過程の児童労働の実態を把握・分析し、予防・是正することは個別の対応では難しく、限界があります。そのためJICAが主導するかたちでメーカーやNGOなどのステークホルダーと2020年に「開発途上国におけるサステイナブル・カカオ・プラットフォーム」(→❷)を立ち上げ、カカオ農家の貧困や森林破壊、児童労働などカカオ産業が抱える課題の解決を目指していくことになりました。

情報を共有し各セクターの貢献を促す

まだ活動は始まったばかりですが、国際労働機関(→❸)との共催による児童労働についての勉強会やをカカオ生産国政府とのセミナーをはじめ、国際会議への参加などで課題や取り組みについて情報を共有し、欧米にある同様のプラットフォームとの意見交換も進めています。ガーナでは、同国政府が進める政策「児童労働フリーゾーン」(→❹)の拡大にも協力しています。

また、認証制度の強化や認証原料の調達比率を増やしたり、消費者に児童労働撤廃に取り組む商品の購買を促進するなど、各セクター(商社やメーカー、NGO、政府など)がとるべき行動をまとめた「児童労働撤廃に向けたセクター別アクション」を2022年に設定し、今後はさらに参加者を広げていく予定です。

❷開発途上国における持続可能なカカオ産業の実現を図ることを目的とし、情報共有や協働の促進、国内外への発信を行う。国内4大メーカー(江崎グリコ、明治、森永製菓、ロッテ)などのチョコレート・カカオ関連企業のほか、業界団体の日本チョコレート・ココア協会、ACEやフェアトレード・ラベル・ジャパンといったNGO団体、さらには個人も参加している(23年2月末時点で52社・団体、102人)。

❸国際労働機関
ILO(International Labor Organization)労働条件の国際的規制や国際的な労働者保護を通じて社会正義を実現し、世界平和に貢献することを目的とする国連の専門機関。

❹住民が児童労働の問題を理解していることや子どもの保護に関する条例が制定されていることなどの基準を満たすことでその地域を「児童労働フリーゾーン」に認定する制度。

国民の知る権利に応えられる公共放送を

ウクライナ公共放送組織体制強化プロジェクト

対象国／ウクライナ（ヨーロッパ）

解説してくれた人／中村 萌さん（JICAガバナンス・平和構築部）

ウクライナ

どんな国？▶東はロシア、北はベラルーシ、西はポーランド、スロバキアなどに接する。旧ソ連邦構成共和国で、ソ連邦崩壊に伴い1991年に独立。鉄鋼、金属、機械などの工業のほか小麦やトウモロコシ、大豆などでも世界有数の輸出量を誇る。2022年2月からのロシアによる軍事侵攻が継続中。

どんな課題？▶同国では独立後、数多くのメディアが誕生したが、実態は少数の新興財閥（オリガルヒ）が主要メディアを独占し、メディアの私的利用による情報操作などが深刻化しており、国民の知る権利の保証など課題が多い。

首都／キーウ（キエフ）
面積／60.4万㎢
人口／4373.4万人
1人あたりGNI／3370ドル（日本のおよそ12分の1）

「国営放送」のイメージ引きずり低視聴率 緊急報道、教育番組を支援

同国は欧州連合（EU）への加盟を目指しており、その条件（→❶）として信頼できる公共放送が求められたことから、新法を制定して従来あった国営放送局を核に2017年、ウクライナ公共放送局（PBC）を設立しました。しかし、国営放送時代からの「政府の広告塔」というイメージが強く、番組の質も低いために平均視聴率が1%以下という状態が続いていました。

また個別に存在していた放送局を統合したばかりで、中央と地方のネットワークが確立されておらず、取材・報道体制や放送局の運営体制なども未熟で、取材用カメラの管理ひとつをとっても、誰が使用しているのかわからないというずさんな状況がありました。

本プロジェクトでは、まず報道機関として重要な、国民の生

❶EUとの連合協定締結のために必要なコペンハーゲン基準をさし、民主主義や法の支配、人権の尊重などの制度が確立されているか（政治的基準）、正常な市場経済が存在しているか（経済的基準）、EUの法体系を受容し加盟国としての義務を志向する能力があるかの3つの主要な基準がある。

命・財産に直結する事故や災害などの緊急報道体制づくりへの協力からスタートし、全国ネットワークの放送局責任者と取材・連携体制を構築したり、緊急報道のためのハンドブックを制作しました(→❷)。

番組制作能力の向上については、特に教育番組の制作を支援しました。NHKで放送されてきた子どもを対象とする科学番組や人形劇、障害者が活躍する姿をテーマとする番組などをもとに新番組の制作に取り組み、実際に放送すると、どれもウクライナでは初めての番組で視聴者からも好評だったと聞きます。特に障害者を紹介する番組は新鮮だったようで、「勇気をもらった」「私も同じようにがんばりたい」などの声が寄せられています。

提供／NHK International

ウクライナPBCで番組制作の指導をするJICA専門家

ロシア侵攻下で報道を続けるPBCに バックアップ体制強化、機材の供与で協力

本プロジェクトは2021年に終了し、さらなる運営能力の向上や地方局とのネットワークづくりをフェーズ2として実施しようとしていた2022年2月、ロシアがウクライナへ侵攻するという事態を迎えました。

首都キーウのテレビ塔がロシアのミサイルで壊されるなど、報道現場も深刻な被害を受けるなか、PBCはJICAが協力した緊急報道の体制・対応を生かして報道活動を続けています。

JICAは2022年11月、PBCへの技術協力プロジェクトのフェーズ2を決定し、NHKの体制を参考にバックアップ・センターの整備や地方支局の機能強化に向けた取り組みをスタートしました(→❸)。また、フェーズ1のフォローアップとして、テレビ塔を失ってから現場取材用のモバイル中継装置で放送を継続し、機材不足にも苦しむPBCに対し、機材一式を調達して2023年2月にキーウへ届けるなどしており、今後も戦時下で果敢に報道を続ける同局を支援していきます。

❷取材する側のPBCだけでなく役所・警察なども取材に慣れておらず、当初は取材そのものを拒否するケースがあった。そのためJICAスタッフが取材対象各機関に対し公共放送の使命や緊急報道の重要性を伝え、取材ができるようになったこともある。

❸NHKでは東京の放送センターが災害などで放送できなくなる事態に備え、大阪放送局がバックアップする体制を整えている。本プロジェクトで来日したPBC幹部らがそれに注目し、ロシアの侵攻開始時にPBCが拠点をキーウからリヴィウに一時避難させながら放送を継続できたことにもつながった。

多民族共生社会の実現を目指す コソボ公共放送局の挑戦

コソボ公共放送局能力向上プロジェクト

対象国／コソボ(ヨーロッパ)

解説してくれた人／稲田亜梨沙さん(JICAガバナンス・平和構築部)

コソボ共和国

どんな国?▶バルカン半島中央部の内陸国。1945年以後の旧ユーゴスラビア社会主義連邦共和国時代は連邦を構成するセルビア共和国のなかの自治区(州)。旧ユーゴ解体過程でのアルバニア系住民とセルビア系勢力の紛争、国連による暫定統治を経て2008年に独立。旧ユーゴで最も開発が遅れている。

どんな課題?▶コソボ紛争ではアルバニア系とセルビア系の間で対立し、独立後も両民族間の対立が解消されていない。同国のさまざまなメディアは民族主義的な報道姿勢を払拭し得ず、民族間の対立感情を煽るような放送を続けてきた。また、コソボ唯一の公共放送局であるコソボラジオ・テレビ局(Radio Television of Kosovo)は、かつて政府の広告塔であり、政府の介入が深刻であった経緯がある。

首都／プリシュティナ
面積／1.1万㎢
人口／179.6万人
1人あたりGNI／4690ドル
(日本のおよそ9分の1)

コソボ紛争後も続く民族対立 その影響は放送局内にも

同国では1999年に国連の暫定統治が開始されて以降も、メディアでセルビア系など少数民族への憎悪をあおるヘイトスピーチが多く見られる状況でした。RTK(コソボラジオ・テレビ局)は同国テレビ局で最大のエリアをカバーし、多民族性に配慮した番組編成・制作を進める公共放送局ですが、2つのチャンネル(→❶)は取材から編集まで別々に行われており、スタッフの交流もほとんどない状態で、民族対立を解消しつつ国内の団結を図りたい政府にとっても大きな課題でした。

そのためJICAは2015年よりRTKに対し、同局がすべての民族に正確・中立・公正な情報を提供する公共放送のモデルとなれるよう、番組制作・報道能力や放送機材の運用・維持管理能力を強化するプロジェクトをスタートしました。

❶RTKは政府の広告塔として多数派のアルバニア系寄りの放送をしてきた経緯がある。2012年に公共放送法が改正されてから5言語(アルバニア語、セルビア語、トルコ語、ボスニアック語、ロマ語)によるニュース番組が始まり、その後、アルバニア語の総合チャンネルRTKに加え、セルビア語チャンネルRTK2が開設された。

提供／NHK International（2点とも）

プリズレン支局開設式の様子は、RTK「コソボ紛争終戦23年記念 3時間特番」のトップ項目として中継された

プリズレン支局のサブ・コントロールルーム。スタッフひとりでスタジオ・カメラ3台を遠隔操作できる

アルバニア系・セルビア系 両民族初の合同番組を放送

アルバニア語放送とセルビア語放送はスタッフの民族も異なり、互いに話もしたことがない状態だったので、一緒に食事をする機会をつくるところから少しずつ交流を深めました。また、別々になっていた編集室を統合して双方のエンジニアが協働する場所を設けるなど、民族間の溝を埋めていきながら、同局で初めて双方のスタッフが合同で制作する情報番組（→❷）を制作、放送することができました。加えて、特定の民族への偏りがない番組を制作するためにジャーナリストの心得を明記したハンドブックを作成、放送局としての独立性を担保するために外部の有識者等からなる番組審議会を設置しました。

2021年からプロジェクトの第2フェーズが始まっており、ここではアルバニア系、セルビア系両民族の和解促進に加え、提供できる情報量がアルバニア系、セルビア系と比べて圧倒的に少ないトルコ系やロマ系などの少数民族も支援の対象にしています。

プロジェクトでは、そうした少数民族が多く暮らすコソボ南部のプリズレン市にRTKが支局を開設するのを支援し、2022年に完成しました。多数派のアルバニア人、それに対立するセルビア人という構図の陰に隠れていた彼らの声を聞き、各民族言語で放送される情報番組のほか、これまで放送されることの少なかった地元発のニュースを発信しています。（→❸）。

❷"In Focus"と題された番組で、アルバニア語とセルビア語の2人のキャスターを配し、アルバニア語キャスターが話す時はセルビア語字幕をつけるなど（その逆も）、同国にはそれまでになかったスタイルだった。扱うテーマは観光情報や農業など、一般的なものがメインだが、その後同局の看板番組にまでなった。今では両民族間で見方が異なるような政治・外交的な話題も扱われるほどである。

❸北ミトロビッツァ地域ではイバル川を境に南にアルバニア系、北にセルビア系住民が住んでおり、セルビア系住民らは隣国セルビアの放送を受信している。セルビアはコソボの独立を認めていないため、セルビアからの放送のなかには、そのような主張を含むものもあり、このままでは国の分断にもつながりかねない。RTKは北のセルビア人地域を取材し放送することで、RTKの番組を広く視聴してもらうべく、ミトロビッツァ地域にも支局を設置した。

3章 Peace 平和

SUSTAINABLE DEVELOPMENT GOALS

包摂的かつ持続可能な経済成長及びすべての人々の完全かつ生産的な雇用と働きがいのある人間らしい雇用（ディーセント・ワーク）を促進する

各国内及び各国間の不平等を是正する

持続可能な開発のための実施手段を強化し、グローバル・パートナーシップを活性化する

⑬ 公共財政・金融システム

財政・金融の基盤を強化し経済の安定と成長を目指す

財政基盤の強化や金融システムの育成、税関行政の改善などにより、途上国経済を安定させ、持続的な成長に貢献する。

途上国における財政・金融システムの課題とは?

SDGs達成に必要な公共支出 一方でコロナの影響から財源がさらに不足

人々の生活の安定と向上のためには、財政を通じて、資源の効率的配分、所得の再分配、経済の安定化を図ることが欠かせません。特にSDGs達成に向けた公共支出のため、世界各国は多額の資金を必要としていますが、動員可能な資金量との間には大きなギャップがあります。

例えば税収は、国や地方が公共サービスを提供するために重要な財源であり、国が必要な資金を確保するためには対GDP比で15%の税収が必要だと世界銀行は分析しています。しかし高所得国の税収の対GDP比平均が15.3%であるのに対し、低所得国・中所得国のそれは11.4%にとどまっています(→❶)。

また、外国から輸入される貨物にかけられる関税も、途上国にとって重要な歳入源となっていますが、複雑な税関手続きが円滑な貿易を妨げ、結果的に経済成長とそれに伴う財政収入を阻害していることもあります。

新型コロナウイルス感染症が世界的に流行する以前の段階で、SDGs達成のための資金が途上国全体で年間2.5兆ドル不足していたという試算があります。2020年春以降の世界的なコロナ禍が、国家財政の歳入を大きく減少させる一方で、財政支出の大幅な増大を余儀なくさせられたことから、途上国のSDGs達成に必要な資金不足はコロナ禍前の1.7倍、4.2兆ドルに増加すると経済協力開発機構(OECD)は試算しています。(→❷)。

歳入減・歳出増のなかで、債務が増大し、国家の政治的・経済的な自立の維持が懸念される国も生じています。

❶SDGsのゴール17「パートナーシップで目標を達成しよう」には「課税及び徴税能力の向上のため、開発途上国への国際的な支援なども通じて、国内資源の動員を強化する」というターゲット(17.1)が設定されている。

❷SDGsゴール17には「開発途上国の長期的な債務の持続可能性の実現を支援し、重債務貧困国の対外債務への対応により債務リスクを軽減する」というターゲット(17.4)が設定されている。特にサブサハラアフリカ諸国ではおよそ半数の国が2009年と2018年の比較で対外債務残高がGNI比で2倍を超え、3倍に達した国もある。

途上国では金融システムの安定が課題 その脆弱性が経済的損失を拡大するリスクも

さまざまな金融市場や金融機関を通じてお金の受け払いや貸し借りを行う金融システムの安定性も、国々の経済発展にとってなくてはならないものです。

しかし途上国には、金融システムの安定に必要な中央銀行の政策立案・運営能力、決済システム整備や金融規制・監督に課題があるケースも見られます。

また、金融機関や金融市場に課題があり、金融仲介や決済などがうまく機能せず、個人や企業が安全な金融サービスにアクセスできないといった問題もあります(→❸)。

1997年に起こったアジア通貨危機の際は、一部ASEAN（東南アジア諸国連合）諸国で多くの国民が財産や職を失い、多大な経済的損失を被りました。危機の一因として挙げられたのが各国の金融システムの脆弱性でした。2008年の世界金融危機(リーマン・ショック)では金融機関の破たんが世界的な経済後退の引き金となり、金融システム強化の必要性を再認識させる結果となりました。

❸SDGsのゴール8「働きがいも経済成長も」には「金融サービスへのアクセス改善」(ターゲット8.3と8.10)、ゴール5「ジェンダー平等を実現しよう」には「女性への金融アクセス」(ターゲット5.a)が設定されており、金融は多くのゴールの目標達成に関連して横断的な課題となっている。

日本とJICAがこの課題に取り組む理由

公共財政・金融システムは経済社会の健全な発展のための公共インフラであり、他国への過度の政治的・経済的な依存を避け国家の自立性を維持するためにも重要です。財政・金融の危機により国家の存続が脅かされないよう、途上国の制度や人材に対する支援が必要です。また税関手続きや金融システムの改善は、モノやお金の流れの円滑化や不正な流れの防止を通じ、日本を含む国際社会に正の影響があります。

日本は、明治以降の近代化や戦後の高度成長の過程で、社会基盤や社会保障の拡充のための歳出とそのために必要な税収確保、金融システムの整備に取り組んだ経験があります。また、高度成長後のより複雑な課題にも試行錯誤しながら取り組んでいます。こうした日本の経験を踏まえた助言が、開発途上国が国家の発展のための政策・制度を検討するのに役立ちます。

3つの方針で問題解決を考える!

Approach 1 国家財政の基盤強化

暮らしやすい社会を実現するためには国や地方公共団体による公共施設や公共サービスの提供が欠かせません。その基盤となる国家財政はきわめて重要です。

JICAは、歳入基盤の強化と開発政策・財政規律に沿った資源配分を支援します。具体的には、税務行政に関する組織・人材・制度の改善を通じて歳入基盤を強化します。

また、公共投資の計画・管理能力の向上を通じて、開発政策に沿った財源の配分と執行を促進します。さらに債務管理能力の向上にも取り組みます。

Approach 2 税関の近代化支援を通じた連結性強化

税関の近代化によって、適正な関税収入を確保するとともに、通関手続きの効率化を通じて貿易の円滑化を促します。同時に不法物品取り締まりを強化することで国境管理との両立も図ります。

途上国で、国際標準に沿った通関手続きの標準化・透明化を目指します。国境での手続きを一元化するワンストップボーダーポスト(→❶)や輸出入手続きの電子化などを導入し、手続きの効率性を高めていきます。

また、貨物のセキュリティ管理と法令順守の体制が整備された事業者に対し、税関手続きの緩和・簡素化策を提供する認定事業者制度(AEO→❷)の導入や複数の輸出入手続きを1回の申請で行うことができる

❶両国の国境施設をひとつに統合、またはどちらか一方の国にだけ手続き場所を設けるなど、出入国手続きを効率化する通関業務の運営方式。通常はトラックや貨物列車が国境を越えるたびに出国側と入国側それぞれの国で入出国審査、税関、検疫などの手続きを行うため多くの時間と労力がかかり、農産物の鮮度が落ちたり、輸送費や人件費がかさみ貨物価格の上昇につながるなどの問題が生じている。特にアフリカでは海岸線をもたない内陸国が16カ国あり、さらなる導入による貿易の円滑化が期待されている。

ナショナルシングルウィンドウ（→❸）の構築なども実施し、税関行政の高度化を進めます。原産地規則・事前教示、国境における水際取締りの強化、知的財産権の保護といった事項についても協力を行います。

Approach 3 金融政策の適切な運営と金融システムの育成

マクロ経済や金融システムの安定のためには、金融政策運営を担う中央銀行の政策立案・実施能力の強化が必要です。決済システムの整備を通じて、経済活動の基盤として企業や個人の金融アクセスの向上や金融市場育成を目指します。

また保険利用による企業・個人のリスク軽減につながる保険市場の育成、資金確保の手段の多様化・流動化につながる証券市場の育成のほか、フィンテック（→❹）なども活用した個人・企業の金融サービスの改善などを通じて、企業の成長や国民生活の安定・発展に貢献します。

2030年への目標

以下のSDGのターゲットの実現に貢献します。

ゴール8「働きがいも経済成長も」

8. 3「生産活動や適切な雇用創出、起業、創造性及びイノベーションを支援する開発重視型の政策を促進するとともに、金融サービスへのアクセス改善などを通じて中小零細企業の設立や成長を奨励する」

8.10「国内の金融機関の能力を強化し、全ての人々の銀行取引、保険及び金融サービスへのアクセスを促進・拡大する」

ゴール17「パートナーシップで目標を達成しよう」

17.1「課税及び徴税能力の向上のため、開発途上国への国際的な支援なども通じて、国内資源の動員を強化する」

17.4「開発途上国の長期的な債務の持続可能性の実現を支援し、重債務貧困国への対外債務の対応により債務リスクを軽減する」

❷2001年に発生したアメリカの同時多発テロ以降、国際物流ではセキュリティの確保と円滑化の両立が不可欠となったため、世界税関機構（WCO）において、セキュリティ管理と法令順守の体制が整備された事業者を税関が認定し、税関手続きの簡素化などの便益を与えるAEO制度の概念を含む国際的な枠組みが2005年に採択された。日本も2006年に輸出者を対象にAEO制度を導入している。

❸複数の輸出入手続きを1回の申請で行うことができるシステム。通常、貨物の輸出入の際には各種港湾手続き（船舶の場合）から税関、検疫、入国管理、貿易管理、植物・動物検疫、食品衛生など複数の関連省庁にまたがる手続きが必要となり、時間と労力がかかっているため、すべての手続きを電子化して窓口を一元化し効率化を図るもので、日本ではすでに導入されている。

❹金融（Finance）と技術（Technology）を組み合わせた造語で、情報技術（IT）によって金融をインターネットに乗せることで、金融とITを結びつけて利便性の高いサービスを実現すること。暗号資産や電子マネー、電子決済・融資、電子送金などさまざまな種類のサービスが登場している。途上国でもスマートフォンの普及により電子マネーや電子決済が進んでおり、金融サービスへのアクセスを向上させる手段として期待される。

効率のよい公共投資で人々の暮らしを改善する

公共投資管理能力強化プロジェクト

対象国／バングラデシュ（アジア）

解説してくれた人／渡辺広毅さん（JICAバングラデシュ事務所）、笠原龍二さん（アイ・シー・ネット株式会社）

バングラデシュ人民共和国

どんな国?▶国土の大部分がガンジス・ブラマプトラ両河川が形成したデルタ地帯にあり、標高が低く、洪水が頻発する。衣料品・縫製品、ジュートや米などの農業が主要産業。

どんな課題?▶同国は高い経済成長と貧困率の削減を目指しており、そのためには公共投資（橋や道路などの公共インフラのための政府による支出）が重要な役割を担っている。しかし、公共投資事業に必要な予算は大幅に増加しているものの、本プロジェクトのフェーズ1を開始した2014年当時、公共投資の予算執行率は過去5年間で平均約72%にとどまり、事業の遅延は平均2.9年、個別事業のコスト増は平均42%に及ぶなど、公共投資予算と事業の運営監理状況は改善が必要な状況にあった。

首都／ダッカ
面積／14.8万㎢
人口／1億6468.9万人
1人あたりGNI／1940ドル（日本のおよそ21分の1）

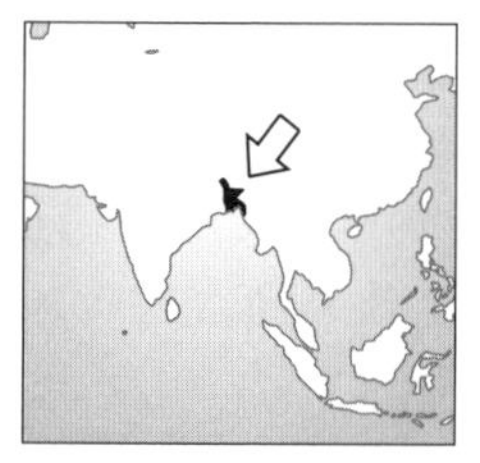

経済成長著しいバングラデシュ 拡大する公共事業の問題点とは？

同国は21世紀に入って目覚ましい経済成長を続けており、2026年には後発開発途上国（LDC）を卒業する予定です。そのなかで、公共投資は重要な役割を果たします。しかし、同国では年間1500もの公共事業が行われているものの、その多くは計画通りに進んでいませんでした。同国からの要請を受け、JICAでは公共投資事業の運営管理能力の改善を目指す本プロジェクトを始めました。

問題点のひとつは、実施機関や各省庁計画局における事業形成・審査を適切に実施するための体制や能力・人材不足にありました。道路の新設事業を例にとると、敷設を計画する場所にかかる私有地を道路用地として取得する必要があり、地権者との交渉にかかる時間や補償費用を盛り込まなくてはいけないの

フェーズ2プロジェクトのキックオフ会合

に、その見積もりが不十分であったりなど、事業を円滑に進めるために必要な要素が、計画段階で十分に考慮されていない場合が散見されました。

公共事業の効率化・生産性を改善するマネジメントを

2014年からの第1フェーズでは、事業の形成・審査・承認プロセスの効率化と事業計画の質の向上、公共投資に関する予算(開発予算)と経常予算の連携強化(→❶)などを進めるためのPIM(公共投資管理)改革ツール(→❷)を開発しました。そのうえで、同国で公共投資を担う計画省計画委員会のなかに公共投資管理改革を推進するためのPIMユニットという部局の設置を支援しました。

2019年からの第2フェーズでは、これらのツールの普及を図っています。事業計画書の事業審査を支援する改革ツールは、試験的に地方行政農村開発部門と電力エネルギー部門における公共投資事業での使用が決まったものの、それまでの方法と異なるなどの理由で、ツールの普及に時間がかかっています。そうした課題への対策として、職員に対してオリエンテーションや研修を重ねてツールのメリットや使い方を理解してもらうと同時に、日常業務のなかで少しずつ普及・定着を図っています。また使いやすくするためにツールの改良も進めています。

❶同国を含む多くの途上国では計画省が橋や道路などの公共インフラのための予算(開発予算)、財務省が経常予算を管理する二重予算制度をとっており、これが適切な公共財政管理の3つの目的(財政規律、資源の戦略的配分、効率的なサービスデリバリーの実現)を達成するための障害になっていると指摘されている。

❷公共投資管理の強化は①長期開発ビジョン・開発計画達成②公共財政管理の3つの目的(財政規律、資源の戦略的配分、効率的なサービスデリバリーの実現)の達成③公共投資パフォーマンス(効率性・生産性)の向上に貢献するものである。本プロジェクトでは、事業計画書の質の向上や事業審査時間の短縮を図るためのフォーマットや、予算配分の最適化を図るための複数年度公共投資プログラムなどを開発し、公共投資事業と予算管理の効率性向上を目指している。

税制・税務行政の改善から
モンゴルの発展に協力

国税庁改正税法執行能力強化支援プロジェクト

対象国／モンゴル（アジア）

解説してくれた人／黒神みなみさん（JICAガバナンス・平和構築部）、岩下検一郎さん（株式会社パクサ）

モンゴル国

どんな国?▶アジア大陸中央部にあり、北はロシア、南東西部は中国に接する。1990年に複数政党制を導入。1992年にモンゴル人民共和国から現国名に変更し、社会主義を放棄した。銅・金などの鉱物資源が豊富で、鉱業・畜産業が基幹産業。

どんな課題?▶1990年以降に社会主義体制から市場経済体制に移行した同国は、1991年に法人税法、個人所得税法、1993年に一般税法を成立させるなど、近代的な徴税システムを導入してからまだ間もない。そのため、JICAは1990年代からモンゴル国税庁の徴税機能の整備と改善、またそれらを支える人材の育成を支援してきた。

首都／ウランバートル
面積／156.4万㎢
人口／327.8万人
1人あたりGNI／3790ドル
（日本のおよそ11分の1）

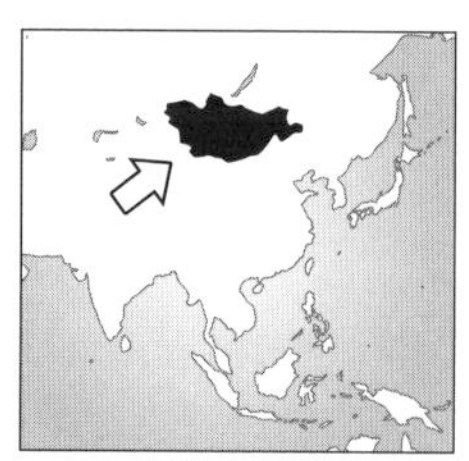

1990年代に初めて税制度を導入したモンゴル 一貫して日本が支援

1990年以降社会主義経済から市場経済へと移行していったモンゴルでは、1990年代初めの頃から新しい税制を導入し、1993年に国税庁を設立しました。しかし、できたばかりの制度を正しく運用する国税庁の能力不足や国民一人一人の納税意識の低さによって税収は伸びず、慢性的な国家財源の不足が課題となっていました。そこで、近代的な徴税システムを制度として定着させるため、JICAはモンゴル政府からの要請に基づき、1998年よりプロジェクトを開始しました。

当時のモンゴルでは会社同士であっても現金取引が一般的で、お金の動きが見えにくく、税務調査をしても売り上げや利益などが把握できないケースがありました。そのため推計課税（→❶）という手法を導入したり、また企業や個人の不動産など

❶直接的な資料によらず、間接的な資料に基づいて推計により所得を算出する方法。例えば、レストランであれば仕入れる食材など物品の量や利用客の数から売上金額を推計したり、一定期間の売上金額とそれにかかる経費を調査し年間の売上金額や所得金額を導き出す課税方法。

❷こうした取り組みにより、過小に申告していた納税者から正しい税額とともに重加算税もしっかり徴収できるようになり、正しく申告する納税者が増えていく結果となった。

の購入や輸出入に関する記録など、納税者に関する情報のデータベースを構築し、各省庁間で個別に扱われている税金に関わる情報を共有できる仕組みをつくりました(→❷)。この時点では首都のウランバートルを対象としており、地方税務署員の育成が遅れていたことから、知識・スキルの標準化を目指して地方税務署を拠点とした地域別研修センターを設立し、JICAが作成を支援した教科書やカリキュラムを使った研修が実施されるようになりました。

モンゴル国税庁とのモニタリング会合

20年の協力の結果、税法の改正へ

同国の豊富な天然資源と経済成長を背景に外国企業が多く進出するようになり、2010年頃からは国際課税に関する制度整備や国境を超えた租税回避が課題となりました。(→❸) 2013年より開始した支援では、国際課税にかかる制度整備や人材育成に注力しており、2019年には国際課税制度を含めた一連の税法の改正を支援しました。2020年に開始した本プロジェクトでは、その改正税法の執行にかかる支援(→❹)を通じて、モンゴルにおける徴税機能の更なる強化を進めています。

納税者の意識を高める工夫も

また納税者側の国民も、社会主義体制下では法人税や所得税がなかったために納税意識が低いという課題もありました。そのため、納税が病院や道路などの公共インフラの整備にどれほど重要なのか、テレビCMなどで納税意識を高める工夫もしています。その結果、もちろん経済発展にもよるものの、90年代初頭に年間で40億円台しかなかった税収が、2021年にはその100倍に当たる4610億円にまで増えています。

❸国際課税の課題の一例にBEPS（税源浸食と利益移転）がある。多国籍企業などが課税されるべき所得を人為的に操作して課税逃れを図る問題で、特に法人税収に頼る途上国にとっては重要な課題である。BEPSの背景にある租税回避行為に対処する人材育成も行っている。

❹同国では差し押さえ時に滞納されていた税金と金融機関が持つ抵当権の優先順位がほぼ同列に扱われていたため、それを巡って裁判になることがあった。そこで日本や諸外国のように税金優先の原則を立法化する支援を行った。2020年からの本プロジェクトでは新しい法に基づいて国税当局がどう運用していくべきかを支援している。

◉こぼれ話

同国が税制度を導入したばかりの1990年代から支援に関わってきました。当時の首都は牛が通りを歩いていて遊牧民らしい牧歌的な雰囲気がありましたが、数十年で高層ビルが乱立し、道路は車で渋滞するほどです。今では独自でE-Tax（電子納税）のシステムを構築し、ほぼ100%の国民が電子申告を行っているほか、水質汚染税や大気汚染税といった環境税も導入しており、逆に日本が参考にすべき点が見られるほどになりました。

ベトナム株式市場の国際的発展の実現に貢献

ベトナム株式市場の公正性及び透明性改善に向けた能力向上プロジェクト

対象国／ベトナム（東南アジア）

解説してくれた人／船越裕さん（JICAガバナンス・平和構築部）、小島一暢さん（大和総研）

ベトナム社会主義共和国

どんな国？▶インドシナ半島の東側に位置し、国土は細長いS字型の国。共産党の一党支配を堅持しつつ、1986年に社会主義型市場経済をめざす「ドイモイ（刷新）」政策を採択。工業の主力は繊維産業で、ほか携帯電話やPC・電子機器などを主力輸出品としている。

どんな課題？▶同国は1980年代後半に「株式会社」の概念を導入し、ホーチミン（2000年）、ハノイ（2005年）に証券取引所を開設した。その市場の拡大が進む一方で、証券監督者国際機構（IOSCO→❶）が証券市場監督の目標として掲げている証券市場の「公正性」「透明性」「効率性」の確保に課題があった。

首都／ハノイ
面積／33.1万㎢
人口／9733.9万人
1人あたりGNI／2590ドル（日本のおよそ16分の1）

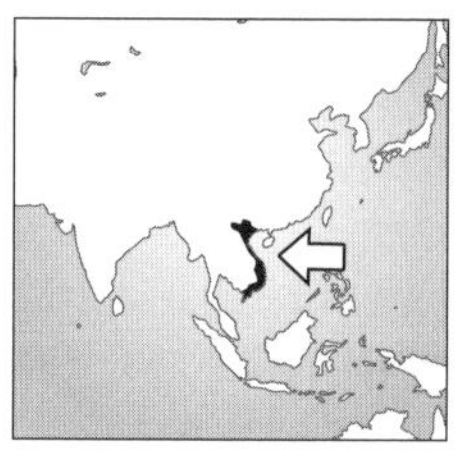

急速に成長したベトナム株式市場の課題とは？

同国株式市場にはまだ20数年ほどの歴史しかありませんが、2010年頃からのベトナム経済の急速な発展と、安定した政府当局の指導による計画的な証券市場発展戦略の実行により、その市場規模は急速に拡大し、2018年末には上場会社数が約750社に達してASEAN諸国のなかではシンガポール、マレーシアに次ぐ数となりました。

同国政府はさらなる市場の発展や国際的な市場評価の向上を目指して、「株式市場における不公正取引の増加」「証券会社の法令違反」「上場会社の不十分な情報開示」「企業経営者の投資家保護意識の低さ」といった問題があることを認識していました。こうした背景から、ベトナム政府が日本政府に対して証券市場の監督及び運営に関する技術支援の実施を要請して、スタートしたのが本プロジェクトです。

❶証券監督者国際機構（IOSCO, イオスコ）
世界各国・地域の証券監督当局や証券取引所などから構成される国際的な機関で、公正かつ効率的で透明性の高い市場の維持のため、証券監督に関する原則・指針の国際的な基準の策定等を行う。世界の229機関（2021年9月）が加盟し、日本からは金融庁などが会員となっている。

❷本プロジェクトは、ベトナムの証券監督当局であるベトナム国家証券委員会（SSC）に加えて、ホーチミン証券取引所（HOSE）、ハノイ証券取引所（HNX）を支援対象として開始した。その後、2021年9月以降は、HOSEとHNXの親会社として新たに設立されたベトナム証券取引所（VNX）も対象に追加した。

現地でのセミナーの様子

まずプロジェクト開始後半年間のベースライン調査を通じて株式市場の課題を精査し、活動計画を策定したうえで、同国の証券監督機関(→❷)を対象に研修を通じて日本など先進国の株式市場の経験を共有し、株式市場の課題に即したコンサルテーションを実施してきました(→❸)。また、2020年3月以降のコロナ禍ではオンラインの利点を活用して研修の頻度を増やし、本来は現地活動には参加が難しい日本の金融庁、日本取引所グループ等、関係機関から多数の現役の実務専門家にも講師として参画してもらい、当初計画以上の研修機会、より実務に即した知識・ノウハウを提供することができました(→❹)。

上場企業の投資家保護意識の向上も

また、当局、取引所への研修に加え、上場企業向け(→❺)に「情報開示とIR活動(→❻)」に関する大規模セミナーをオンライン開催して新証券法下の開示規則の説明、日本やベトナムにおける優良IR事例の紹介を行うなど、企業の投資家保護意識の向上のための啓発活動も実施してきています。同セミナーには上場/登録企業の約8割が参加し、企業側からも質疑が大変活発になされました。

本プロジェクトは、2023年3月に完了しましたが、今後のベトナム証券市場において新しい法制度及び市場のフレームワークによる証券市場の監督と運営に本プロジェクトの成果が積極的に活用されて、ベトナム証券市場の国際的な発展の実現に貢献することが期待されます。

❸本プロジェクトは、2019年11月に成立した新証券法に基づく16本の法令の起草について、SSCより支援要請を受けてコンサルテーションを実施した。

❹それに加え「不公正取引規制や証券会社監督のフレームワーク」「市場構造の変革」「実質上場審査の導入」「国際標準の株式公募」等の幅広い分野について、知識と政策・施策の提言を行った。

❺ベトナム上場会社及び未上場公開株取引市場(UPCoM)登録会社に向けたもの。

❻IR活動とは、株式市場に上場した企業が広く株主や投資家に対して企業活動全般への理解を深めてもらうための活動をいう。

◉こぼれ話

プロジェクト開始当初、法制度はある程度整備されており、政府機関や上場企業等の人材の水準も高いが、実際の市場監督や運営が十分に機能していないという印象がありました。これは、ベトナムの社会システムや発展段階に合わない制度や取組みが断片的に導入され、また、政府の資金調達のために、本来は上場に適さない国営企業までもが民営化され、株式公開されてきたこと等が要因と考えられました。

そのため、本プロジェクトでは、日本や諸外国の法制度と実務を学び単純に導入するのではなく、長期的なベトナム市場の発展と国際化に向けた施策を議論、策定して、実行に移すというより実践的な活動を中心に据えることを基本方針としました。

3章 Peace 平和

SUSTAINABLE DEVELOPMENT GOALS

ジェンダー平等と
すべての女性や女児の
エンパワメントを推進する

⑭ ジェンダー平等と女性のエンパワメント

性別にとらわれず誰もが能力を発揮できる社会に

女性や女児のエンパワメントを促進し、社会・組織における差別的な制度や仕組み、人々の意識・行動を変えることで、ジェンダー平等で公正な社会の実現をめざす。

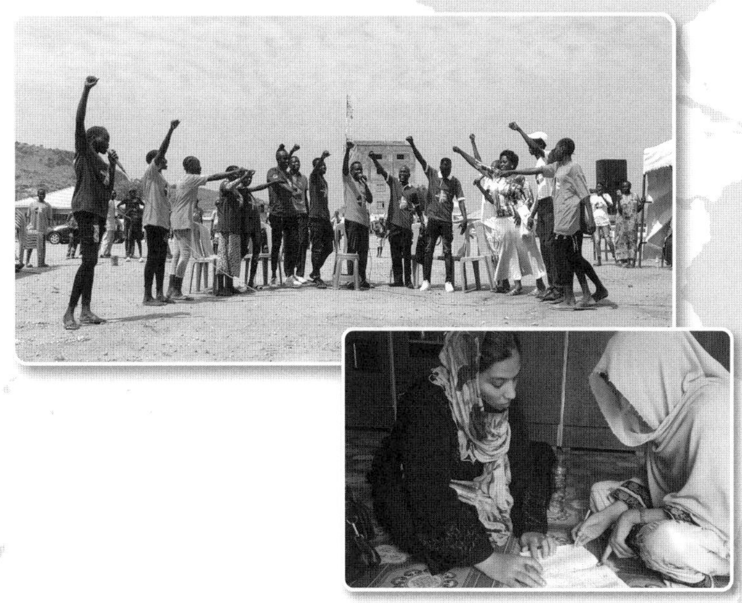

貧困の削減や経済成長に「ジェンダー平等」が不可欠な理由

先進国・途上国を問わず 世界のすべての国が今でもジェンダー不平等

SDGsの目指す「公正で持続可能な社会」の実現のために、ジェンダー平等と女性のエンパワメントの推進は不可欠です。それは普遍的な価値である人権や「人間の安全保障」(→❶)の概念に深く結びつくとともに、経済的な観点からも合理性があり、貧困削減と経済成長を大きく促進する有効な開発手段でもあります。

ジェンダー平等の推進は国際的な取り組み課題に位置づけられているものの、ジェンダー格差を示す代表的な指数(→❷)であるジェンダーギャップ指数を見ると、世界で最もジェンダー平等が進んでいるアイスランドですら完全な平等は達成されておらず、先進国・途上国を含め、国会議員の男女比や女性の中高等教育の達成度、就労率などさまざまな側面でジェンダー不平等が見られます。

世界の女性の3分の1が暴力を経験 深刻な暴力とジェンダー不平等の背景とは?

また、ジェンダー平等に深刻な影響を与えているのが、「ジェンダーに基づく暴力」(SGBV)の存在です。国連女性機関(UN Women)の報告によると2020年現在で、世界の女性の3分の1が身体的・性的暴力を経験しており、10人に1人の女児が望まない性行為や性暴力の被害を受けています。こうした被害は女性や女児の心身の健康と平和を脅かし、それによって生じる社会や経済の損失は、年間で世界のGDP

SDGsワード

❶「人間の安全保障」

人間ひとりひとりに着目し、生存・生活・尊厳に対する広範かつ深刻な脅威から人々を守り、それぞれの持つ豊かな可能性を実現するため、保護と能力強化を通じて持続可能な個人の自立と社会づくりを促す考え方。国際社会では1994年の国連開発計画(UNDP)の報告にこの概念が登場し、その後議論が深められながらSDGsの「誰ひとり取り残さない」とする包摂性にも反映されている。

❷ジェンダー格差を示す指標としては、世界経済フォーラム(WEF)が2006年より「経済的参加と機会」「教育達成」「健康と生存」「政治的能力強化」を数値化して公表するジェンダーギャップ指数や、国連開発計画(UNDP)が2010年より『人間開発報告書』で発表しているジェンダー不平等指数などがある。ちなみに2021年のジェンダーギャップ指数において日本は156カ国中120位で、特に女性の政治参画の低さが順位を下げる要因となっている。

の2%（1.5兆ドル相当）にも上ります。

SGBVの背景には、性差別的な意識や慣行があります。『男性の方が女性より優れている』『妻は夫に従うべき』などといった考え方が社会の根底にあるなかで、女性は暴力を受けています。

女性の経済参画で世界のGDPが26%増「ジェンダー平等」が経済成長・貧困削減に!

マッキンゼー・グローバル研究所の試算によれば、女性の経済的参加を男性と同等レベルに拡大することで、2025年までにGDPを26%（28兆ドル）も増やすことができます(→❸)。つまりジェンダー平等の実現は、より多くの人々に経済的な恩恵をもたらし、貧困を減らすことにもつながるのです。

❸国際労働機関(ILO)は2019年の報告書で、世界70カ国13000社の企業を調査したところ、経営層がジェンダーの多様性確保に努めた企業の方が、そうしなかった企業より大半において10〜15%成長率が高いという調査結果を公表している。

日本とJICAがこの課題に取り組む理由

ジェンダー平等への取り組みについては、①政策・制度の整備と組織の変革②女性・女児の実現可能力の強化③男性優位的な社会規範や人々の意識・行動の変容という「3つの視点」が必要です。

世界でジェンダー格差を克服した国はいまだ存在しません。だからこそ、日本も含めて各国が相互の連携を深め、国内外の多様な関係者とのパートナーシップを強化しつつ、ともに課題を克服していく必要があります。

優先課題と2つの方針で「ジェンダー格差」解決を考える!

Approach 1
5つの優先課題で「ジェンダー主流化」を推進

JICAは分野横断的にあらゆる取り組みでジェンダー主流化を推進します(→❶)。さまざまな分野における政策や事業の立案・実施・モニタリング・評価時において、ジェンダーの視点に立った取り組みを推進し、以下の5つの課題に優先的に取り組んでいきます。

⑴女性の経済的エンパワメントの推進

▶就業や雇用機会の拡大、ディーセントワークの普及、起業やビジネスを通じて女性の経済的な自立を推進する。

⑵女性の平和と安全の保障

▶紛争や災害、ジェンダーに基づく暴力から女性・女児を保護し、自立と社会復帰を支援する。

⑶女性の教育と生涯にわたる健康の推進

▶保健や教育システムの強化などを通じて生涯にわたる女性の健康や教育を推進する。

⑷ジェンダー平等なガバナンスの推進

▶ジェンダー平等で包摂的な国家開発計画の策定や、法・司法制度の整備、関係省庁や組織の能力強化を支援し、女性の政治参画を推進する。

⑸女性の生活向上に向けた基幹インフラの整備

▶女性の無償労働の軽減や社会・経済参画につながる電気や給水設備、公共交通などの農村・都市インフラを整備する。

❶JICAにおいてジェンダー平等や女性のエンパワメントを促進する活動が取り入れられている事業は、案件別ベースで40%、金額ベースで72%だった(2020年度実績)。また技術協力や有償資金協力、無償資金協力といったスキームや分野、地域によってばらつきがある。そのためあらゆるスキーム、分野でジェンダー平等に関わる課題を分析し、現在の2倍以上となる80%の案件をジェンダー案件とすることを2030年の達成目標とした。

Approach 2
ジェンダースマートビジネス（GSB）の振興

女性の社会参加が進むなか、最も遅れているのが経済・労働分野です。これまでは主に公的機関が女性の経済参画を促してきましたが、経済の根幹である市場のあり方を変えていくには民間との協働が不可欠です。そのためJICAは公・民双方に働きかけ、良質で適正価格、利便性の高い〝女性フレンドリー〟な製品・金融サービス（金融包摂→❷）が市場から提供されることを促進し、それにより女性の経済参画やリーダーシップの拡大を目指す取り組み「ジェンダースマートビジネス（GSB）振興」を支援していきます。

Approach 3
ジェンダーに基づく暴力（SGBV）の撤廃

SGBVを撤廃するためには、ジェンダーに基づく差別や社会規範、固定的な性役割を解消し、SGBVを生み出さない社会づくりに取り組むだけでなく、加害者が適切に処罰される環境整備や、被害を受けた人々が安全に保護され、その後の生活を再建できるような支援や仕組みづくりが必要です。JICAは地域における啓発や教育活動を強化するとともに、SGBVの撤廃に向けた政策・制度の整備や人材育成に取り組みます（→❸）。

2030年への目標

- ★JICAの全協力案件のうち、80%をジェンダー案件とする。
- ★JICAが実施する研修・留学プログラムにおける女性の割合を50%にする。
- ★ジェンダースマートビジネスで、10万人以上の女性に製品・金融サービスが提供される。
- ★ジェンダーに基づく暴力の被害女性・女児262万人に支援サービスが提供される。

SDGsワード
❷金融包摂
(Financial Inclusion)
すべての人々が適切な価格で簡便に、また尊厳をもって質の高い金融サービスにアクセスし、その利用が促進されること。金融サービスには銀行口座での預金・貸出、送金だけでなく、融資や保険なども含まれる。SDGsにおいても重要な指標とされ、ゴール1「貧困をなくそう」のほか、複数のゴールのターゲットに盛り込まれている。

❸SGBVの撤廃には、社会のあらゆる領域においてジェンダー平等を追求すると同時に、SGBVの防止や加害者処罰、被害当事者の救済と保護や、その自立と社会復帰の推進に取り組む必要がある。JICAは事業への一層のジェンダー主流化を推進しつつ、SGBVを許容しない地域や社会、組織づくりに貢献するとともに、被害当時者に対する支援サービスの実施体制強化に取り組む。また、国内外の有識者や支援関係者とのネットワークを強化し、効果的な取り組みの拡大を目指す。

人身取引の被害当事者を早期に救出し心のケアから自立までを応援できる仕組みを

メコン地域における人身取引対策（技術協力プロジェクト／課題別研修）

対象国／タイのほかメコン地域（東南アジア）

解説してくれた人／田中由美子さん（JICAシニア・ジェンダー・アドバイザー）、有満麻理さん（独立行政法人国立女性教育会館）、齋藤有希さん（JICAガバナンス・平和構築部）

タイ王国

どんな国?▶インドシナ半島中央部を占め、南北にミャンマーとの国境線、北東はメコン川を境にラオスと接し、南東はカンボジア、南はマレーシアに接する。就業者の4割弱を農業が占めるが、1980年代後半より自動車産業が発展。経済発展の地域格差が顕著である。

どんな課題?▶経済的に発展しているタイで性産業や水産・建設業での労働力の需要が高く、同国内やメコン流域内の国々から人身取引被害当事者がバンコクなどに送り込まれている。2019年に同国で人身取引の被害当事者と認定されたのは1821人だが、実態はそれをはるかに上回る数だと考えられている。多くは性的搾取を受ける女性と子どもだが、最近では労働を強制される男性被害当事者も増加している。

首都／バンコク
面積／51.3万㎢
人口／6980.0万人
1人あたりGNI／7260ドル
（日本のおよそ6分の1程度）

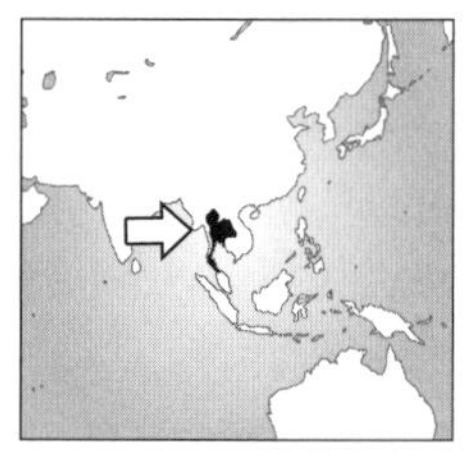

増加するメコン流域の人身取引

6カ国が国境を接するメコン川流域には少数民族の村や農村が多く、相対的に貧困であることなどから人身取引の温床になってきました。それは秘密裡に行われるため、正確な被害当事者数の把握は困難ですが、アメリカ国務省は全世界で年間100万人の被害当事者が発生し、その3分の1が東南アジアで発生していると推定しています。

タイでは経済発展が進むにつれて国内だけでなく、ラオスやミャンマー、カンボジアなどから被害当事者が連れてこられるケースや、タイを経由して外国に送られるケースなど、被害当事者が増加傾向にあると考えられています。同国では2008年に人身取引防止法を制定するなど人身取引対策に取り組んできたものの、関係機関の連携がとれていなかったことから、09年からJICAが「人身取引被害者保護・自立支援促進プロジェク

◉うれしかったこと！

ベトナムでのホットライン開設時、最初はケタ数が多い電話番号でしたが、普及のため“111”と覚えやすい番号に変えてもらい、全国で“111”を宣伝しました。北部のある山間地域で、バス停に張ってあったカラオケバーの求人募集を見て応募した少女が危うく人身取引の対象にされそうになり、携帯で友人に助けを求めたら「“111”に電話しろ」とアドバイスを受け、実際に電話して警察が動き、助けられたそうです。多くの人たちにホットラインが知られるようになり、保護につながっていることが実感できたエピソードです。

プロジェクト期間中に本邦研修をする場合はJICAが金銭的支援をすることがほとんどですが、タイ北部にあるチェンマイ

ト」によって、この分野での支援を始めました。

当時のタイでは警察、シェルター、入国管理局などが個別に対応しており、被害当事者が事情を何度も聞かれるという二次被害も多く発生していました。被害当事者の救出から社会復帰までの全体の流れを把握する仕組みがなかったからです。そこでJICAが側面支援し、監督省庁や警察、入管、病院、NGO団体など関係機関を横断する協働チームを強化して、それまで共有されていなかった情報を一元化しました。また、被害当事者の保護から自立・社会復帰支援までの包括的プロセスを統括するケースマネージャーの育成も始めました。組織の枠を超えて一緒に話し合うことで、真の被害当事者保護のために何が必要なのか、自分たちが何をすべきかについての理解が深まったのです。これにより二次被害を受ける被害当事者を減らすことはできましたが、彼女らの自立・社会復帰の支援が大きな課題です(→❶)。

ベトナムやミャンマーでも取り組みを展開

並行して2012年からはベトナムとミャンマーでも人身取引被害当事者支援のプロジェクトを開始しました。ベトナムでは被害当事者のためのホットラインを開設し、必要に応じて警察や病院に連絡したり、被害当事者の社会復帰につなげられるような体制をつくりました。また北部の少数民族の多い農村地域では国境を越えて中国に送り出される女性・少女の被害当事者が多いことから、国境警備隊の協力を得て人身取引警備の強化や啓発活動に力を入れています。

ミャンマーでは、被害女性支援のシェルターで働くソーシャルワーカーや警察官、国境警備隊員を対象に研修を行い、連携体制を築くとともに、被害当事者ケアや予防措置などを強化しました。またヤンゴン周辺及び地方に人身取引情報センターを設置し、地方の被害女性に対しソーシャルワーカーを派遣する仕組みをつくりました。(→❷)

2023年からはカンボジアでも人身取引被害当事者への政府の支援サービス向上を目的とするプロジェクトをスタートさせる予定です(→❸)。

また強制労働をさせられていた被害当事者が加害者を訴えたり、未払い賃金の請求などをしたいと思っても、裁判まで長いプロセスが必要となる上に被害当事者にはそのための資金がないのであきらめざるを得ません。今後はそうした部分への支援も必要です。

ベトナムのホットラインで電話を受けているソーシャルワーカー

警察が自ら予算を組み、研修のため日本に人員を送ったことがありました。タイから日本に送り出される女性・少女の被害者が少なくないことから、成田空港のある千葉県警察を研修先とし、情報共有など連携強化につながったといいます。このように現地の当事者組織が、JICA支援の枠組みを超えて主体的に取り組んでくれるようになることが国際協力の本質です。(田中さん)

❶人身取引被害者の多くは少数民族や農村地域の貧困層の女性・少女で、暴力的に拉致される場合もあるが、収入の良い仕事があるからという甘い言葉に騙されて被害に遭うケースが大半である。加害者の手から離れ心身のケアはできても、その後の生活再建のための支援がなく、再び人身取引の被害にあうことも珍しくない。被害者が加害者を訴えたり、未払い賃金の請求などをしたいと思っても、裁判まで長いプロセスがかかる上に被害者にはそのための資金がないのであきらめざるを得ない。今後はそうした部分への支援も必要である。

❷同年より国立女性教育会館と協力し、人身取引撲滅と被害者保護に必要なメコン地域関係者のネットワーク形成に向けた課題別研修も実施している。

❸人身取引の被害はメコン地域の各国で発生しているため、JICAではタイの他にベトナム、カンボジア、ラオスなどの関係諸国による合同ワークショップを毎年バンコクで開催し、情報の共有や対策などを話し合い協力する体制もつくっている。

「見えざる労働者」女性家内労働者の自立を支援

シンド州におけるインフォーマルセクターの女性家内労働者の生計向上および生活改善支援プロジェクト

対象国／パキスタン（アジア）

解説してくれた人／萬宮千代さん（株式会社かいはつ・マネジメント・コンサルティング）

パキスタン・イスラム共和国

どんな国?▶インドの西に位置し、インダス川流域の平原地帯と北東・北西両部の山岳地帯からなる。1947年にイギリス領インドから独立。宗教はイスラム教徒が96%を占める。主要な産業は農業と繊維産業。2022年6月、大雨による洪水で国土の3分の1が水没、およそ3300万人が被災した。

どんな課題?▶農業外労働人口の約80%が不安定で不当な報酬、劣悪な労働環境、保険や社会サービスにアクセスできないインフォーマルセクター（→❶）で働いている。その数は近年増加傾向にあり、162万人（2008〜09年）に達する。雇用が不安定で労働者の権利が保護されないケースが多い。女性の社会進出の遅れからフォーマルセクターで働く女性は限定的であり、インフォーマルセクター労働者の7割は女性で、多くは家内労働者とされる。特に人口の集中するパンジャブ州・シンド州に多く見られる。

首都／イスラマバード
面積／79.6万㎢（日本の約2倍）
人口／2億2089.2万人
1人あたりGNI／1410ドル
（日本のおよそ30分の1程度）

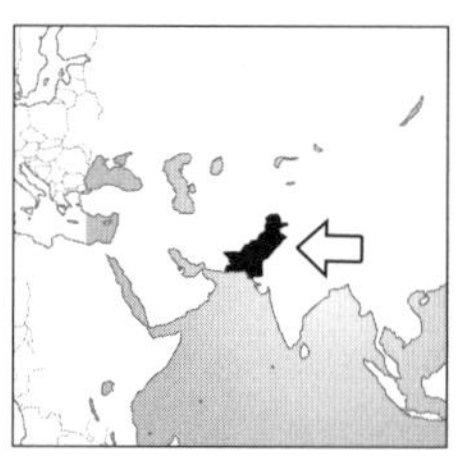

女性に家内労働者が多い理由とは？

家内労働者は「見えざる労働者」（→❷）とも呼ばれます。家父長制の社会でパルダという女性隔離の慣習があることから、女性が教育を満足に受けられない、自由に外出できないなど女性の行動や権利が制限される傾向から多くが家内労働を選択せざるをえない状況があります。このため働く上での知識や人間関係のスキルを向上させるのが難しく、低い収入しか得ることができないでいます。パキスタン政府もインフォーマルセクターの労働者の基本的権利の保護や地位の向上を推進しており、JICAは、シンド州の女性家内労働者を対象に、経済的自立に必要な基礎的なスキルの習得と能力の開発を通じた女性家内労働者の生計向上と生活改善に取り組みました。

調査をすると、彼女たちは子どもにしっかりと教育を受けさ

SDGsワード

❶インフォーマルセクター

経済活動を行っているものの、国の統計などに反映されないインフォーマルエコノミー（非公式経済）に属する業態を指す。2016年時点で全世界の労働者の61%がインフォーマルセクターで雇用されている。SDGsではゴール8「働きがいも経済成長も」などで、こうした雇用をディーセントワーク（働きがいのある人間らしい仕事）へ転換することを推進している。

❷特に家内労働者は他社からの請負作業に従事している場合も、明確な労使関

せるために収入や貯金を増やしたいと考えている一方で、限定的な人間関係や外の世界とのつながりがほとんどない環境で、新たな情報を得たり、能力を向上させる機会が圧倒的に不足していることがわかりました。そのため同州最大都市のカラチと農村部のサッカルでライフマネジメント能力強化、金融サービスアクセス、収入向上の３つの活動を組み合わせる卒業モデルに基づき、女性の支援を開始しました。

フォローアップの模様
家計簿の記帳を指導する連携ＮＧＯスタッフ（カラチ）

卒業モデル～自立までを段階的に支援

卒業モデルでは、最初に集中的に研修を実施したあと、コーチングとフォローアップで女性たちが自立できるまでを支援します。研修では、人生においてどのタイミングでどんな支出が必要になるかを考えるライフコースプランから始めました。その上で目標を立てて貯蓄をすることの重要性を学び、家計簿のつけ方を習得しました。家計簿をつけることで、無駄な出費を把握し、どう貯蓄を増やし、生活を向上させられるかが考えられるようになりました。またタンス預金や知人間の非公式なお金のやり取りが主流の女性たちに、経済的に自立するために銀行など公式な金融機関のサービスを利用するメリットや必要性を理解してもらいました。職業訓練も、技能の習得以前の問題として衛生的でない場所で作業したために製品が汚れてしまう、納入の期限を守らないなど労働倫理や安全衛生の基本に問題があり、そこから改善していきました。

このプロジェクトで重視したのが研修後のフォローアップです。パキスタンにおいても同様の女性支援は多く行われていますが、研修を受けてもらって終わりというケースが大半です。プロジェクトでは、対象者が研修で学んだ知識を実際に活用し、さまざまな課題を自分で解決できるようになることを重視しています。研修終了後も定期的にグループで集まってもらい、家計簿をつけているか、作業場の環境は清潔かなどをチェックしたり、悩みを聞いたりする機会をつくった結果、家計簿を継続してつけている人が大幅に増加しました。また、知識や技術の向上に伴い、多くの女性たちが自らに自信をもち始め、人との関わりにも積極的になっていったのです（→❸）。

係にないため雇用統計に表れにくい。個々が家内で個別の生産活動に従事していることから労働実態の把握が困難で、「見えざる労働者」(Invisible Workers)と呼ばれる。

❸人と会う機会が少ない家内労働者の女性たちも、研修をきっかけに学ぶ姿勢が強くなった。研修によって家の外へ出て、他人と話し合うことが、彼女たちの内面にも強い影響をもたらした。また社会的に女性が外出しづらい状況を踏まえ、多くが使っていなかったスマートフォンやSNSを情報収集や販促ツールとして利用する方法も知ってもらった。プロジェクトでは、特に男性家族の理解を得るために、彼ら向けの啓発活動を実施した。男性家族も、女性たちがエンパワーされるにつれて、彼女たちを応援してくれるようになった。

SGBV被害にあった女性たちが笑顔で自立できる社会に

ジェンダーに基づく暴力被害者(SGBV)の自立と社会復帰アドバイザー

対象国／南スーダン(アフリカ)

解説してくれた人／池内千草さん(JICA専門家)

南スーダン共和国

どんな国?▶アフリカ大陸中央部の内陸国。スーダンで1983年のイスラム法導入後、南部ディンカ人の武装勢力によるゲリラ活動から内戦(第2次スーダン内戦)に突入し、およそ200万人が死亡した。2005年の和平合意後、2011年にスーダンより独立。経済は産出する石油に依存し、農畜産業が主体。

どんな課題?▶SGBV(ジェンダーに基づく暴力)が広く蔓延する。武装集団が出没し治安が悪化している地方ではレイプ被害が多発し、ジュバ市など比較的治安の安定している地域でも近親間暴力(IPV)と児童婚が見られる。報告される事案が少なく正確なデータはないが、同国の65%の女性がSGBVの被害を受けているとの報告もある。

首都／ジュバ
面積／65.9万㎢
人口／1119.4万人
1人あたりGNI／431ドル
(日本のおよそ96分の1)

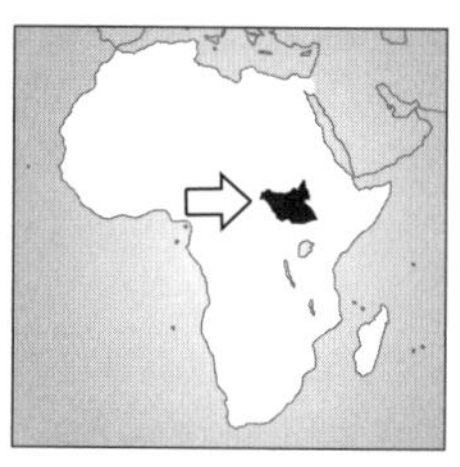

女性の5割が18歳未満で結婚

南スーダンには伝統的な強い家父長制が残っており、男性が優位で、女性は男性に従属する存在という根強い価値観があります。加えて分離独立後も部族間対立などから武力衝突や内戦が起こるなど政情が安定せず、国民の多くが貧困下に置かれ、特に社会的に弱い女性が暴力などのさまざまな被害を被っています。南スーダン政府も2000年に採択された国連安保理決議「女性・平和・安全保障」(WPS→❶)の行動計画を策定したものの、行政機関が十分な機能を果たせておらず、同国の要請を受けJICAでは21年、暴力被害を受けた女性の経済的自立と社会復帰を目指したプロジェクト(→❷)を始めました。

同国のSGBV問題は、治安状況の影響で地域によって多様化しています。地方では、子どもや女性を性的な攻撃の対象とする事案の他、牛強奪などの混乱に乗じた性暴力の被害が多く報

❶平和・安全保障の文脈に初めて「女性」を関連づけた安保理決議。女性・女児は紛争下での性的暴力から保護される対象とし、人道支援・復興におけるジェンダーの主流化、ジェンダー平等の促進を加盟国に要請した。

❷同国ではすでに国連人口基金などが被害者のためのシェルターや医療、法的支援などのSGBV対策支援を行ってきたが、これまで手薄だった被害女性らが立ち直って社会で自立していくプロセスにも関与すべく、私たちはSGBVサバイバーを中心に女性への就労支援を行い、自立できるための取り組みをしていくことにした。家父長制が強いため女性の社会進出が遅れ、女性が就ける職業が少ないことも背景にある。

16Daysキャンペーンでの寸劇

告されています。他方、治安がある程度落ち着いている地域においては児童婚や強制婚(→❸)、近親間暴力(IPV)の問題が蔓延しています。同国女性の51%ほどが18歳までに結婚しているというデータがあり、一夫多妻の伝統から、高齢男性と結婚させられることも少なくありません。SGBVに関する報告書によると、21年に確認された南スーダンのSGBVサバイバー（被害当事者)のうち23%が18歳未満でした。この国の慣習法では女性の財産所有・相続が認められておらず、夫が亡くなるとその男性親族らに財産をすべて取り上げられてしまう事例も数多くあります。

自立に必要なスキルの習得と社会への啓発も

現地の支援団体と協力し、SGBVサバイバーがトラウマから回復する過程を支援しながら、準備ができた女性には、ビーズ細工のような手工芸、裁縫やホテルやレストランで必要とされる調理師といった女性が自立するために就きやすい職業や、これまで女性がしてこなかった車の運転など、いくつかの訓練コースをスタートさせています。訓練終了後は国連やNGO団体などでの仕事も選択肢のひとつです。また、女性の多くがビジネスに関して十分な知識がないため行政の職員や市場の責任者などから嫌がらせの被害にあうこともあり、法律や税金、出納簿のつけ方、コスト管理など、ビジネスで自立していくために必要なスキルを教えることも考えています。

2021年の「SGBVに反対する16日間の活動キャンペーン」では、首都ジュバがある中央エクアトリア州のジェンダー省(→❹)と啓発イベントを実施し、地元の演劇グループにSGBVの問題点や課題を題材にした 寸劇を演じてもらいました。SGBV問題が身近で起こった際に家族や周囲の人がどう対応すべきかを理解してもらい、逆に加害者は逮捕され、法的な責任を負うという点も広く伝えることができました。

❸結婚に際し新郎側がダウリ(婚資)と呼ばれる現金や家畜を新婦の実家に送る風習があり、この婚資を目的に女児が強制的に結婚させられるケースが多くみられる。

❹南スーダンの省庁は財政難のため、支援なしに満足な活動は行えない。SGBV被害者のためのシェルターなども国や州の組織に位置づけられるものの、実際の設置・運営は国連や外国のNGOというのが実情である。JICAは資金提供をするだけではなく、技術支援を行いながら一緒に活動を実施していくという特徴があり、他のドナー機関とは違うJICAの支援方法を理解してもらうことが重要である(JICAが同国のジェンダー省と仕事をするのはこれが初めてで、まずは協働するための体制をつくるのに時間がかかった)。

◉この取り組みで思ったこと！

私たちの事業はSGBVサバイバーを対象とした活動なので、活動に参加するサバイバーが安全・安心と思える環境をつくり、支援者がサバイバーに寄り添い、丁寧に要望を聞きながら、彼らの意思を尊重した支援を提供する「サバイバー中心主義」がとても重要になるのですが、現地の支援団体に徹底してもらうのが意外と難しいと感じています。ソーシャルワーカーのための正規のコースはなく、みな外部の研修を受けながら知識の実践をしているのですが、正しく知識を用いているか確認する機会のないままのことが多いように見受けられます。しかし支援者の方とお話ししても、これが問題であるということがピンと来ていないときもあるのが難しいところだと感じています。今後、より実際的な事例などを用いながら、より効果の高い研修を実施するため試行錯誤しています。

3章 *Peace* 平和

SUSTAINABLE DEVELOPMENT GOALS

2019年に国連で開催されたSDGサミット2019において採択された「SDGサミット政治宣言」には、2030年に向けたSDGs達成を加速するための方策として「持続可能な開発のためのデジタル・トランスフォーメーション（DX, デジタル変革とも）に重点を置いた科学技術イノベーションの活用」「SDGsのためのデータと統計への投資」が明記されている。

⑮ デジタル化の促進

デジタル技術を活用して よりよい社会を

情報通信環境の整備、人材の育成や産業創出を通じて自由で安全なサイバー空間の構築に取り組み、デジタルテクノロジーとデータの活用でさまざまな課題を効果的に解決し、よりよい社会を目指す。

SDGs達成に「デジタル技術」はなぜ必要？

SDGsの達成にも重要な一方で 29億人がインターネットへアクセスできず

インターネットやコンピュータ、人工知能（AI）といったデジタル技術が急速に発達しています。特に新型コロナウイルス感染症の世界的な流行をきっかけに、途上国を含む国際社会全体で、医療や教育、電力や都市交通などの生活インフラ、農業や漁業など経済社会のあらゆる分野におけるデジタル化が進みました。こうしたデジタル技術·データの利活用（→❶）は、さまざまな課題の解決や高い成長・生産性の実現など、SDGsの達成に向けた取り組みにとっても重要な手段として期待されています。

経済社会のデジタル化を促進するためには、そのベースとなる情報通信環境が整備されている必要があります。しかし途上国においてはインターネットやモバイル機器へのアクセスのしやすさの違いによる、デジタル技術の恩恵を受ける人と受けられない人の格差が問題となっています。

世界には、インターネットにアクセスできない人が2021年時点で約29億人もおり、その多くは後期開発途上国に集中しています。先進国と途上国の間の格差だけでなく、途上国の国内においても、都市部と農村部、男性と女性、若者と高齢者など、デジタル化の恩恵をめぐる格差があります。

途上国では、資金の不足や情報通信サービスを拡大する政策の不備などからデジタル化のための基盤の整備が遅れており、また情報通信サービスの担い手となる企業が育っていないことも大きな課題です。

❶インターネットを含む情報通信技術、リモートセンシング（人工衛星に搭載したセンサーなどにより遠隔で調べる技術）、ドローンなどの「情報獲得・送受信・蓄積を行う技術」、コンピュータやビッグデータ解析、AIなどの「データ処理・解析技術」、ロボティクスなどの「自律動作・制御技術」などを指す。

多発するサイバー攻撃などで 安全が脅かされるサイバー空間

デジタル化の進展にともなって、世界中のヒトやモノ、お金、行政機関を含めた組織やインフラシステムの多くが、サイバー空間でひとつにつながるようになりました。

それと同時に、大切なデータの不正利用や窃盗、サイバー攻撃などによるサイバー空間のリスクも増大しつつあり(→❷)、あるシンクタンクの調査によると、サイバー犯罪が世界に与える被害額は年間で1兆ドルを超えるほどです。

デジタル化をSDGs達成の重要な手段として活用していくには、安全で自由なサイバー空間を維持していく必要があります。しかし、世界のサイバーセキュリティのための人材は大きく不足しており、対策が急務となっています。

❷世界経済フォーラム(WEF)が毎年公表する『グローバルリスク報告書』の2018年、2019年でも、「データの不正利用または窃盗」と「サイバー攻撃」の2点が「発生する可能性が高いグローバルリスク」の上位5位以内にランキングされた。

❸狩猟社会、農耕社会、工業社会、情報社会に続く日本が目指すべき未来社会の姿として2016年の第5期科学技術基本計画で提唱された概念。「サイバー空間(仮想空間)とフィジカル空間(現実空間)を高度に融合させたシステムにより、経済発展と社会的課題の解決を両立する人間中心の社会」と定義されている。

日本とJICAがこの課題に取り組む理由

途上国の持続的な開発·成長のためには、世界で主流化しつつある経済や社会活動のデジタル化への対応が不可欠です。途上国がデジタル化の恩恵を享受し、そのリスクを削減することへの支援は今後ますます重要なテーマとなります。国境を越えて広がる安全なサイバー空間は各国が協力して構築する必要があり、日本にとっても重要な事項です。

日本も未来の社会の姿としてSociety5.0(→❸)を提唱し、その実現に向けた取り組みが加速するなかで、途上国との長年の協力パートナーであるJICAは国内の知見·技術を生かしてその課題に取り組みます。

2つの方針で問題解決を考える

SDGsワード

❷デジタル・トランスフォーメーション

(DX) Digital Transformation

2004年に情報学・コンピューティング学者のエリック・ストルターマン(現インディアナ大学教授)が提唱した概念で、その定義は「ICT(情報通信技術)の浸透が人々の生活をあらゆる面でより良い方向に変化させること」であったが、近年ではさまざまな使われ方をするため、定義もまちまちである。日本の経済産業省においては、「組織(企業)がビジネス環境の激しい変化に対応し、データとデジタル技術を活用して、顧客や社会のニーズを基に、製品やサービス、ビジネスモデルを変革すると共に、業務そのものや組織、プロセス、企業文化・風土を変革し、競争上の優位性を獲得すること」としている。JICAでは「デジタル技術・データを活用して新しい課題解決アプローチ(変革)を導入・実行する」ことをいう。

Approach 1 開発事業でのDX推進

途上国のさまざまな課題を解決するために、デジタル技術の活用やDX(→❶)を推進して、今まで以上に高い成果や付加価値を生み出す協力に取り組みます。

DXには以下のような有効性があります。

(1)より速く、より細やかに対応する

【例】災害時の緊急警報伝達

リモートセンシング技術などを使い、よりリアルタイムで精度の高い災害リスク情報を、通信網とスマートフォンなどの端末を使って瞬時に個々人に伝達することが可能になります。

(2)より正しく情報を把握・判断する

【例】スマート農業

センサーで土壌や気温、生育状況をリアルタイムに把握し、肥料や水量を最適化して収量を向上させることが可能になります。

【例】森林伐採の状況把握

人工衛星からのデータを使って森林伐採の状況をリアルタイムに把握し、対策に役立てることができます。

(3)より効率的、より正確に

【例】行政のデジタル化

煩雑で時間や労力がかかっていた行政手続きをデータベース化、ITシステム化することで、住民にとっても簡便でスピーディーなサービスにすることが可能です。

(4)誰ひとり取り残さない包摂・浸透性

【例】遠隔医療

診療データ・画像を専門医が遠隔で確認し、現場への助言や現地医療関係者の能力を強化できれば、過疎地域や途上国などの医療アクセスが脆弱な地域での医療サービスを向上させることができます。

【例】モバイルバンキング

途上国の地方部など金融サービスの脆弱な地域においても、スマートフォンのアプリケーションなどを使った金融サービスが提供されることで、格差の解消につながります。

(5)革新的な領域・分野の融合

【例】スマートシティ

デジタル技術を使って状況や課題を把握し、分野複合的な都市マネジメントのもとでより質の高いサービスを提供することができます。

Approach 2 デジタル化のベースとなる基盤整備

途上国が経済社会のデジタル化の恩恵を受けられるよう、またデジタル化で生じる格差や安全リスクを減らすための基盤を整備していきます。JICAはこれまでに約30カ国でサイバーセキュリティ分野の人材を育成してきた実績(→❷)があり、今後も途上国の中核人材の育成を支援します。

また、多くの人がインターネットにつながるための均質で安定的な情報通信インフラ整備に向けた協力、さらに生活を便利にするサービスを提供できる人材育成と産業創出を支援します。

❷サイバーセキュリティ能力向上の実例については本項プロジェクト参照。

遠隔による技術協力で集中治療の能力をアップ

新型コロナウイルス感染症流行下における遠隔操作技術を活用した集中治療能力強化プロジェクト

対象国／インドネシアなど12カ国

解説してくれた人／中西智之さん、森口真吾さん、鴻池善彦さん（株式会社Vitaars）

インドネシア共和国

どんな国?▶東南アジア南東部、大小多くの島々からなり、面積は日本の約5.5倍、ジャワ島に人口の3分の2が集中する。世界最大のイスラム教徒人口を抱える。原油などの地下資源が豊富で液化天然ガスの輸出に力を入れる。

どんな課題?▶3億人近い人口を抱えるインドネシアでは、2020年10月24日時点で新型コロナウイルス感染者が累積で38万2000人、死亡者も合計1万3000人を超えたと見られる。100万人当たりの死亡者数は48人に上り、日本（13人）の約3.7倍に相当する。首都ジャカルタは感染者・死亡者ともに突出しているが、感染拡大に伴い経済が悪化し、貧困人口率も上昇した。

首都／ジャカルタ
面積／191.1万㎢
人口／2億7352万人
1人あたりGNI／4050ドル（日本のおよそ10分の1）

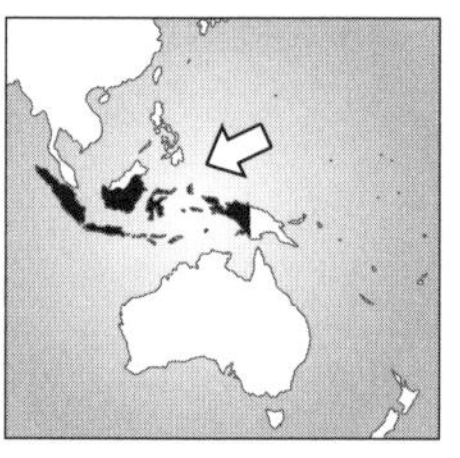

JICAでも初の試み 遠隔通信システムによる人材育成

新型コロナウイルス感染症（以下COVID-19）が世界的に拡大・長期化する一方で、途上国では重篤患者や重篤化する恐れのある患者の治療を担う医師や看護師、医療エンジニアなどの医療従事者の対応力や、感染者を隔離して集中治療（→❶）を行える集中治療設備（ICU）も不足していました。

弊社Vitaarsはコロナ禍以前から国内で遠隔救急・集中治療サービスを行っており（→❷）、コロナ禍で海外との往来が制限されるなか、Vitaarsで使用している遠隔ICU支援サービスを使って日本の集中治療に関する専門医、専門看護師と現地の医師、看護師とを結び、遠隔で集中治療の能力向上を図る、JICAにとっても初の遠隔技術協力に参加することになりました。

2020年からインドネシアを含む開発途上国の医療インフラ

❶集中治療とは、内科系・外科系を問わず、呼吸・循環・代謝などの重要臓器の急性臓器不全に対し、総合的・集中的に治療・看護を行うもので、全身管理が24時間必要となり、高度な知識と経験が求められる。COVID-19に感染した患者も肺炎が悪化して重症化すると急性の呼吸不全になる場合があり、人工呼吸管理や体外式膜型人工肺（ECMO）などの専門の医療機器を用いた集中治療が必要になる。

❷Vitaars（旧T-ICU／本社・兵庫県神戸市）は集中治療の経験を積んだ専門医師・看護師を擁し、集中治療科医が不足する病院などへ遠隔で支援するサービスや、患者を遠隔でモニタリングするシ

や法制度、医療レベルなど、遠隔集中治療支援の実施のために必要な調査を行いました。その後、パイロット活動を3カ国の４病院で展開し、遠隔ICU支援システムを試行的に提供したり、研修プログラムの作成や現地スタッフのレベル向上への協力に努めました。プロジェクトを通じて、合計で12カ国・14施設への技術協力を実施することができました。

Vitaarsの看護師が現地看護師へ集中治療管理に用いる医療機器の操作説明をしているところ（メキシコ・オーラン病院にて）

コロナ重症者を途上国でも救えるよう 高度な集中治療の知識・スキルを現地へ

2021年からスタートした本プロジェクト(→❸)のひとつの柱は、日本国内の集中治療の専門医・看護師による現地医師や看護師への研修・助言・指導を、遠隔ネットワークによって実施するものです。

一般的な意味での遠隔ICUは、いわゆる集中治療室(ICU)に入っている患者さんの容態を遠隔地にいる集中治療を専門とする医師がモニタリングしながら、現場にいる医師にどう治療していくかをアドバイスするものですが、本プロジェクトはそれとは異なり、現地医療機関の医師や看護師の、コロナ重篤患者に対する集中治療の知識・スキルの向上が目的です。最初は遠隔ICU支援システムの使い方から始まり、基礎的な研修からその後はCOVID-19のほか集中治療が必要になるさまざまな症例についての技術的アドバイスを定期的に実施しました。

一方では治療機能強化のニーズが高い現地医療現場に対して、集中治療に必要な医療機材を組み込んだ医療設備等の整備も実施しています。医療機器の取り扱いは専門的な知識が欠かせないため、Vitaarsの臨床工学技士が現地で指導しました。このような取り組みは、今後のICT技術を通じた技術協力のあり方の先駆的な事例になれたのではないかと考えています。

ステムの提供、救急・集中治療に関するスタッフトレーニング、病院でのコンサルテーションを事業としている。

❸本プロジェクトはインドネシアのほか、トンガ、パラオ、セネガル、エルサルバドル、グアテマラ、メキシコ、ボリビア、モザンビーク、フィジー、バングラデシュ、ケニアに対し実施された。

◉この取り組みで思ったこと

例えば寝たきりの状態から起こる床ずれに関する基本的な知識など、途上国の病院では考慮されていないという実態が数多くあり、継続的な研修を行うことも必要だと感じました。

今回の支援に参加して、オンラインとリアルのハイブリッドな支援のあり方の重要性を強く感じました。人材・能力開発においては、相手の人柄だけでなく文化的な背景も含めて理解することが重要です。すべてを遠隔で済ませるのではなく、指導者が現地を訪問することで全体を理解でき、支援をする側受ける側の間の信頼関係構築にもつながります。また、日本の集中治療の質は高いのですが、医師や看護師が日本の現場を離れることはできません。そこで、我々がハブになることで、日本の医師・看護師による遠隔での診療支援が可能になります。今後も遠隔ならではの支援を継続しつつ、専門医としてリアルでの関わりも大切にしていきます。

「ジブンゴト」でルワンダのICT産業を支援

ICTイノベーションエコシステム強化プロジェクト

対象国／ルワンダ（アフリカ）

解説してくれた人／山中敦之さん（JICA国際協力専門員）

ルワンダ共和国

どんな国?▶東アフリカの内陸国で、北はウガンダ、東はタンザニア、南はブルンジ、西はコンゴ民主共和国に接する高原国。1990年代前半にフツ人中心の政府とツチ人の反政府勢力との間で内戦となり、ツチ人とフツ系反政府勢力に対する大量虐殺（80万〜100万人が犠牲）が起こった。コーヒー豆、茶が主要産品で、レアメタルも輸出する。

どんな課題?▶同国は地下資源に恵まれず、また内陸国で港がないことから製造業にも不向きな環境で、人口も少なく国内市場規模が小さいなど開発のうえで多くの課題を抱える。

首都／キガリ
面積／2.6万㎢
人口／1295.2万人
1人あたりGNI／830ドル
（日本のおよそ50分の1）

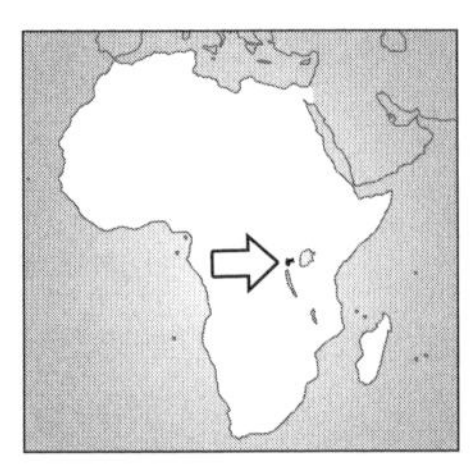

ルワンダが目指すICT立国 オーナーシップ（当事者意識）を大切にしながら支援

同国は2000年に打ち出した国家戦略で情報通信技術（ICT）立国を目指し、アフリカにおける知識集約型産業のハブ（中心）になるという目標を掲げました。その後は政策の展開やインフラ整備、ICT企業の育成などに力を入れてきましたが、振興する側に十分な経験をもつ人材が不足しているという課題を抱えていました。

JICAは2010年から専門家を派遣するなどして支援を開始したのですが、ちょうど5カ年ごとに策定する国家ICT戦略の改定時期でした。国の包括的なICT政策の立案を支援するにあたり、何をすべきで、そのためにどうすればよいのか、政府やNGOの職員、民間の起業家などステークホルダーを集め、彼ら自身に考えてもらいました（→❶）。

❶ルワンダ人自身が自らの手で国づくりをしていくという意思をしっかりともってもらうことが必要だと感じたからである。特にルワンダ人は虐殺を経験したからか、なかなか本音を口に出せない風潮があるため活発な議論が起こりにくい。そこで町から離れた国立公園で合宿をし、少しでも皆が打ち解け話し合いをしやすい環境づくりを工夫した。

国際会議で自社のサービスを紹介するJICAのプログラムで育った起業家

研修で議論しあうルワンダの起業家たち

1年ほどかけてできた計画書は、欧米の支援団体がつくる電話帳のように厚いものに比べるとボリュームのあるものではなかったものの、彼ら自身でつくり上げたことでその実現にまで責任をもつというオーナーシップ（当事者意識）のある戦略となりました。

商工会議所を設立して旗振り役に 起業家を志す若者向けのオープンスペースも

政府の積極的な誘致政策もあってルワンダには海外から熱い目が向けられていました。革新的な企業に対しては規制を緩和することにより、ドローンを使った輸送サービス（→❷）など、先進国では規制によって難しい新規ビジネスの実証実験などものちには行われるようになっていきました。一方で、雇用の受け皿や経済の発展になる現地の民間企業の育成が遅れていました。

真にICT立国を目指すには国内産業の振興が不可欠で、それを担う民間組織の必要性から、ICT戦略づくりの過程で参集した企業家たちと一緒に2011年、ルワンダ ICT 商工会議所を立ち上げ、その活動の一環として起業を目指す若者たちを支援するオープンスペースをつくりました（→❸）。

ただ同国は市場規模が小さく、起業できても成長を実現しにくいという課題が残ります。17年からスタートした本プロジェクトでは引き続きICT関連省庁の政策立案能力の強化のほか、若手起業家の育成のため財務や会計、マーケティングなどの経営ノウハウを学べるプログラムを実施したり、地方でのオープンスペース設立の支援などのインキュベーションメカニズムの構築を支援し、同国の未来を担う起業家への支援を続けています。

❷例えば輸血用の血液を地方などへドローンで輸送するサービスが実用化されている。

❸商工会議所とJICAなどが協力し、2012年にIT関連での起業を目指す若者たちのシステム開発を支援する施設K-Lab（ケーラボ）、2016年には製造業での起業を支援するため、最新の3Dプリンターやレーザーカッターなどの工作機器を使って実験的な製作ができる工房Fab-Lab(ファブラボ)を設立。そこから何人もの起業家が育っている。

◉こぼれ話

私がこの技術協力に最初に関わった2000年代後半は、ルワンダというと悲惨な虐殺のイメージが強く残っていましたが、現在ではICT立国や治安のよさなどの明るいニュースが増えてきました。支援に当たっては、ルワンダ人がオーナーシップを持って国家の将来を考え、実行していくことをサポートする姿勢を重視してきました。あるとき同国のICT大臣から「我々と一緒になって考え、働いてくれるJICAの支援こそ本当のパートナーシップだ」と言ってもらえたときはうれしかったです。

多発するサイバー攻撃に対応できる人材の育成に貢献

ベトナムサイバーセキュリティに関する能力向上プロジェクト

対象国／ベトナム（東南アジア）

解説してくれた人／山崎大人さん（JICA国際協力専門員）

ベトナム社会主義共和国

どんな国?▶インドシナ半島の東側に位置し、国土は細長いS字形の国。共産党の一党支配を堅持しつつ、1986年に社会主義型市場経済を目指す「ドイモイ（刷新）」政策を採択。工業の主力は繊維産業で、ほか携帯電話やPC・電子機器などを主力輸出品としている。

どんな課題?▶同国では2014年からコンピュータウイルスの感染や不正アクセス、情報の漏えいなどのサイバー攻撃による事件・被害（→❶）が急増するようになり、政府機関や組織の情報システムの脆弱性や、ソーシャルネットワークを介した被害による経済的損失が課題となっている。

首都／ハノイ
面積／33.1万㎢
人口／9733.9万人
1人あたりGNI／2590ドル
（日本のおよそ16分の1）

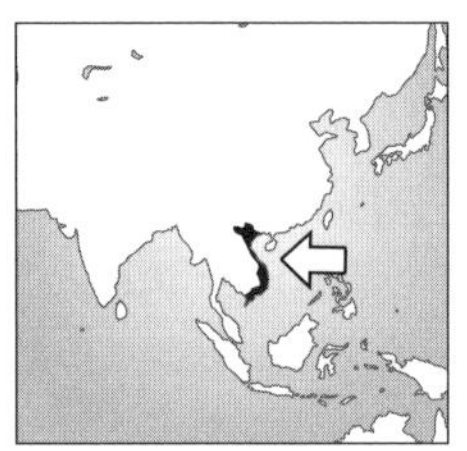

増加するサイバー攻撃に対応できる人材が不足

サイバー攻撃の手口は日々進歩しており、攻撃にさらされる側は絶えずシステムを防御する技術や対策を向上していく必要があります。同国もサイバーセキュリティ対策を高める法律を2007年に制定したものの、実行できるだけの専門的な技術者が不足しており、2016年に発生した重大な事案（→❷）を契機にサイバーセキュリティ能力の向上支援の要請があり、本プロジェクトが実施されました。

サイバーセキュリティには、世界中に出現してきているサイバー攻撃の種類やウイルスなどを把握したうえで、各種攻撃からシステムをどうやって守るか、また自身のシステムのどこに脆弱性があるかなど、さまざまな観点からの対策やそのために身につけるべき知識・スキルがあります。あらゆるサイバー攻撃に対応できる人材育成を目指し、各種の研修を担当省庁職員

❶サイバー攻撃には、ウェブサイトやサーバーに対して過剰なアクセスやデータ送付を行って過剰な負荷をかけ、ダウンさせるサービス拒否攻撃やそれを複数のコンピュータから行う分散型サービス拒否攻撃、国家や組織が特定の組織や企業を標的に長期間かけて機密情報などを狙う持続的標的型攻撃などのほか、ソーシャルネットワークを通じたマルウェア（端末に悪影響を及ぼすコンピュータウイルスなど）の感染、実在の組織などを騙って相手のクレジットカードの暗証番号などを詐取するフィッシングといった不特定多数を狙うものなどさまざまな種類がある。

❷2016年7月にハノイのノイバイ国際空港とホーチミンのタンソンニャット国

オンラインでの「サイバー演習環境構築」研修

に実施しました(→❸)。また知識・スキルが実際に定着したかどうかを確認するフォローアップのプログラムも行い、優秀な受講生にはサイバーセキュリティに関する国際的な資格試験にトライしてもらいました(→❹)。

進化するサイバー攻撃からシステムを守るためには、人材の育成だけでは限界があるため、サービス拒否攻撃対策に必要なシステムの増強や、安全にマルウェアを解析するための環境など、必要な機材の提供も行っています。

スマホの普及で多発する若者たちの被害 犯罪の危険性をアニメで啓発

一般市民、特に若年層に向けての啓発活動も行っています。同国でもモバイル通信が普及し、若年層もスマートフォンを持つのが当たり前になってきており、知らない人とSNSで知り合い事件に巻き込まれたり、フィッシング詐欺被害にあったりと、日本と同様な事例が多発しています。実際の犯罪事例などをわかりやすく伝えるためにアニメーションを制作し、ウェブ上で見られるようにもしました。

また政府機関だけでなく金融機関や電力会社など民間企業を狙った攻撃も増えていることから、研修では日本の省庁などの協力も得て、業界における情報の連携・共有の重要性も伝えました。

際空港でシステムが不正侵入され、運航情報を示す画面の内容が書き換えられるなどして便の運行が遅れるという事件が起こった。

❸同国でサイバーセキュリティを担う情報通信省情報セキュリティ局の職員を中心に154人(累計654人)が研修を受講した。

❹103人(累計248人)が受験し95人(累計192人)が合格。この結果は想定よりもかなり高く、研修生の熱心さが伝わってきた。

4章 Planet 地球

SUSTAINABLE DEVELOPMENT GOALS

気候変動及び
その影響を軽減するための
緊急対策を講じる

⑯ 気候変動

気候変動の脅威に立ち向かう

気候変動による負の影響を受けやすい一方で、開発と気候変動対策を同時に進めるという難しい立場に置かれた開発途上国に対し、その対策能力の向上に協力して地球規模の課題の解決に貢献する。

異常な熱波、寒波、洪水……気候変動がもたらす脅威とは？

2050年までに2億人が移住を迫られ 平均気温2℃上昇で熱波が13.9倍に！

気候変動は、世界のあらゆる国々の持続的な開発と「人間の安全保障」にとって脅威となります。地球全体が温暖化（→❶）しつつあり、異常な熱波や寒波、強い降雨現象、干ばつ・降水不足といった、極端な気象現象が増えるなど、気候・気象の強さや頻度が大きく変化しています。

18世紀後半からの産業革命以降、世界の平均地上気温は上昇傾向にあり、すでに約1.0℃上昇したと考えられています。このまま社会や技術の変革がなければ、さらなる気温の上昇が起こると世界の研究者らによって予想されています（→❷）。

世界銀行の報告（2012年）では、温室効果ガスの排出量（→❸）を早急に減らさなければ、気候変動により2050年までに2億1600万人が移住を余儀なくされると言及しています。

また国連気候変動に関する政府間パネル（IPCC）が発表した2021年の報告書でも、平均気温が2℃上昇すると、50年に一度の熱波が起きる頻度が13.9倍に増加すると指摘しており、早く対策を講じなければ、これまで以上の自然災害の頻発化・激甚化が避けられません。

世界の目標は2050年に「1.5℃」 インフラが脆弱な途上国の対応が急務

国際社会では1992年の国連気候変動枠組条約の採決以来、気候変動への取り組みを進めるなか、

❶大気中の二酸化炭素やメタンには地表を温める働き（温室効果）があり、国連気候変動に関する政府間パネル（IPCC）による2021年の報告（第6次評価報告書）は「人間の影響が大気、海洋及び陸域を温暖化させてきたことには疑う余地がない」とし、人類起源の気候変動が世界中のすべての地域で、多くの気象及び気候の極端な現象にすでに影響を及ぼしていると指摘している。

❷世界平均気温の変化と予測

2030～2052年の間に1.5℃に到達する見込み

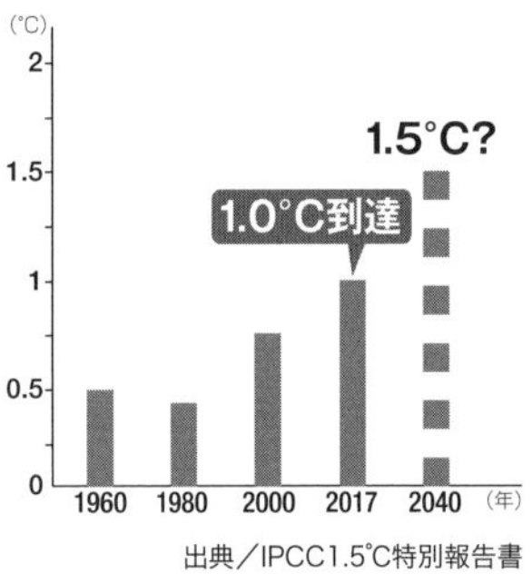

出典／IPCC1.5℃特別報告書

❸人為起源の二酸化炭素排出量の推移

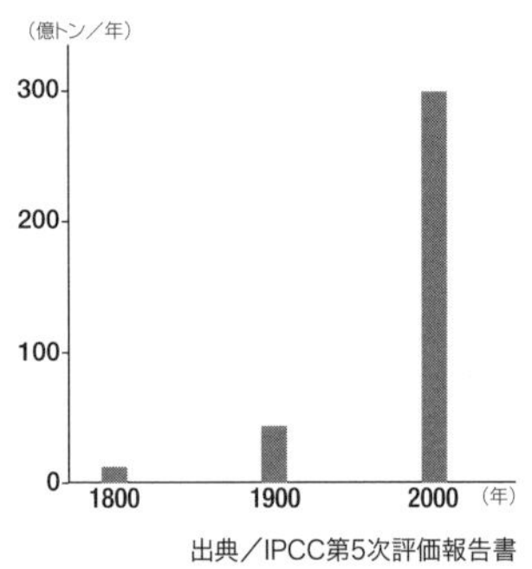

出典／IPCC第5次評価報告書

2015年に合意された「パリ協定」において、産業革命前と比較して世界の平均気温上昇を2℃より十分低い水準に保ち、1.5℃までに抑える努力をすることと、そのために人為的な温室効果ガス排出量を今世紀後半に実質ゼロとすること、さらに各締約国が定める削減計画の義務化を採択しました。

パリ協定の「1.5℃目標」を2050年に達成するためには、温暖化の最大の要因である二酸化炭素（→❹）の排出量を、2010年度比で2030年までに45%削減する必要があります。

しかし、社会基盤が整ってない開発途上国にとって、温室効果ガスの排出を抑えながら経済発展を目指すことは難しい課題です。それだけでなく、途上国の多くではインフラが脆弱なことから、気候変動にともなって自然災害が頻発し、被害が大きくなる傾向があり、早期の対策･対応が求められています。

❹温暖化の原因の約6割が二酸化炭素、約2割がメタン、残りが一酸化二窒素（N_2O）、フロン類とされる。

日本とJICAがこの課題に取り組む理由

気候変動は世界各国共通の課題であり、その解決には技術革新や社会経済システムの変革が不可欠であることから、先進国が主導する必要があります。

日本は、これまでも国際社会における気候変動対策の推進に貢献してきており、特に社会システムが脆弱な途上国はパリ協定が求める気候変動対策（各種計画策定・更新や隔年透明性報告書の作成・計画など）に基づき対策を実施する能力が十分ではなく、日本の知見・経験は有益です。JICAは過去の経験とネットワークを生かし、気候変動対策を開発課題に取り入れた協力で貢献することができます。

2つの方針で問題解決を考える!

Approach 1 パリ協定の実施促進

途上国では、経済成長と人口増加により温室効果ガス排出量が増加傾向にありますが、パリ協定に規定された排出量削減や適応能力の強化(→❶)などを途上国が自国だけで行うには資金や技術が十分ではありません。そこで、各種計画の策定や実施、モニタリングなどに必要な技術の向上や、気候変動問題に取り組む組織の対応能力の強化に協力することで、途上国の気候変動対策を促進するため、以下の支援に力を入れます。

⑴計画の策定・実施の支援

技術協力プロジェクトや課題別研修などを通じて、途上国の担当部局に対し、気候変動対策の計画・長期戦略などの策定・実施やモニタリングに必要な能力強化を支援し、途上国の「ネット・ゼロ」社会への移行と気候変動に強靭な国づくりを推進します。

⑵温室効果ガスインベントリ、透明性の枠組みを強化

パリ協定で義務づけられた温室効果ガスインベントリ(年間の温室効果ガス排出・吸収量を国ごとにまとめた一覧表)や、国別の削減目標の進捗状況を2年おきに報告する「隔年透明性報告書」を継続して提出できるよう、途上国の能力を強化します。

⑶気候資金の導入・活用

日本の「気候変動対策プログラム・ローン」(→❷)や「緑の気候基金」(→❸)などを活用して途上国政府

❶パリ協定においては先進国・途上国を問わず、すべての締約国に自国で決定する削減目標の作成・維持・国内対策のほか、気候変動への強靭性のための国別適応計画の策定・体制整備、削減の実施状況を2年おきに報告、審査を受けることなどが義務化された。

❷気候変動対策に焦点を当てた開発政策借款の一種。対象国政府との間で合意した気候変動対策のためのアクションの達成状況を確認し、政策の改善を促すねらいがある。

❸緑の気候基金
Green Climate Fund (GCF)
開発途上国の温室効果ガス削減(緩和)と気候変動の影響への対処(適応)を支援するため、国連気候変動枠組条約に基づき資金供与制度の運営を委託された基金。小島嶼開発途上国や後発開発途上国などの気候変動による影響に脆弱な国への資金供与が重視されている。

の取り組みを後押しし、政策面における気候変動対策の主流化を促進します。

Approach 2 コベネフィット型気候変動対策

気候変動対策は、対策の効果が自国に限定されず、短期的に表れないことから、特に途上国においては政策課題として後回しにされがちです。そうした状況下で気候変動対策を推進するには、開発課題の解決が気候変動対策にもなるコベネフィット（相乗便益）アプローチが重要になります。JICAは、温室効果ガスの排出削減・吸収増進に取り組む「緩和策」と、予測される気候変動による被害の回避・軽減を図る「適応策」の両方を取り入れつつ、開発課題の解決に取り組みます（→❹）。

あらゆる開発事業に気候変動対策を組み込むことで、排出量の削減や、気候変動に強靭な社会の構築に貢献します。

2030年への目標

★10カ国以上で気候変動対策の各種計画策定・更新及び実施。1万人以上の人材育成。
★毎年1兆円の気候資金を導入・活用する。
★気候変動に対する適応策を2019年実績値から倍増させる、など。

❹例えば都市公共交通の整備の際に低炭素で環境負荷の低い性能の車輌などの導入や、また国際自然保護連合などが定義づけした「自然を基盤とした解決策」※のように、水の安定確保や自然災害リスクの低減など、生態系の多面的なサービスを活用して複数の社会・環境課題に同時に対処するアプローチも含む。

※社会課題に効果的かつ順応的に対処し、人間の幸福および生物多様性による恩恵を同時にもたらす、自然の、そして、人為的に改変された生態系の保護、持続可能な管理、回復の方法。

気候変動「緩和策」「適応策」に協力

インドネシア気候変動対策能力強化プロジェクト

対象国／インドネシア（東南アジア）

解説してくれた人／川西正人さん（JICA国際協力専門員）

インドネシア共和国

どんな国?▶東南アジア南東部、大小多くの島々からなり、面積は日本の約5.5倍、ジャワ島に人口の3分の2が集中する。世界最大のイスラム教徒人口を抱える。原油などの地下資源が豊富で液化天然ガスの輸出に力を入れる。

どんな課題?▶同国は森林伐採や経済成長により世界有数の温室効果ガス排出国（→❶）である一方、気候変動の影響と見られる豪雨や干ばつなどの被害が増えており、対策が急務となっている。

首都／ジャカルタ
面積／191.1万㎢
人口／2億7352万人
1人あたりGNI／4050ドル（日本のおよそ10分の1）

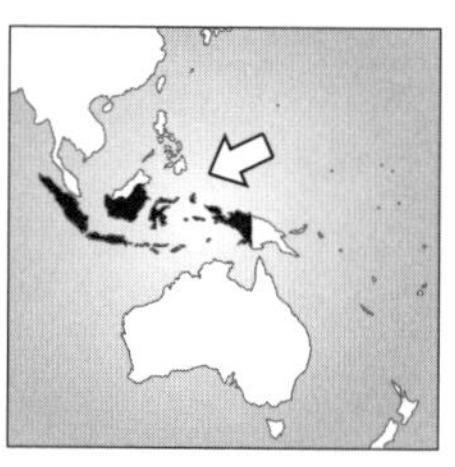

気候変動対策に積極的なインドネシア温室効果ガス排出・吸収量の算定にも協力

インドネシアは、2007年に開催された気候変動対策の国連の会議「COP13」の議長国を務めるなど、気候変動問題に関する国際交渉に重要な役割を果たしてきました。2009年には、2020年までの温室効果ガス排出量の26%削減（→❷）を自主的な目標として掲げました。これは同国にとって初めての数値目標でしたが、その達成に向けた取り組みなどを、政策・実施面から後押しするため、気候変動プログラムローンに加えて、2010年より、JICAは気候変動対策能力強化プロジェクトを実施しました。

開発途上国を含む各国は、年間に排出・吸収する温室効果ガスの量をとりまとめた一覧表を国連に提出することが義務づけ

❶国別の温室効果ガス排出量
→インドネシアは世界５位

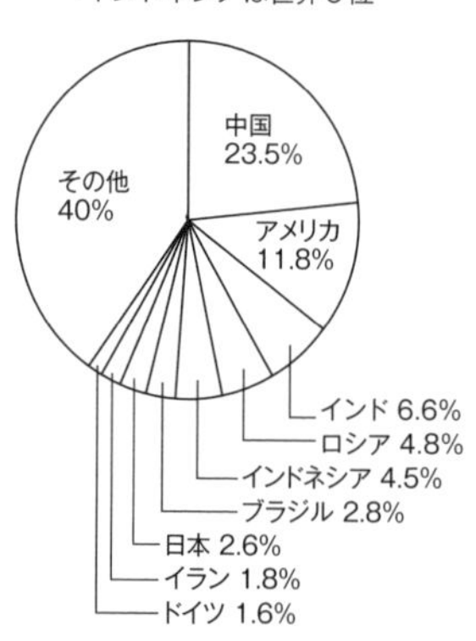

出典／Climate Warch 2020

廃棄物分野での温室効果ガス排出量算定のため、処分場（北スマトラ州）を調査する様子

られています。これは、各国が対策を進める上で重要な基盤となります。しかし、同国にはデータの取得や算定方法に課題があったことから、本プロジェクトの一環で、正確な一覧表を作成する能力の強化を目指した協力を行いました。

特に要望の強かった廃棄物分野では、排出量の算定に必要となる廃棄物の種類や量を正確に把握し、算定方法の改善を行うため、パイロット地区となった2つの州を、インドネシアの行政官や技術者と一緒に回り、実施調査に協力しました。その結果、それまで同国で報告されていた排出量の数値と大きな違いがあることがわかりました。政府の担当者にとって、正確な算定の必要性を実感する大きな契機となり、その後も、同国では自主的な改善努力が継続的に続けられています。

「適応計画」の策定・実施にも協力
日本の高精度気候モデルを活用

州や分野ごとの目標設定や削減策の立案にも協力し、実施を後押ししました。こうした取り組みをベースに、その後、インドネシア政府はさらに高い志を掲げ、2021年に発表した長期戦略では、2060年までに温室効果ガスの排出量を実質ゼロにする目標を表明しています。

一方で災害の激甚化などを踏まえ、本プロジェクトでは、同国で初めてとなる「国家適応行動計画」の策定にも協力しました、同時に、気候変動の影響から農家を守るため、農業保険の導入に協力しました。

本プロジェクトのフェーズ2（2019年～）では、特に適応策への協力を続け、日本の高精度な気候モデル（→❸）の活用などを通じて、同国の「気候変動に強靭な開発」に貢献しています。また、農業保険についても、別のプロジェクトを立ち上げ、さらなる普及に協力しています。

❷何も対策を講じなかった場合と比較しての数値。

❸大気がどう動き、雨がどのように降り、海水がどう動くかといった自然現象を流体力学や熱力学をはじめとする物理法則に従って定式化し、コンピュータによって地球上の気候を再現する計算プログラム。スーパーコンピュータの性能の向上により、より精度が高く、より長期の予測が可能になりつつある。

◉こぼれ話

本プロジェクトが開始された2010年は、インドネシアの気候変動対策が本格化し始めた時期でした。それから十数年を経て、「2060年ネット・ゼロ」という目標が掲げられたことに、驚きとともに、同国の意気込みを感じます。また、国家開発計画に気候変動の視点を織り込み、「気候変動に強靭な開発」を進めることにも熱心です。日本も学ぶところが多いと感じます。

唯一無二の生態環境と調和しながら洪水から農業と人々の暮らしを守る

ハオール地域洪水対策・生計向上事業

対象国／バングラデシュ(アジア)

解説してくれた人／松村直樹さん(JICA地球環境部)

バングラデシュ人民共和国

どんな国?▶国土の大部分がガンジス・ブラマプトラ・メグナ川が形成したデルタ地帯にあり、標高が低く、雨季に洪水が頻発する。衣料品･縫製品産業、ジュートや米などの農業が主要産業。

どんな課題?▶同国は雨季になると、インド側に降った雨が同国面積の12倍以上の流域面積から河川を通じて流れ込んでくることから、国土の5分の1以上が水没するなど毎年のように自然災害に悩まされている。ハオール地域は同国ボロ米(→❶)生産量の17%を占める一大生産地だが、居住区の浸食や農家の貧困などが深刻である。

首都／ダッカ
面積／14.8万㎢
人口／1億6468.9万人
1人あたりGNI／1940ドル
(日本のおよそ21分の1)

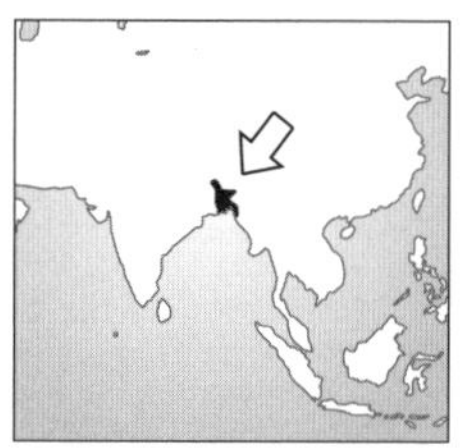

雨季に大部分が水没するハオール地域 負担の少ない「堤防づくり」を支援

同国北東部のメグナ川上流域で低湿地帯が広がるハオール地域は、雨季になると約8600㎢(兵庫県面積に匹敵)の盆地のほとんどが水没してしまうため人々はわずかな微高地に住み、乾季(11月〜4月)は米を中心とした農業、雨季(5月〜10月)は漁業で生計を立てています。しかし近年降雨パターンの変化で、フラッシュフラッド(鉄砲水)が米の収穫前に多発するなどし、米収穫の不安定化、農家の生計悪化が顕著になっていました。JICAは2014年から同地域の洪水対策と農漁業生産性の向上を目指す有償資金協力を実施することになりました。

同地域では昔からの知恵として、フラッシュフラッドから農地を守り、雨期には水没する「潜水堤防」(→❷)がつくられてき

❶バングラデシュの稲作は、雨季の初めに収穫されるアウス米、雨季後に収穫されるアマン米、乾季に生育・収穫されるボロ米に大別される。

❷雨季前の4月〜5月に、インド側上流での豪雨により水位が急速に上昇し耕作地に浸水するのを防ぐための、乾季の地上から2mほどの堤防。

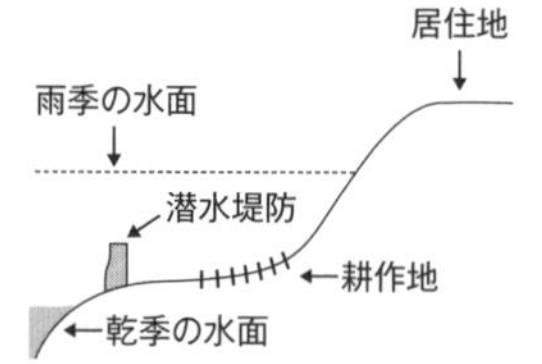

ハオール地域の潜水堤防

ました。ただ土などを盛っただけで強度が低く、雨季に水没している間にあとかたもなく崩れることも多く、乾季の修復作業が住民の負担になっていました。

潜水堤防の整備・改修を支援するにあたり、重視したのは住民自身で補修・維持管理できるよう、国内で入手しやすい材料を使うことでした。同地域は広大で雨季に大部分が水没するため、道路が整備されておらず、身近な材料でないと補修ができないからです。また、同地域にはラムサール条約(→❸)に登録されている湿原も含まれることから、自然環境や生態系への配慮も必要でした。

❸1971年にイランのラムサールで採択されたことからこの名称で呼ばれるが、正式には「特に水鳥の生息地として国際的に重要な湿地に関する条約」。渡り鳥などの生息地として重要度の高い湿地を登録し、保護を義務づけるもので、日本でも釧路湿原(北海道)などが登録されている。

整備・改修した堤防は総延長350㎞
農村インフラの整備や養殖などの気候変動適応策も

そうした点を踏まえ、堤防をしっかりと締め固め、場所によっては幅を広げるなどし、大幅な強化を図りました。日本の堤防に比べると強度は劣るものの、毎年の補修にかかっていた住民の負担は軽くなります。また潜水堤防だけでなく、排水路や水門なども整備し、増水時に水を排出して被害の拡大を防ぐ対策を行いました。補強した潜水堤防は総延長350㎞に達しましたが、それでもハオール地域すべてを守ることはできません。

そこで、こうした対策と平行しながら、乾季の間でも収穫できる成長の早い稲の品種の導入や他の作物の生産性向上、洪水が引いた後に残る池を使った養殖事業、農村から都市へ収穫物をより早く運ぶための洪水に強い道路の整備など、住民の収入が安定するような支援も行っています。

◉こぼれ話

大変だったのは、乾期には農地だったところが雨季になると一面の海のように何もかも水に沈んでしまう様相の変化です。堤防の補修は乾季にしかできませんが、道路が整備されていないために移動が難しく、雨季は作業ができない代わりに船で自由に移動できるようになることから、材料や重機などは雨季に運んでいました。

2022年に過去20年間で最悪といわれた大洪水が発生したものの、堤防を補強した地域の被害はそれまでに比べて少なく、日本が私たちのために支援してくれたおかげだと住民の皆さんがとても喜んでくれたことで、現地の期待にも応えられたのかなと思っています。

都市鉄道への支援で温室効果ガス削減にも貢献

ホーチミン市都市鉄道建設

対象国／ベトナム（東南アジア）

解説してくれた人／清水忠さん（東京地下鉄株式会社）

ベトナム社会主義共和国

どんな国？▶インドシナ半島の東側に位置し、国土は細長いS字形の国。共産党の一党支配を堅持しつつ、1986年に社会主義型市場経済を目指す「ドイモイ（刷新）」政策を採択。工業の主力は繊維産業で、ほか携帯電話やPC・電子機器などを主力輸出品としている。

どんな課題？▶同国最大の都市で約900万人（2019年）が暮らすホーチミン市は急激な経済発展と人口増加が進んできたが、市民の足はもっぱらバイクで、慢性的な交通渋滞と大気汚染が社会問題化していた。道路整備とバス活用による都市交通整備は限界に達している。

首都／ハノイ
面積／33.1万㎢
人口／9733.9万人
1人あたりGNI／2590ドル（日本のおよそ16分の1）

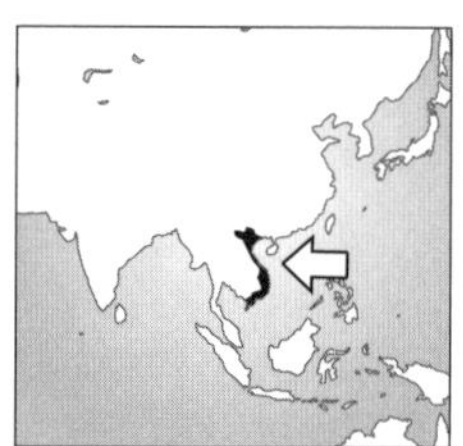

ホーチミンに誕生する初の都市鉄道「東京メトロ」がソフト面で協力

ホーチミン都市圏の人口は1995年の659万人から2046万人（2019年）に、また同市のバイク登録台数も121万台（1990年）から4119万台（2014年）に急増しています。もはや道路整備では交通需要をカバーできないため、2012年から都市鉄道の建設（→❶）が始まり、JICAでは「都市鉄道1号線」（市中心部のベンタインと市東部のスオイティエンを結ぶ19.7㎞の路線）を支援してきており、路線の建設だけでなく鉄道運営会社の能力強化を含めたハードとソフトの両面で開業をサポートしています。

安心で安全、利用者の満足度の高い鉄道運営のためには、運転士や駅員のほか、安全な運行に欠かせない保守点検の技術者・

❶現在８路線が計画されており、日本も円借款を供与しているほか、アジア開発銀行やドイツなども協調融資を行って支援している。

提供／東京地下鉄株式会社（2点とも）

東京メトロの施設で説明を受けるベトナム側担当者たち

作業員、運行管理オペレーターなどの育成が必要です。また、個々の人材育成だけでなく、鉄道運営を組織として維持管理していく会社も必要であり、この会社の体制づくり・能力強化に協力しているのが私たち東京メトロです。

東京メトロは2013年～16年に同じベトナムの首都ハノイでの都市鉄道運営会社の設立支援事業に関わった経験があります。それを生かし、ホーチミンの新しい都市鉄道を運営することになる事業者「ホーチミンメトロ」の中核となる人材が、最終的に自分たちの力で経営・運営し、安心で安全な運行ができるよう支援することにしました。

日本の地下鉄現場で研修
鉄道会社を指導・監督する仕組みも

日本の都市鉄道の特徴である、大量輸送や高頻度運行をイメージしやすくなるように、写真や動画などを使い、基本的なことを学んでもらうところからスタートしました。また日本での2週間程度の研修も実施し、車両や駅をはじめ東京メトロのさまざまな現場や運行保守に関わる機材、機器などを実際に見学してもらいました（→❷）。

都市鉄道の開業にあたって整備しなければならないのは鉄道運営会社だけではありません。ホーチミン市などの行政が鉄道会社を監督・指導する必要があり、運賃に関する規定や鉄道を利用する際のルールなどを決める必要があります。プロジェクトでは、こうした鉄道運営の規定作成についても支援しています。

❷日本での研修に参加した人からは「どこへ行っても整理整頓されていることから秩序を感じる。だから毎日のラッシュも安全に運行できているんだ」と、業務以外のことからも多くを学ぶことができたようである。

◉こぼれ話

当初は2019年の開業を目指していましたが、工事の遅れやコロナ禍の影響などで、残念ながら開業は23年以降に延期されています。しかし、高架部分ができたり、駅の工事が始まったり、車両が搬入されたりと徐々にですが新しい都市鉄道の姿が目に見えるようになって、職員の意気込みが増してきたように思います。さらには試運転も始まり、市民の期待が高まっていることも感じます。その点でも彼らの意気込みにしっかりと応えられるように開業まで支援し続けたいと思っています。

4章 *Planet* 地球

SUSTAINABLE DEVELOPMENT GOALS

気候変動及び
その影響を軽減するための
緊急対策を講じる

持続可能な開発のために
海洋･海洋資源を保全し、
持続可能な形で利用する

陸域生態系の保護、回復、
持続可能な利用の推進、
持続可能な森林の経営、
砂漠化への対処、
ならびに土地の劣化の防止・回復
及び生物多様性の損失を阻止する

⑰ 自然環境保全

次の世代へ豊かな自然の恵みを引き継ぐ

持続可能な地球システムにとって重要な自然環境の減少・劣化を防ぎ、守るべき自然の価値や現状を把握して多くの恵みを享受し続けられる社会を目指す。

森林、湿地、マングローブ林が減少するとどうなる?

SDGsワード

❶生態系サービス

⑴食料・水などの供給サービス、⑵気候調節や水源涵養(降水の貯留や水質浄化など)、自然災害の低減などの調整サービス、⑶レクリエーションや信仰対象としての文化的サービス、⑷野生生物の生息地や土壌など生態系の基礎を形成する基盤サービス、の4つに区分される。国連の呼びかけで2001〜05年に実施された生態系に関する大規模な総合的評価「ミレニアム生態系評価」による。SDGsにおいても生物多様性を含む自然資本は持続可能な社会づくりの根幹を支える役割を担っている。

❷湿地帯に多く存在する泥炭には、世界の森林の2倍近くの炭素が貯留されているといわれる。排水による乾燥化や、それに伴う火災の発生などで、大気中に放出される二酸化炭素などの温室効果ガスの増加が懸念されている。

人類の生存に欠かせない自然環境の減少・劣化が引き起こす脅威

人々の生活、経済・社会は、豊かな自然環境からさまざまな恩恵(生態系サービス→❶)を享受することで成り立ってきました。健全な自然環境が提供する多面的サービス(便益)は人類の生存と良質な生活、すなわち持続可能な社会づくりに欠かせません。

しかし、人間活動の急激な増大が大規模で急激な自然環境の劣化を引き起こし、気候変動や生物多様性の損失などのかたちで、我々の生活にも大きな影響を及ぼしつつあります。特に自然環境を生活の基盤とする途上国の人々にとって、自然環境の減少・劣化が引き起こすさまざまな影響は、生命・財産を脅かす大きな脅威となっています。

過去30年で日本5個分の森林が消失湿地やマングローブ林の減少も深刻化

陸域生物種の約8割が生息・生育し、水源の涵養(かんよう)や炭素固定などの機能をもつ森林は、農地や都市などへの土地利用の転換により、過去30年で約1.78億ha(日本の国土面積の約5倍)が失われました。同様に生産力が高く多くの特有な動植物を育み、水量・水質の調整機能をもつ湿地(→❷)に至っては、1700年からの300年で9割近くが消失しています。

沿岸域の劣化も深刻な問題です。陸域からの栄養塩や淡水が流入する沿岸域には多様な生物種が見られ、特に熱帯・亜熱帯の沿岸域に広がるマングローブ林は稚魚の成育地として水産資源の供給源であるだけでなく、高波などの自然災害を軽減したり、多くの炭素を貯留する機能（→❸）があります。このマングローブ林も、エビ養殖場への転換などにより、この30年で世界全体の約7%（約100万ha）が消失しています。

❸単位面積あたりでは、マングローブ林は陸上熱帯林よりはるかに多くの炭素貯留量をもつことが報告されている。

100万種の生物が絶滅の危機 回復能力の限界を超える前に対策を

　こうした自然環境の劣化により、人類史上かつてない速度で生物多様性が失われつつあります。すでに、動植物相のうち平均約25%が絶滅危惧種となり、推計で100万種が絶滅の危機に瀕しています。適切な対処を取らなければ、その多くが今後数十年で絶滅する恐れがあるとされています。

　これまでも環境保全や生物多様性の重要性は国際的に共有され条約も整備されたものの、十分な効果があったとはいいがたい状況です。今後も人口増加や天然資源の需要増が見込まれ、放置すれば地球環境が本来もつ回復能力の限界を超え、人々の生活に取り返しのつかない（不可逆的な）変化が起こる可能性（→❹）も指摘されています。

❹環境学者のヨハン・ロックストロームらが提唱したプラネタリー・バウンダリー（人間活動による地球システムへの影響についての指標）では、9の環境要素のうち4つでリスクが増大する不確実性の領域に達し、うち「種の絶滅の速度」「窒素・リンの循環」は不確実性を超えて高リスクの領域に達していると分析。今後さらにリスクが増大した場合、回復不可能な変化が引き起こされる可能性が高いと警鐘を鳴らしている。

日本とJICAがこの課題に取り組む理由

　開発と自然環境保全の課題は、日本自身が発展するなかで取り組んできた経緯があります。持続的な森林管理に必要な計画や法制度を経験として蓄積してきただけでなく、熱帯地域の森林監視に適した地球観測衛星「だいち2号」をはじめ、資源状況を把握するための精度の高い日本のモニタリング技術・手法は途上国からも高い評価を得ています。

　途上国での持続可能な土地利用や森林保全に協力することは、多くの資源を輸入に頼る日本の国益とも合致します。また、現地に寄り添い着実な技術移転・人材育成を行ってきたJICAの経験も協力の支えになるでしょう。

4つの取り組みと2つの方針で自然環境の保全を!

SDGsワード
❶アグロフォレストリー
(Agroforestry)
農業(agriculture)と林業(forestry)の造語。森林を保全・管理しながらその間の土地で農作物の栽培や家畜の飼育などを行うもので、森林とその生態系を維持しながら農業経営を行う手法。森林保全と農業経営を両立させ、SDGsの目標にも合致する技術として注目されている。

SDGsワード
❷ESG投資
ESGはEnvironment(環境)、Social(社会)、Governance(企業統治)の頭文字で、これらに配慮する企業を重視して行う投資のあり方。

共通する4つの取り組み

(1)科学的情報基盤の整備

守るべき自然を特定し、その価値や現状を客観的に評価するにはモニタリング体制が不可欠です。衛星画像やドローンなどを活用し、信頼性の高い情報を収集しながら、違法伐採の監視や森林火災の早期検知などの体制を構築します。

(2)政策・計画

自然環境保全と開発を両立させるには全国レベルでの制度づくりや、地方レベルでそれを実施する能力が必要です。開発側である農業・水産・観光セクターとの連携も含め、対象国の中央・地方政府双方の能力向上を支援します。

(3)地域の現状を踏まえた実証・モデル化

自然保護区などの現場で働く人々の実践能力を強化し、スケールアップできるようモデル化に取り組みます。その自然を利用してきた地域住民とも協働し、アグロフォレストリー(→❶)やエコツーリズムなどの代替生計手段の創出や環境教育にも協力します。

(4)リソースの確保・スケールアップ

途上国では自然環境を保全するための財源や体制の不足が課題。緑の気候基金(GCF)といった多国間基金から資金を獲得したり、ESG投資(→❷)の一環として環境保全活動を行う民間企業・NGOとも連携し、対象国の自立、スケールアップを促します。

Approach 1
陸域における自然の豊かさを守る

熱帯林では、REDD+（→❸）や住民の代替生計手段の導入、違法伐採の監視など、現地の状況を踏まえて減少・劣化防止に努めます。過度な伐採・放牧により植生が失われた乾燥・半乾燥地では、植林などによる森林の回復や土壌劣化対策のほか、自然災害に対し脆弱な地域にはEco-DRR（→❹）なども導入します。湖沼や湿原などの湿地では、流域全体の環境を統合的に管理する体制・計画をつくり、水の流入量変化や水質・資源の保全に取り組みます。

Approach 2
海域（沿岸域）における自然の豊かさを守る

過度な資源の採取や埋め立て、養殖地造成などにさらされている島嶼国・熱帯地域の沿岸域生態系（マングローブ林やサンゴ礁）を対象に、陸域も含めた統合的な管理計画・体制を築き、持続可能な沿岸漁業・養殖、観光資源を生かした生計向上に協力していきます。特に小島嶼国にとって沿岸域の生態系は島民にとって生命線であり、自然の防波堤でもあるため、海面上昇などの気候変動への適応についても最優先課題として取り組みます。

2030年への目標

- ★陸域の自然環境保全を担う中央・地方政府で40以上の体制を強化し、そのための行政官を1万人以上養成する。
- ★沿岸域の自然環境保全を担う中央・地方政府で8以上の体制を強化し、そのための行政官を2000人以上養成する。

SDGsワード

❸REDD＋（レッドプラス）

「途上国における森林減少・劣化に由来する排出の抑制、ならびに森林保全、持続可能な森林経営、森林炭素蓄積の増強」を意味する英文の頭文字。途上国が森林保全に取り組み、温室効果ガス排出量を削減したりその吸収量を増やした努力に、先進国が経済的支援を実施するメカニズム。途上国にとって森林保全が経済的なメリットになることで、これを促進するねらいがある。

SDGsワード

❹Eco-DRR

「生態系を活用した防災・減災」を意味する。マングローブ林による津波被害の軽減やサンゴ礁による高潮被害軽減、湿原による洪水調整など、生態系の防災機能を積極的に活用し、生態系を維持しながら災害に強い地域をつくるという考え方。

日本の衛星観測技術とAIを使い アマゾン熱帯林の違法伐採を減らす

先進的レーダー衛星及びAI技術を用いたブラジル アマゾンにおける違法森林伐採管理改善プロジェクト

対象国／ブラジル（南アメリカ）

解説してくれた人／小此木宏明さん（JICA専門家）

ブラジル連邦共和国

どんな国?▶南アメリカ最大で世界第5位の面積（日本の約23倍）をもつ。鉄鉱石や天然ガスなどの資源が豊富。コーヒー、大豆など農業を大きな輸出産業とし、南米最大の経済規模を誇るが、経済格差が大きい。

どんな課題?▶世界最大の熱帯林であるアマゾン地域では、2000年代初めまで森林伐採面積が毎年およそ20000㎢（長野県+茨城県の面積に匹敵）に及んでいた。政府が08年に伐採面積の削減目標を設定したが違法伐採は後を絶たず、20年は約10800㎢、21年は約13200㎢の森林が消失している。

首都／ブラジリア
面積／851.6万㎢
人口／2億1255.9万人
1人あたりGNI／9270ドル
（日本のおよそ5分の1程度）

後を絶たない違法伐採で減少し続けるアマゾン

　ブラジル政府が定めている法定アマゾン地域の熱帯林は温室効果ガスの削減といったグローバルな観点だけでなく、水資源や生物多様性の保全、持続的な自然資源利用の場としても重要なものです。ただその一部地域は国内的・国際的な食料生産の場の役割も果たしており、環境保全と開発を両立させながら（→❶）違法伐採を取り締まる同国政府にJICAも協力しています。

　アマゾン地域には私有地が多数存在し、また所有権がはっきりしていない土地もあり、一定期間が過ぎると違法な伐採を行った者にその土地の所有権が認められてしまうケースもあるといいます。そうした土地は農地として利用されることが多く、違法伐採の業者たちは商業的に価値のある木を切り出してから、利用しやすいように一帯を燃やしてしまったりします（→❷）。

❶同国の森林法では、法定アマゾン地域では所有地の80%の土地を保全し、残り20%までの土地の利用を許可している。

❷実際に違法伐採が行われた現場に足を運ぶと、その規模の大きさに驚く。東京ディズニーランド2つ分に相当する100haという広大な森林が焼き払われ、見るも無惨な状態になっていた。乾期には火が完全に消えずに燃え続けているような場所もあった。

❸牛などのはんすう動物は食べたものを消化する際に温室効果ガスの一種であるメタンガスを口からげっぷとして排

最近では肉牛用の牧場に転用されることも多く、森林が減少するだけでなく、牛によるメタンガスの増加（→❸）も懸念されています。

違法伐採業者らに焼き払われたアマゾンの森林

日本の最新衛星による観測技術とAIで違法伐採を予測

かねてから日本の面積の約10倍（330万㎢）に及ぶ広大な森林の監視に人工衛星の活用が有効と考えられており、1988年からブラジル国立宇宙研究所が実施してきたものの、雨期の観測が難しかったため、日本のレーダー衛星データを使った協力を2009年より行っていました（→❹）。当時は同じ地域を撮影した複数の画像を比較して違法伐採の有無を調べ、現地に取締官が向かう方法でしたが、要員は5チーム50人ほどで、しかも近くの町ですら車で数時間、遠い現場だと1日や2日かかることも珍しくなく、やっと到着してもすでに伐採者が姿を消していて検挙にいたらないというケースもありました。検挙数は2020年に約1000件、21年に約1500件で、それらは氷山の一角です。

そこで新たな陸域観測技術衛星「だいち2号」とAI技術を使い、伐採される場所を予測することで検挙率を高めようと始められたのが今回のプロジェクトです。

違法伐採の傾向として、業者らも車を使うため、新しい道路が整備されるとその付近で多く発生し、光学衛星では観測が難しくなる雨期とその前後に伐採が頻発していました。こうした違法伐採の場所や時期のパターンをAIで分析し、正確な予測のためのプログラムづくりを行っています。それには、これまで伐採された場所や時期だけでなく、発生時の天候、法律の改正や大統領の交代といった社会的な動き、違法伐採業者の行動パターンなど多くのデータが必要です。ある程度集まった時点で実際に予測プログラムを運用し、データの取捨選択・追加をしながらプログラムの精度を高めていく予定です。

出する。その総量は世界全体の温室効果ガス排出量の4％を占めるとされ、「気候変動に関する政府間パネル」（IPCC）の報告書でも気候に影響を与えているもののひとつとして挙げている。

❹これまでブラジル側が監視に使用していたのは光学衛星から撮影された画像だったため、雨期に雲でおおわれているときは地表面を観測できなかった。そのため、宇宙航空研究開発機構（JAXA）の協力を得て雨天や夜間でも地表面を観測できる高性能レーダーを搭載した日本のレーダー衛星「だいち」のデータを使用した違法伐採防止プロジェクトを実施し、1000件を超える森林減少を検知し，150件以上の違法伐採検挙に貢献した。その後、JICAとJAXAが連携して開発途上国の森林資源の保全などを目的とする「JICA-JAXA熱帯林監視プログラム」を実施し、陸域観測技術衛星「だいち２号」の観測データを用いて違法伐採による森林減少抑制施策に貢献する「JICA-JAXA熱帯林早期警戒システム」ウェブサイトの構築・運用、その人材育成も2016年から行っている。

住む人々の農業・漁業も守りながら国立公園の貴重な生態系も残す

ディヴィアカ・カラヴァスタ国立公園における生態系に基づく管理に係る能力開発プロジェクト

対象国／アルバニア（ヨーロッパ）

解説してくれた人／浅野剛史さん（日本工営株式会社）

アルバニア共和国

首都／ティラナ
面積／2.9万㎢
人口／287.8万人
1人あたりGNI／5220ドル（日本のおよそ8分の1程度）

どんな国?▶バルカン半島の小国で地中海（アドリア海、イオニア海）に面する。長らく社会主義一党独裁体制下にあったが東欧改革の影響から1991年に初の自由選挙を実施、大統領制に移行。クロムや銅などの鉱山資源が豊富で、農業や軽工業を主要産業とするが、欧州の最貧国のひとつ。

どんな課題?▶同国ディヴィアカ·カラヴァスタ国立公園内は河口、砂丘、干潟、森林など多様な自然環境からなり、多様な生物が生息しているが、近年の都市化や観光客の増加、農業・漁業などの経済活動、堆砂による生態系への影響が懸念されている。

持続的な公園管理で守りたい貴重な動植物の楽園

ディヴィアカ・カラヴァスタ国立公園（→❶）には228種の鳥類、25種の哺乳類、29種の爬虫類など多様な生物種が生息し、なかにはニシハイイロペリカンやアカギツネ、ノロジカなど絶滅が危惧される動物も含まれています。ラムサール条約（→❷）に指定されている公園内の湿原には多くの渡り鳥も飛来します。この貴重な生態系と野生動物の保護を目的に、JICAは2012年〜14年に技術協力プロジェクトを実施し、公園管理委員会の設置に加え、環境教育やリソースマップの作成などのパイロット活動を通じて同公園の管理計画作成を支援しました。しかし、財政・技術的な理由から現地当局が管理計画を完全に実施するに至らず、一方では同公園の湿原とアドリア海と

❶同国首都ティラナから約100㎞の地中海（アドリア海、イオニア海）に面する。公園内の湿原は1994年にラムサール条約に登録された。首都から車で1時間半と近いため国内外からの訪問客が多く、農業や家畜の飼育、水産業、伝統手工芸、観光サービスに従事する地域住民の居住区も公園内にあるため、こうした活動が公園内の生態系に与える影響が大きくなる前に対策を講じるべく、同国政府から日本政府へ協力要請がなされた。

❷1971年にイランのラムサールで採択されたことからこの名称で呼ばれるが、正式には「特に水鳥の生息地として

の間が堆砂によって遮断されつつあるなどの問題が発生していることから、公園管理委員会の監督機能や関係者調整機能の強化を目的とする本プロジェクトが実施されました。

ラグーンで外来種のワタリガニを駆除する地元の漁師

SNSを活用したモニタリング 地域住民の持続的な 農業・漁業もケア

そこでは生物多様性モニタリング、持続的漁業、持続的農業、エコツーリズム・環境教育などの作業部会を立ち上げ、それぞれの活動を支援しています。生物多様性モニタリングでは、カメラを設置するなどして公園内に生息する野生動物を調査していますが、プロジェクトのメンバーでは広い公園内をカバーできないため、“iNaturalist”(スマートフォンアプリ→❸)を活用して一般の方にも協力してもらったところ、これまでに784種3056件と予想以上の数の報告がありました。無料のアプリケーションとインターネットを利用しているため費用が一切かからず、JICAのプロジェクトが終了した後も継続できる利点があります。

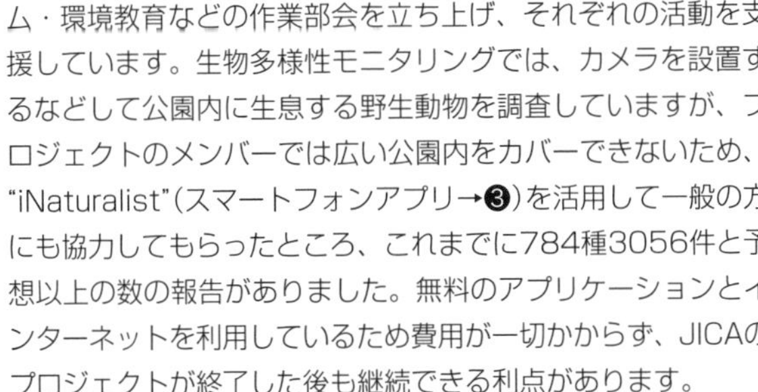

公園内の自然環境を守るにはそこで漁業や農業を営んでいる人たちの協力も不可欠です。農場で使用している農薬や肥料が湿原に流出して水質を汚染している実態があるため、それらの使用を減らし、最終的には有機農法に転換してもらう必要があります。ただ、有機農法は手間とコストがかかることから収穫する作物の価格を上げる必要があり、そのため付加価値をつけるブランド戦略を実験的に行っています。漁業についても、主な漁獲対象であるボラなどの漁獲量が減少しており、個体数を調査して持続可能な漁獲量や漁獲時期などの設定を目指しており、また湿原の生態系に悪影響を及ぼす外来種のワタリガニの捕獲なども行っています。

エコツーリズム・環境教育は、地元の小中学校の生徒を対象にジュニアレンジャーを募集、一般の人たちを対象にした啓発活動、植林活動などを活発に行っています。特にジュニアレンジャーの活動はテレビやネットのニュースなどでも紹介されるなど関心が高まっています。

国際的に重要な湿地に関する条約」。渡り鳥などの生息地として重要度の高い湿地を登録し、保護を義務づけるもので、日本でも釧路湿原(北海道)などが登録されている。

❸ユーザーがスマートフォンなどで見かけた動植物を撮影して投稿すると、参加している専門家らが種の同定をしてくれたり、観察記録をコミュニティ内で共有したりできるソーシャルネットワークサービス。

◉この取り組みで思ったこと

公園内の湿原(カラヴァスタ・ラグーン)はアルバニア最大の湖であり、ウミガメの産卵も行われる美しい海岸線が特徴であるだけでなく、護岸が必要最低限しか整備されておらず、本来の生態系のダイナミズムが残っています。河口の形状や位置が変わるというのは教科書を読んで知っていても、護岸が整備されている日本で間近に見ることはありませんでしたが、この公園では北を流れるシュクンベリ川の河口でそれを見ることができます。こうした自然のダイナミズムも考慮した保護区管理が必要だと考えています。

パラオの豊かなサンゴ礁とマングローブ林の維持に協力

パラオ国統合的沿岸生態系管理プロジェクト

対象国／パラオ（オセアニア）

解説してくれた人／阪口法明さん（JICA国際協力専門員）

パラオ共和国

どんな国?▶200以上の小島（パラオ諸島）からなるが、人が住む島は10に満たない。主要産業は観光業で、日本を含めたアジアからの観光客が多数。労働力は外国人に依存しており、人口の2割以上をフィリピン人などの外国人が占める。

どんな課題?▶2006年に首都がコロール（コロール島）からバベルダオブ島東岸のマルキョクに移転したことで、同島では道路の敷設など開発が著しい一方で、一部で埋め立てやマングローブ林の伐採が進み（→❶）、土砂の海への流入によるサンゴ礁への影響が懸念されている。

首都／マルキョク
面積／459㎢
人口／1.8万人
1人あたりGNI／16500ドル
（日本のおよそ4割程度）

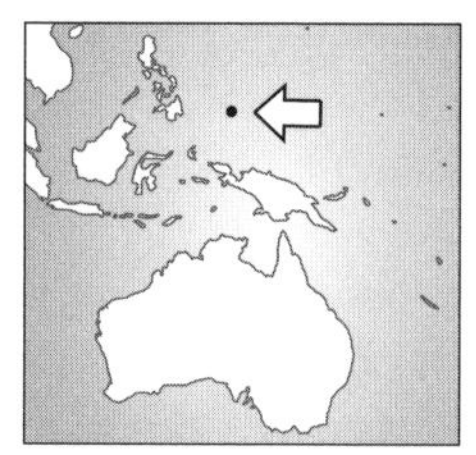

環境保全への意識が高まるパラオ

パラオ沿岸域に広がるサンゴ礁には350種以上のサンゴだけでなく、ジュゴンやタイマイ、アオウミガメなどの絶滅危惧種を含め1300種以上の生物種が生息しています。比較的多くの自然が残されているものの、観光客の増加などがサンゴ礁に与える影響が懸念されていました。JICAはパラオのサンゴ礁研究と保全のため2001年にパラオ国際サンゴ礁センター（→❷）の設立を支援し、研究や人材育成に寄与してきました。また併設されている水族館を中心に住民や観光客への啓発活動のための支援も行っており、パラオ国内すべての小中学校で環境教育プログラムが実施されるようになりました。

こうした啓発活動もあって、パラオは観光客の入国時に「与えられたもの以外は取らない」など環境保全に関する誓約への

❶2007年にバベルダオブ島を一周する全長約85㎞の幹線道路が完成した結果、それ以前はアクセスが困難だった地域での土地開発が進んでいる。またマングローブ林は同島海岸線の80%に分布する。

❷産業振興・環境保全の観点から、サンゴ礁の研究・保全のための中核施設として、日本の無償資金協力により2001年にコロールに設立。サンゴ礁の研究やモニタリング機能、水族館の運営、学生・住民への教育啓発を行う。日本の琉球大学をはじめとした海外の大学や研究機関との協同研究を行うなど、アジア・大洋州地域におけるサン

サインを義務づけたり、環境税を徴収するようになっています。またプラスチック製のバッグや環境に影響を与える日焼け止めの使用が法律で禁止されるなど、主要産業である観光業が環境に与える負荷についても近年、積極的な対策を講じています。

マングローブ林の減少がサンゴ礁にも影響?

パラオの貴重な生態系はサンゴ礁だけでなく、河口や海岸線に広がり、国土の11%を占める豊かなマングローブ林もそうです。マングローブの根は複雑に絡み合っているため、稚魚やカニなどの隠れ家となっていて、それらを捕食するためにやってくるサンゴ礁の魚類や鳥類の姿も見られます。また、この根は川が運んでくる土砂をせき止め、打ち寄せる波が陸地を浸食するのを抑える役割も果たしています。2004年のスマトラ島沖地震により発生したインド洋大津波ではマングローブ林があった場所となかった場所で、津波による被害に大きな差が見られました。さらにマングローブ林の炭素貯留量は陸域の森林の約5〜6倍あるという研究もあり、温暖化対策としても有効な存在です。

そのマングローブ林がバベルダオブ島では開発の波を受けて一部減少しています。このまま減少が進行すると土砂が海に流入することでサンゴ礁に悪影響を及ぼすだけでなく、気候変動により頻発する大型台風による高波の被害が増える可能性が指摘されています。これまでパラオ国際サンゴ礁センターでもマングローブ林に関する研究はほとんどされておらず、保全・管理の知見に乏しかったことから、2022年より本プロジェクトがスタートしました。

プロジェクト自体は始まったばかりで、現在は現地調査とともに衛星画像を使ってマングローブ林がどこに分布しているのかを確認し、河川沿いのマングローブ林にモニタリングサイトを設置するとともに、陸域からの土砂流出調査を開始したところです。

今後はパラオにおけるマングローブ林の分布状況と陸域からの土砂流出を把握し、さらにはパラオ国際サンゴ礁センターが実施するサンゴ礁モニタリング調査の結果も含め総合的に分析しつつ、関係者が連携し沿岸域生態系全体の保全・管理計画を作成していく予定です。また、マングローブ林や土砂流出・堆積のモニタリングだけでなく、地域住民によるマングローブの持続可能な利用管理のためのエコツーリズムなどの活動実施や土砂流出防止のためのガイドライン作成なども計画しています。

ゴ礁研究の拠点として世界に知られる存在となっている。

パラオ国際サンゴ礁センター

マングローブ林の調査の様子(パラオ)

4章 *Planet* 地球

SUSTAINABLE DEVELOPMENT GOALS

すべての人々の水と衛生の
利用可能性と持続可能な管理
を確保する

包摂的で安全かつ
強靭（レジリエント）で持続可能な
都市及び人間居住を実現する

持続可能な消費と
生産のパターンを確保する

持続可能な開発のために
海洋・海洋資源を保全し、
持続可能な形で利用する

⑱ 環境管理

環境の汚染を防ぎ、健康に暮らせるきれいな街へ

環境対策なき工業化・都市化で水・大気・土壌の汚染と健康被害が深刻化する途上国において、廃棄物の管理や水・大気の汚染防止に協力し、「きれいな街」の実現と持続可能な社会の構築に貢献する。

人間の「ごみ」が「水」「大気」に与えているものとは?

❶都市部では廃棄物が街路や水路、空き地などに放置され、害虫・害獣が引き寄せられ感染症のまん延の要因にもなっている。

❷廃棄物処分場から発生する、有機物の分解などによるメタンガスは人為由来のメタンガス発生量の第3位を占める。また野焼きなどでの不完全燃焼時に発生する黒色炭素粒子(ブラックカーボン)はメタン、対流圏オゾンと並び、人間の健康や農業、生態系に悪影響を及ぼすと同時に気候を温暖化する作用をもつ短寿命気候汚染物質(SLCPs)とされ、その削減も世界的な課題となっている。最終処分場などで有価物を集めて生計を立てるウェイストピッカーには、有害物質への接触から胃腸、呼吸器、皮膚などの疾患や鉛中毒のよる健康被害が報告されている。

サブサハラアフリカでは70%が地表に投棄
毎年800万トンのプラごみが海へ

水や大気などに代表される環境は、人々が健康で安全な生活を確保し、SDGsが目指す持続可能な社会を実現するうえでも、守られるべき公共の財産です。しかし、経済発展により人々の生活の質が向上する一方で、適切な環境対策が行われないままの工業化・都市化が進むなか、有害化学物質や廃棄物による環境汚染が世界で深刻化しています。

多くの途上国では、大量のごみが収集・処理されないまま街中に放置されており(→❶)、特にサブサハラアフリカでは70%以上の廃棄物が管理されていないごみ捨て場に投棄され、表流水・地下水の汚染による重大な健康被害を引き起こしています。廃棄物の野焼き、管理が不十分なごみ焼却による大気汚染も地域住民の健康に悪影響を及ぼしています(→❷)。ごみの発生量は全世界で増加傾向にあり、特に低所得国では2050年までに2018年比で2〜3倍以上に達すると予測されています。

また近年、陸域から海洋に流出するプラスチックごみの量が世界で毎年約800万トンに達し、このままだと2050年には海洋中のプラスチックごみの量が魚の重量を超えるとの試算もあります。

世界で36億人がトイレのない生活
汚染による死者は毎年50万人以上

適切に処理されない生活産業排水の放流も河川や沿岸海域の水質を悪化させ、有害物質による魚介類の汚染や赤潮などの問題を生じさせています。また、世界では36億人がトイレなどの衛生サービスが整っていない地域で暮らしており、途上国を中心に汚染された水や食べ物による下痢症や赤痢、コレラなどの水因性疾病により、乳幼児を中心に年間50万人が死亡しています。

深刻化する大気汚染は世界全体の死因の第4位

産業活動や自動車に起因する大気汚染は、世界全体の死因の第4位を占め、2019年では667万人の死因が大気汚染に由来すると推定されています。近年は PM2.5（→❸）などの粒子状物質による健康被害も報告されており、2016年時点では世界人口の9割以上がPM2.5のWHO基準を満たさない大気環境下で生活し、半数以上が同基準の2.5倍以上の大気環境下にあるとされています。大気汚染は、人体に害を与えるほか、酸性雨による環境破壊、温室効果ガス排出による気候変動など、地球規模の深刻な問題を引き起こしています。科学的な根拠に基づく、大気汚染の原因物質の排出規制などの対策が必要です。

❸ばい煙や粉じんを発生する施設などから生じる粒径2.5μm（1μmは1ミリの1000分の1）以下の浮遊粒子状物質で、呼吸器・循環器系疾患の原因となる物質。

日本とJICAがこの課題に取り組む理由

日本は戦後に経済活動や開発を優先し、環境への対策を怠った結果、大気汚染や水質悪化などの環境問題が発生し、多くの健康被害者を生じさせる経験をしています。その後1970年代から法制度を整備し、官公庁や自治体、企業、団体、住民の連携による持続可能な循環型社会の形成を進めてきました。その過程で育成された人材や、収集運搬車両、処理場重機、ごみ焼却発電、汚水処理などの環境インフラに関する優れた技術力は途上国の持続可能な開発の推進にも貢献するものです。

2つの方針で問題解決を考える!

■共通する取り組み 施設や法制度の整備、社会の意識向上までを担う人材を育成

途上国において、廃棄物を適切に処理し、水・大気の汚染を防いで人々が安全に暮らせる「きれいな街」を実現するためには、多くの課題があります。ごみ処理施設や汚水処理施設などの整備、それに伴う技術支援や財政基盤の確保のほか、汚染の原因を科学的に把握したうえで政策や法制度を整え、遂行する行政組織、事業者のコンプライアンスや市民の環境に対する意識も不可欠です。JICAは途上国の「きれいな街」を実現する「JICAクリーン・シティ・イニシアティブ」(→❶)を推進します。

そのカギとなるのが専門知識をもつ人材です。健康や環境に対する社会の意識を高め、市民の行動を変革するためにはリーダーシップを発揮できる人材が求められます。JICAは最大の成果を上げるべく、人材育成に重点を置いて支援しています。

Approach 1 ごみ処理の仕組みを改善し循環型社会へ

廃棄物の処理システムを確立するためには、廃棄物を分類し、定量的に把握したうえで、収集し、処分場まで運搬する仕組みが必要です。そこで廃棄物の状況を調査したり、そのデータを管理する能力を強化して、ごみの収集・運搬・処分の計画やルールを作成するほか、ごみ処理機材や施設の改善も行います。

また最終処分には環境負荷の低い「福岡方式」(→

❶日本の関連省庁や自治体・民間企業、国際機関と連携しながら、廃棄物管理と水質汚濁・大気汚染防止などの環境対策の推進により健全な環境を実現し、途上国の人々の健康と生活環境の保全を通じて持続可能な社会の構築に貢献するJICAの構想。

SDGsワード
❷福岡方式
(準好気性埋立構造)
ごみの最終処分場(埋め立て場)ではメタンガスや硫化水素が発生し、その汚濁水や臭気、大気汚染などが問題となるため、埋め立て場の底部や外気を取り込むパイプを張り巡らせることで微生物による分解を早める手法。福岡大学と福岡市が考案したことで「福岡方式」と呼ばれ、日本では処分場の標準となっているほか、JICAの協力で海外にも広まっている。処分場で発生するメタンは温室効果ガスの一種でもあり、その削減への有効性から、国連気候変動枠組条約が規定するクリーン開発メカニズムの手法としても認定されている。

❷)の導入や、3R(→❸)の推進によるごみの減量化、廃棄物の発生を抑制する生産者責任制度などを通じて循環型社会や循環経済の実現を目指します。

❸リデュース(廃棄物の発生抑制)、リユース(再使用)、リサイクル(再生利用)の頭文字で、これらの取り組みにより循環型社会を推進する考え方。

Approach 2
環境規制や汚染防止策で、健全な水・大気・土壌環境を

汚染物質が環境や健康に及ぼす被害の調査・分析を行う機材の導入と、体制の整備を進めます。調査によって明らかになった科学的な根拠に基づいて汚染源ごとに対策を講じ、必要に応じて基準を設け、政策や法制度を整備します。

汚染物質の排出を抑制するためには、広域的なモニタリング体制の構築も必要です。情報公開や住民啓発等の環境意識向上施策を通じ、社会全体で環境モニタリング強化につなげます。また、対策事業の実施や汚水処理施設の整備・運営には、持続可能な運営体制と長期にわたる大規模な投資が欠かせません。財務基盤の強化のためにファイナンス面の支援も行います。

2030年への目標

★世界50カ国、5億人が事業の恩恵を受け、きれいな街を体感すること。
★環境管理にかかる人材を年間で2000人育成する、など。

環境保全×グリーン成長で美しい世界遺産を後世に

クアンニン省ハロン湾地域のグリーン成長推進プロジェクト

対象国／ベトナム（東南アジア）

解説してくれた人／藤村俊樹さん（JICA専門家）

ベトナム社会主義共和国

どんな国?▶インドシナ半島の東側に位置し、国土は細長いS字形の国。共産党の一党支配を堅持しつつ、1986年に社会主義型市場経済を目指す「ドイモイ（刷新）」政策を採択。工業の主力は繊維産業で、ほか携帯電話やPC・電子機器などを主力輸出品としている。

どんな課題?▶同国北部クアンニン省のハロン湾は世界自然遺産に認定され、国内外から多くの観光客が訪れる観光地として知られる一方、同省は石炭などの天然鉱物資源が豊富で工業化や沿岸地域の開発が著しく、石炭採掘から粉塵や工業・生活排水による環境負荷が顕在化しており、観光資源と経済発展の両立が課題となっている。

首都／ハノイ
面積／33.1万㎢
人口／9733.9万人
1人あたりGNI／2590ドル
（日本のおよそ16分の1）

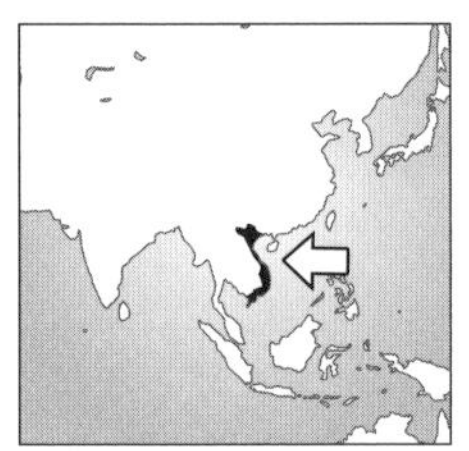

水質も景観も悪化していた「世界遺産」ハロン湾 JICAと滋賀県が環境保全に協力

ハロン湾での水質悪化による赤潮の発生や、海への廃棄物投棄による景観の悪化などが顕著になるなか、ベトナムは同湾の世界遺産登録（1994年）を契機に水質改善に取り組むようになりました。JICAでも同湾の環境管理計画策定への協力に続き、滋賀県の協力を得て「琵琶湖モデル」（→❶）を元にした支援を行ってきました。その後同国政府が2012年に環境保全と経済開発の両立を目指す方針を打ち出したことを受け、JICAも環境保全とグリーン成長の両立を目指す本プロジェクトを2015年より実施することになりました。

これまでの協力により同湾では41地点でモニタリングが可能になりましたが、定期的な水質検査体制が不十分な状況にあ

❶高度成長期に工業化が進んだ滋賀県では琵琶湖に生活・工業排水が流れ込み赤潮が発生するまでになった。富栄養化が原因だったため、自治体と住民が協力し合成洗剤や工場排水を規制、下水道の整備などを行い、琵琶湖の水質が改善されたことから、こうした開発と環境保全を両立させる取り組みは「琵琶湖モデル」と呼ばれ、海外にも展開されるようになった。

り、さらなる強化のため人材育成に取り組んでいます。

同湾にある多数の有人島には下水設備がないため、各家庭に簡易な汚水処理槽の設置が義務づけられているものの、日本の浄化槽ほどの処理性能がなく管理も不十分で、未処理に近いかたちで排水が海に流されています。そこで処理能力の高い日本の浄化槽の導入を提案し、パイロット事業として同湾世界遺産エリアで最も多くの観光客が訪れるティトップ島に設置されるなど、汚染源である生活排水対策も強化しています(→❷)。

ハロン湾のティトップ島に設置された浄化槽

世界自然遺産のハロン湾

❷今後は浄化槽の設置だけにとどまらず、維持管理システムや浄化槽から出る汚泥の有効利用化(堆肥やガス発電など)などもセットで導入する計画を、滋賀県などと協力して環境省の「脱炭素社会実現のための都市間連携事業」として行う予定です。

開発は「グリーン成長」でエコツーリズムを推進中

一方、グリーン成長戦略としてJICAが提案したのがエコツーリズムです。地域にある自然環境や歴史、文化などの体験を通じて、その保全の大切さを学ぶもので、SDGsの目標とも多くの共通点があります。ただ観光客が生活のなかに入ってくることを嫌う住民もいるので、観光業者が一方的に実施するわけにはいきません。そのためいくつかの地域でコミュニティ主導型エコツーリズム委員会を結成し、地域住民自身に「地元の宝」「地域の誇り」を発見してもらいながら、それらを核に地域コミュニティが主体となる観光プログラムの開発を目指しています。すでに2つの地域でそうしたエコツーリズムを開始しており、今後さらに増やしていく予定です。

同時に行政の担当者にもエコツーリズムの考え方や開発方法を学んでもらい、ベトナム国内で成功しているツアーを視察するなど、その能力向上に努めています。さらに今後は市町村レベル、企業や住民も巻き込みながらグリーン成長とは何かを考え、実践していくローカルSDGsといった活動も考えています。

◉エコツーリズムにようこそ！

すでに始まっているエコツーリズムのひとつに、ハロン湾にあるクアンラン島での「漁師体験ツアー」があります。朝5時に海に出て、海面を竹の棒で叩いて魚を網に追い込むという昔ながらの漁法を体験し、捕った魚を料理して昼食で楽しんでもらうものです。新型コロナウィルスの流行で中断を余儀なくされましたが、参加者からはとても好評を得ています。訪れた観光客が捨てたごみが道路に散乱するなどの問題も生じたため、観光客に対する啓発も含め、さらに改善が必要です。

人材育成と体制づくりでウルグアイの水源を保全

サンタルシア川流域汚染源／水質管理プロジェクト

対象国／ウルグアイ（南アメリカ）

解説してくれた人／吉田充夫さん（JICA国際協力専門員）

ウルグアイ東方共和国

どんな国?▶南アメリカ南東部のラプラタ川河口に位置し、大西洋に面しブラジルとアルゼンチンに接する。産業は農牧業が中心で牛肉、羊毛、小麦、米、皮革が主産品。

どんな課題?▶同国は、首都モンテビデオとその周辺にあたる国土面積の10%弱に過ぎないサンタルシア川流域に人口の6割以上が集中し、水環境の悪化が問題となっている。主な汚染源は都市排水、不法投棄された固形廃棄物、工場排水のほか、皮革工場からの重金属汚染も確認されている。農地からの肥料や農薬の流入も懸念されているが、河川の水質保全が自治体ごとにバラバラになされており、主要官庁の調整・対処能力も不十分で、流域全体としての水質管理ができていない。

首都／モンテビデオ
面積／17.4万㎢
人口／347.4万人
1人あたりGNI／17740ドル（日本のおよそ2分の1）

水質が悪化し続けるウルグアイ首都圏の水源管理・監督のシステム・人材が不足

同国南部を流れるサンタルシア川は重要河川のひとつで、首都モンテビデオを含めた流域の貴重な水源ですが、水質の悪化による富栄養化が進み、植物性プランクトンや藻が大量に発生、悪臭を放つようになっていました。それを飲料水とする人体への悪影響が懸念されながら、流域全体を管理・監督するシステムや人材が不足していたことから、2003年からJICAが水質管理体制強化の支援を始めました。

当時ウルグアイは、アルゼンチンとの国境を流れるラプラタ川沿いにパルプ工場を建設する計画を立てていましたが、工場からの排水による国際河川の水質汚濁のリスクをめぐってアルゼンチンから国際司法裁判所に提訴されていました。流域が異

❶農地や森林、市街地など、各種物質の排出源が面的に散在し、特定することが困難な発生源のこと。適切な対策を検討するためには、各種物質の発生のみならず、発生源からの流出や河川・地下水を通じた流達、受水域への流入など流域全体における物質動態を把握する必要がある（日本水環境学会HPより）。

❷使用する農薬や家畜の排泄物の処理方法などのガイドラインを作成し、農場主らへの講習などを実施しましたが、今後は農場や農家の方々の環境に関する意識を啓発し、適正な自家処理の普及を広域で推進していく必要があります。

サンタルシア川（右は水銀汚染対策についてのJICA専門家の講演）

なるとはいえ、河川の水質管理を問題視されることを避けたいという背景もありました。

汚染状況について同河川のさまざまな地点の水を分析したところ、工場排水や農場から流出する農薬、家畜のし尿が主な原因であることがわかりました。このうち農場由来の汚染はノンポイントソース（→❶）と呼ばれるもので、農場にまかれた農薬や家畜の排泄物が広範囲で土中に蓄積され、それが雨などにより染み出して河川を汚すのです。発生源を特定することが難しく、流域全体として取り組む必要があり、即効的な対策の困難な汚染です。（→❷）。

監視体制づくりも提案
水銀汚染の未然防止にも貢献

一方の工場排水については、水質検査の結果、富栄養化を引き起こす水質汚濁だけでなく、重金属汚染を示す場合があることがわかりました。定期的に工場排水の水質検査をするなど、監視体制の強化が必要になりますが、人口の半数以上がモンテビデオ都市圏に集中していることから、それ以外の地方で工場排水を管理・監視できるだけの予算・人材が不足していました。JICAは流域の自治体が協力して河川を管理する統合的河川流域管理体制を提案しました。水利権など各自治体で利害が一致しない面があり、すぐには理解されなかったものの、2013年にその体制が整備されています（→❸）。

これと平行して、職員への研修などを通じて河川のモニタリング技術や水質分析能力の強化も行いました。その結果、ラプラタ川河口で工場排水に由来する高濃度の水銀汚染が検出され、JICAは環境省に対して2015年から水銀汚染対策のための能力強化支援を行い、水銀汚染公害を未然に防ぐことができました。

❸ワークショップやセミナー等で自治体が連携することの重要性を伝え続けたことで、各自治体や政府もその必要性に理解を示すようになり、プロジェクト終了後にサンタルシア川統合的河川流域管理体制が設置されました。

◉こぼれ話

当時、ウルグアイは日本と共に共同議長国として、水銀を使った製品の取引などを国際的に規制する「水銀に関する水俣条約」の早期発効を目指していました。そのような国で水銀汚染が発見されたわけですから、同国政府はただちに水俣病等の水銀汚染問題に経験のある日本に技術協力支援を要請してきました。その率直さに、両国間が良好な関係を築くことができていることや、JICAに対する信頼の高さを感じ、うれしく思いました。

太平洋諸島のごみ問題を日本発「福岡方式」で改善

太平洋地域廃棄物管理改善支援プロジェクト(J-PRISM)

対象国／大洋州地域11カ国

解説してくれた人／天野史郎さん(JICA国際協力専門員)

太平洋地域のごみ問題

どんな課題?▶太平洋の島嶼国では近年、生活様式の近代化に伴いさまざまな物資が大量に海外から輸入されるのに比例してごみの量が急増しており、プラスチックや金属類なども増えている。しかし土地の狭さ、他地域との隔絶といった島嶼国の地理的条件や、伝統的な土地所有制度などから、モノの流れが先進国からの一方通行になり、適切な廃棄物処理が困難な状況にあった。

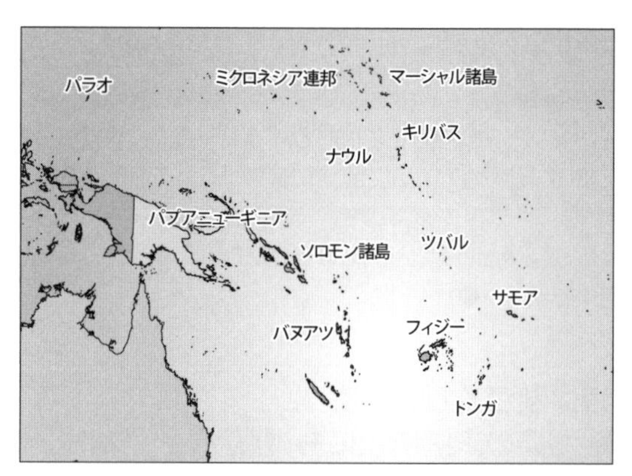

生活の近代化で深刻化するごみ問題 日本発の「福岡方式」を導入

JICAは2011年より本プロジェクトを開始し、現在はフェーズ2として継続されていますが、その起点は2000年からのサモアへの専門家派遣です。当時、サモア(→❶)はごみ処理のノウハウや技術がなく、巨大な穴を掘ってごみをそのまま埋め立てていた状態で、管理もされないまま悪臭が漂い、周辺にもごみが散乱していました。

ごみの量や種類を調べようにも、日本にあるような計量器もなく、分別収集もされていなかったことからデータがありません。そのため収集現場に出向いてごみ袋の大きさや量を記録したり、手作業で分別するなどして概算しました(→❷)。

処分場(ごみ埋め立て地)についても、福岡方式(→❸)による

❶サモア独立国。首都はアピア。面積2842㎢(佐賀県程度)、人口19.8万人。

❷なかには汚いごみを触ることを嫌がって作業をしない現地スタッフもいましたが、真剣に取り組んだ人たちの間ではごみ処理に対する意識が向上するという効果がありました。

❸本項Approaches参照。

サモアでの処分場「福岡方式」工事の様子（右はミクロネシア連邦ヤップ島でのトレーニングの様子）

改善を行いました。微生物の発酵熱を利用して埋め立て地内にできるだけ空気を供給してごみの分解を促進する仕組みのため特別な機材が必要なく、途上国でも入手しやすい塩ビ管やドラム缶といった安価な材料で済むのも利点です。これにより同国のごみ処理施設は劇的に改善されました。

その後行ったパラオ(→❹)、バヌアツ(→❺)、フィジー(→❻)との二国間協力(→❼)でも成果を収めたこともあり、同様にごみ問題に困っている太平洋地域を対象にした本プロジェクトが始まりました。ここではサモアなどで得た成果を他の国にも展開し、ごみ処理施設の改善や廃棄物管理に携わる人材育成などを支援する一方で、先行支援したパラオ、バヌアツやフィジーなどでも処理機能や人材のさらなる強化を図っています。

3Rだけではなく「リサイクル可能な有価物」の輸出も

またごみを処理するだけでなく、リデュース(減らす)、リユース(繰り返し使う)、リサイクル(再生利用する)という3Rにリターン(戻す)を加えた“3R+Return”を始めました。このリターンとは、輸入されたアルミ缶やペットボトルのような、国内ではリサイクル処理ができない廃棄物を「リサイクル可能な有価物」として海外へ輸出しようという試みです。輸入時に国が業者から1本当たり例えば5セントを受け取り、業者はその分を上乗せして販売します。消費者は空き缶を国に渡すと4セントを返却され、国はその差額の1セントを運営費に回すというシステムで、実際に成果を上げている国もあります。

支援前に比べると各国ともごみ処理の問題は改善されていますが、都市部が中心で地方の村までは行き渡っていません。海洋プラスチックなど島嶼国だけでは解決できない課題もあるため、今後も引き続き支援をする必要があります。

❹パラオ共和国。首都はマルキョク。面積459㎢(金沢市程度)、人口1.8万人。

❺バヌアツ共和国。首都はポートビラ。面積1.2万㎢(新潟県程度)、人口30.7万人。

❻フィジー共和国。首都はスバ。面積1.8万㎢(岩手県+沖縄県程度)、人口89.6万人。

❼二国間協力は日本と相手国との間の協力で、日本とパラオ、日本とバヌアツ、日本とフィジーとの間で別々の3つのプロジェクトが実施された。

◉こぼれ話

本プロジェクトは広大な太平洋に散らばる国々を対象とするため、日本から直行便のない国がほとんどで移動が大変でした。派遣できる専門家の人数にも限りがあり、研修などで身につけたスキルをどうやって定着させていくかという課題があったものの、それを解決したのが先行して学んだバヌアツやフィジーの人たちでした。彼らが他の国へ指導に行ったり、あらたな研修生を熱心に指導してくれたおかげで、技術を広めることができたのです。

4章 *Planet* 地球

SUSTAINABLE DEVELOPMENT GOALS

すべての人々の水と衛生の利用可能性と持続可能な管理を確保する

⑲ 持続可能な水資源の確保と水供給

すべての人々が安全な水を得られる社会へ

水資源の管理に責任をもつ組織を強化し、利害関係者の民主的な協議の仕組みを構築するとともに、自立的な水道事業体をつくることで、水資源を適切に管理し、すべての人々が飲料水等として持続的に利用できる社会を目指す。

世界的なリスクの上位に入る「水危機」とは？

❶ゴール6のターゲットには「安全で入手可能な価格の飲料水に対する全ての人々の公平なアクセス」(6.1)、「水利用効率の改善と持続可能な取水による水不足の減少」(6.4)、「統合水資源管理の推進」(6.5)が掲げられている。JICAもこれらを重点的に取り組むターゲットとしている。

「安全な水」を利用できない人は世界に20億人 年間50万人が不衛生な水により死亡

水はすべての人間や生態系にとって不可欠なだけでなく、経済活動を行ううえでも必須の資源です。国際連合も飲料水へのアクセスは人権であると宣言しており、SDGsでもゴール6「安全な水とトイレを世界中に」のなかで重視されています(→❶)。

しかし、2020年時点で「安全な水」にアクセスできない人々は世界に20億人、そのうち6.1億人は都市部となっています。地方部のアクセス率は2000年の39%から2020年の60%へと改善していますが、都市部は86%のままで、人口増加に対応した施設投資ができていません。

一方で、2020年時点で基本的なトイレにアクセスできない人々が17億人、自宅に石けんと水のある手洗い設備がない人が23億人、給水設備と手洗い設備がない学校に通う子どもは9億人いるとされています。不衛生な水を原因とする疾病で乳幼児を中心に年間50万人が死亡しており、低体重や栄養失調の50%は水・衛生の問題に関連しています。

水道がない地域では、女性や子どもが長時間の過酷な水くみ労働を強いられています。

2030年には利用可能な水資源の不足が40%に増大 気候変動によるさらなる悪化も

水は地球上を循環する再生可能な資源ですが、人口の増加や経済活動の拡大、生活水準の向上などから、水の需給はひっ迫しつつあります(→❷)。安定的に利用可能な世界の水資源量は、2010年時点では7%の不足だったのに対し、2030年には水需要のさらなる増大から40%に不足が拡大すると予測されています。また、降水量が少なかったり、水道インフラの未整備から水を十分に得られない人々は、世界で29億人以上(2015年時点)いるといわれています。

すでに世界では、必要な水を確保するため、地域や上下流域での利害対立(→❸)が生じており、地下水を過剰にくみ上げたことによる地盤沈下の発生などの問題も起こっています。一方では急速な工業化・都市化による水質汚染も途上国では深刻となっており、「安全な水」の減少に拍車をかけつつあります。

さらに今後は気候変動による降雨の極端化や海面上昇により、干ばつによる給水制限や沿岸部の水源の塩水化などの悪化も懸念されています。

❷世界経済フォーラムが毎年発表している「グローバル・リスク報告書」では、2012年から2020年まで影響の大きな世界的リスクのトップ5に「水危機」がランクインしている。

❸ナイル川やメコン川ではダムの建設をめぐり、上下流の国家間での利害対立が起こっている。

日本とJICAがこの課題に取り組む理由

高度経済成長期、急増する水需要、渇水、地盤沈下、水質汚濁などの問題に日本も直面しましたが、科学的知見の活用や法制度の整備、流域委員会の仕組みづくり、地域の水環境を守る市民活動の促進などの総合的な取り組みを進めた結果、これらの問題は大幅に軽減されています。

日本は98%以上の水道普及率を達成し、安全な飲料水を提供しています。日本には質の高い水道施設をつくる技術や漏水などの無駄が少ない効率的な水道事業経営の知見と実績があり、蓄積されたノウハウは途上国の水問題の解決に役立ちます。

2つの方針で問題解決を考える

SDGsワード

❶マルチステークホルダー・パートナーシップ

行政や民間企業、団体、国際機関など官民のさまざまなステークホルダー（利害関係者）が協働して取り組むこと。SDGsのゴール17「パートナーシップで目標を達成しよう」のターゲット（17.16）にも、すべての国々で持続可能な開発目標達成を支援するため「知識、専門的知見、技術及び資金源を動員、共有するマルチステークホルダー・パートナーシップによって補完」することが明記されている。

10年間に「安全な水」を約3000万人に供給

JICAの資金協力では、2011〜20年の10年間で約3000万人に安全な水を供給したほか、技術協力では同期間に約10万人の人材育成に貢献した実績がある。

Approach 1
統合水資源管理で地域の水問題を解決

水不足やそれに起因する利害対立を解決しつつ、限られた水資源を有効に活用していくため、科学的データを蓄積したうえで科学・技術的根拠に基づき、利害を調整しながら合理的に水資源の持続的利用・保全を推進する責任主体を育成します。

水資源管理については、実施する主体が複数にまたがる場合が多く、ステークホルダー（利害関係者）も多数関わるため、協議がきわめて重要となります。そのためマルチステークホルダー・パートナーシップ（→❶）をつくり、社会的合意形成に基づいて水資源の課題を解決していく体制を構築します。

これらの取り組みによって、地域で水資源管理を自ら行えるような能力を強化しつつ、それぞれの問題を解決できるようにすることを目指します。

JICAは1990年代にバンコク（タイ）で地盤沈下が深刻化した際、地質の分析やモニタリング体制の整備、地下水揚水規制の施行を支援し、地下水に代わって河川を水源とする浄水場を整備するなどして、地盤沈下の鎮静化に成功しています。こうした先行モデル事業をさらに発展させていきます。

Approach ❷
水道事業体の成長を支援

途上国の水道事業では、サービス水準の低さ、それに対する人々の不満や水道事業体に対する信頼の欠如、非効率な事業運営、資金不足などといった負の要素が見られます。これらを改善して成長軌道に乗せるため、水道事業体の運営・経営を支援します。

自立的に成長する水道事業体の創出がSDGs達成の鍵であり、民間資金を呼び込める健全経営の水道事業体を増やすことが重要です。そのため、JICAに実績と強みのある、水道施設の拡張・整備による料金収入基盤の拡大とサービス改善を起点とするアプローチと、漏水や盗水など料金が請求できない無収水の削減による収益改善・サービス向上を起点とするアプローチを採用します。

JICAにはカンボジアの都市（→❷）で水道局の公社化を支援し、その成果を地方州都に拡大しながら中央官庁の規制監督能力の強化も行った先行事例があり、こうした手法をさらに途上国で展開していきます。

2030年への目標

★10以上の地域で責任ある水資源管理主体を育成して水問題を解決する。
★40都市以上の水道事業体の経営を改善。
★給水人口を3000万人以上増やし、水資源管理に関わる人材を10万人以上育成する。

❷カンボジアの首都プノンペンに対する協力は、内戦後の荒廃から十数年で飲用可能な24時間給水の水道が人口の90％にまで普及する結果につながり、「プノンペンの奇跡」と呼ばれるようになった（本項プロジェクト参照）。

地盤沈下の「緩和策」と「適応策」で首都の災害リスクを減らす

ジャカルタ地盤沈下対策プロジェクト

対象国／インドネシア（東南アジア）

解説してくれた人／永田謙二さん（JICA国際協力専門員）

インドネシア共和国

どんな国?▶東南アジア南東部、大小多くの島々からなり、面積は日本の約5.5倍、ジャワ島に人口の3分の2が集中する。世界最大のイスラム教徒人口を抱える。原油などの地下資源が豊富で液化天然ガスの輸出に力を入れる。

どんな課題?▶1000万人以上の都市人口を抱える同国の首都ジャカルタでは、地下水の過剰なくみ上げなどによる地盤沈下が生じている。同市北部では1970年以降最大4.5m、2000年以降では最大2m以上の沈下が確認されておりジャカルタ特別州の面積の4割以上がゼロメートル地帯であるため、海水の侵入や洪水被害が拡大している。

首都／ジャカルタ
面積／191.1万㎢
人口／2億7352万人
1人あたりGNI／4050ドル（日本のおよそ10分の1）

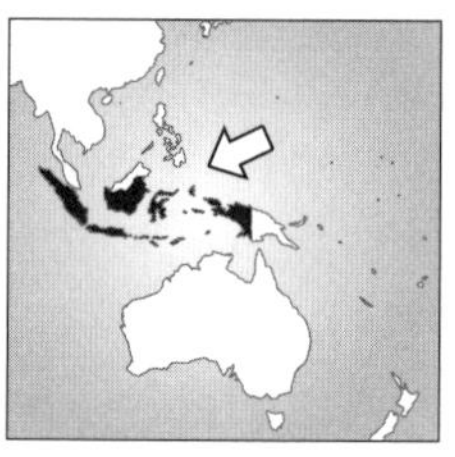

深刻な地盤沈下に見舞われるジャカルタ 地下水のくみ上げをやめられない理由とは

インドネシアが首都をジャカルタから移転する計画を進めていることは、ニュースなどでご存じの方もいると思います。その理由のひとつが深刻な地盤沈下で、海岸堤防の整備が沈下に追いつかず満潮時に浸水被害が発生しているだけでなく、今後は地下に埋設された上下水道管やガス管への被害などが予見され、市民生活への重大な支障が危惧されています。

地盤沈下対策として最も有効なのは地下水のくみ上げを止めることですが、それに代わる水源の不足という問題があります。本プロジェクトは地下水の適切な利用、代替水源の確保と上下水道の普及（→❶）など総合的な地盤沈下対策を推進するため、2018年にスタートしました（→❷）。

❶ジャカルタの水道普及率は62%にとどまるため、水道が整備されていない地域で地下水を利用する事業者などによって過剰なくみ上げが行われ、地盤沈下の要因となっている。

❷同国の政府や研究者の多くは、地盤沈下の最大の原因が地下水のくみ上げであることに最初は懐疑的だったが、JAXAの陸域観測技術衛星「だいち」「だいち2号」による衛星画像解析により、地下水を大量に利用している工場や大規模商業施設の周辺で沈下が大きいという科学的根拠を示した結果、理解してもらうことができた。

地盤沈下観測井戸についての実地研修の様子

地盤沈下により、大潮の際に堤防を越えて海水が流れ込んできた様子

沈下の激しい市北部地域での被害状況の聞き取り調査や沈下量調査(→❸)、沈下が進行した場合の氾濫シミュレーションを実施し、気候変動による海水面の上昇も考慮した災害リスクを試算しました。その結果、このまま2050年まで地盤沈下が進行すると、100年に一度の洪水が発生した場合、被害額が1.07兆円から2.33兆円に増加することがわかりました。

❸沈下量を記録するための沈下計、地下水位の変動状況を観測するための水位計などを設置して計測した結果、観測井戸の地点においては、年間で10〜15mmの沈下が進行していることが確認できた。

住民を洪水リスクから守り、沈下を緩和するには？

そうした調査やシミュレーションをふまえ、政府と協力して、地盤沈下を少しでも抑えるための「緩和策」と、高潮や洪水などから住民や町を守るための「適応策」からなるアクションプラン(行動計画)が作成されました。緩和策としては、地盤沈下の観測体制の整備、井戸登録促進、地下水利用抑制、短期的な代替水源としての雨水利用や貯水池開発、ダム整備などによる安定水源の確保と上水道の拡充などが提案されています。適応策としては、洪水などの被害想定区域や避難経路・場所をまとめたハザードマップの作成や、防潮堤・河口堤防の強化などが盛り込まれています。

また、洪水などによる被害額や堤防・防潮堤などの建設費用、水源開発や上水道整備などの費用を算出したところ、費用対効果としても、地盤沈下緩和策を優先的に進めることが、最良の策であることを示すことができました。

◉こぼれ話

ジャカルタ特別州政府は、アクションプランの一部実施においてすぐに予算措置を行い、用地や人員を提供してくれました。それにより地盤沈下前の地面の高さや現在の海面の高さや過去の洪水時の浸水高さを示したサインボード(水面位置表示塔)を多くの人が集まる場所に設置できました。これにより市民に地盤沈下の深刻さや危険性、対策の必要性を知ってもらうというねらいがあります。また現地関係者らを日本に招き、東京の地盤沈下の経験や対策を知ってもらうため、江東区や江戸川区などのゼロメートル地帯や東京湾に建設された防潮堤を案内しました。海面から5m以上もある防潮堤を見て、彼らに地盤沈下リスクの大きさを実感してもらうことができました。

「水紛争」の地で信頼を回復して水をきれいに

コチャバンバ県統合水資源管理能力強化プロジェクト

対象国／ボリビア(南アメリカ)

解説してくれた人／永田謙二さん(JICA国際協力専門員)

ボリビア多民族国

どんな国?▶南アメリカ中西部、高山・高原が多い内陸国で、ラパスの標高は3630mと、世界一標高の高い首都である。主要産業は鉱業と農業で、天然ガス、亜鉛鉱、銀鉱、すず鉱が主要産出品。

どんな課題?▶同国第三の都市圏を抱えるコチャバンバ県で、県人口の75%が水源とするロチャ川水系の水不足が常態化している。下水処理能力の不足から下水が河川などに流れ込み水質を著しく悪化させており、州都の空港に降り立つと下水の臭いがするほどである。また、地下水の過剰なくみ上げも問題になっており、上流域と下流域の住民の間で水資源をめぐる紛争も発生している。

首都／ラパス
面積／109.9万㎢
人口／1167.3万人
1人あたりGNI／3520ドル
(日本のおよそ12分の1)

「水紛争」と行政への強い不信
対話で進んだ下水処理場の必要性への理解

同県は比較的温和な気候と肥沃な土壌に恵まれた盆地で、「ボリビアの穀倉」と呼ばれるほど農業が盛んです。一方で主要な水源であるロチャ川の水量が十分ではなく、流域では水不足が続いています。そのため、水道企業体も多くの人々も井戸を掘って地下水を利用しています。使った水はほとんどが未処理のまま生活排水として川に流されており、ロチャ川は水の汚染がひどく、下水路のようになってしまっています。JICAでは2016年からその状況を改善するための協力を行っています。

最初の大きな課題は、住民による行政への不信感を払しょくすることでした。同都市圏では2000年、水道事業の民営化と料金値上げをきっかけに「コチャバンバ水紛争」と呼ばれるほど

❶パイロット地区に選定した市で学校やNGO、地域住民を巻き込み、独自に水質改善や井戸管理に関する啓発活動を始めた。すると、その他の市でもプロジェクトで製作を指導した手作り地下水位計を使って、自発的に地下水位のモニタリングを始めるところが出てきた。我々の活動が広がってきていて、小さいことかもしれないがプロジェクトの手応えを感じた。

の激しい反対運動が起こり、住民と行政との間の信頼関係が損なわれていました。臭いの少ない新しい下水処理場建設の計画を行政が進めようとしても、現処理場の周辺がひどい悪臭にまみれていることから、不動産価格の下落などを理由に建設予定地の住民から猛反対され、計画が頓挫していたほどで、行政の信頼回復が必要でした。

市民らが参加しての水質モニタリングの様子

支援開始当初は現地にまとまった科学的データがほとんどない状況だったため、県や市と協力してパイロット地区を定め（→❶）、河川流量や地下水位、水質などの定期的なモニタリングを開始しました。科学的データがある程度集まってきた段階で、それらが今後の計画にどう活用できるか、研修を通じて具体的な方法を示して行政職員と共に考え、データ活用の重要性が理解されるようになりました。そして、彼ら彼女たちのアイデアを取り入れて、より説得力のある啓発プログラムを制作することができました（→❷）。

関係者が協働するプラットフォームを設立

水資源の管理は流域全体で行う必要があり、関係する自治体はもちろん、その水を利用している人たちが協力するメカニズムが不可欠です。そのため複数の自治体や団体などと協議する場を持ちながら協働する体制をつくっていった結果、県や流域の24市、国の担当省庁、大学、NGO団体、さらには住民代表や商工会議所、農業協同組合らが参加する「ロチャ川流域組織間プラットフォーム（PICRR）」を結成することができました。まだ枠組みができた段階ですが、2021年からの第3フェーズでは、プラットフォームが流域指針計画を推進するための具体的な役目を果たせるよう、プラットフォームの立場や役割などを定めた法整備をサポートしています。

❷住民向け説明会を開催し、川の汚染状況や原因、対策についての行政の考えなどを説明して対話を繰り返すうちに、住民たちの意識も少しずつ変わっていった。例えば、現地の行政職員が住民と協働し、日本の経験を適用した五感評価（人の視覚、嗅覚などを使って環境評価をする取り組み）を用いた参加型水質モニタリングという啓発プログラムを行っている。主な汚染原因が住民自身による家庭排水であると気づく機会となっている他、この活動を通じて対話の場が生まれ、双方の信頼関係の構築にも寄与している。

◉こぼれ話

苦労する点は、ボリビアの行政機関では有期雇用で働いている職員が多いため、頻繁に担当者が交代することです。中心になって活動していた人もそうでない人も関係なく急にいなくなって、引き継ぎもされないことが多く、それまで積み上げてきた成果が蓄積されにくいという難しさがあります。そのため、プロジェクトの成果や入手した流域内の水に関する膨大な関連資料をひとまとめにし、誰もがアクセスできるようにしたバーチャルライブラリーをつくるなどしました。

「プノンペンの奇跡」をカンボジア全土へ

カンボジアの上水道分野に対する協力

対象国／カンボジア（東南アジア）

解説してくれた人／松本重行さん（JICA地球環境部）

カンボジア王国

どんな国？▶東南アジア、インドシナ半島南西部に位置する。独立は1953年。75年に樹立された急進左派のポル・ポト政権下では多数の自国民が虐殺され、その後の内戦が91年に終結。農業・縫製業・建設業・観光業が主要産業。

どんな課題？▶同国は長く続いた内戦（→❶）により上下水道が破壊された状況にあった。1993年頃の首都プノンペンの水道は普及率が25%、漏水や盗水などの無収水率は72%に達し、同市水道局は破産状態で、市民に対する水道サービスには大きな課題があった。

首都／プノンペン
面積／18.1万㎢
人口／1671.9万人
1人あたりGNI／1530ドル
（日本のおよそ4%程度）

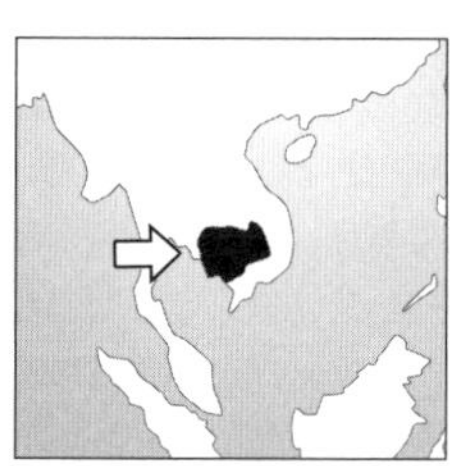

激しい内戦と虐殺で施設も人材も払底 世界を驚かせた「プノンペンの奇跡」とは？

同国の内戦終結後、世界各国がその復興を支援するなかで、JICAが担った協力のひとつが首都プノンペンの水道事業の復興でした。協力が始まった1993年頃の同市水道施設は施設の老朽化や内戦による被害から水道網があらゆる箇所で寸断されていました。

浄水場の設置や水道管の敷設などのハード面は国際的な支援により比較的短期間で整えられていく一方、課題となったのは内戦期の虐殺などによる、水道事業を運営・維持管理していくために必要な人材の深刻な不足でした。そのため、JICAは水道施設整備のみならず、同市水道局（現公社）の人材育成や組織強化も含む長期計画を立て、数少ない技術者を核としながら、研

❶1978〜91年、親ベトナムのヘン・サムリン派と、親中国のポル・ポト派ら反ベトナム3派の間で戦われた内戦。ポル・ポト政権時代に多数の虐殺があったことが報告されている。

❷プノンペンの1日当たり水道配水量は1993年の6.5万㎥から2009年には30万㎥と5倍に増えた。また、支援を通じて育った同市水道公社の技術者が地方都市へ技術を教えるなどしている。

修などで維持管理を担う職員を育成していきました。

また、当時は水道局職員に賄賂を渡して勝手に水道管を接続したり、正規料金の支払いを免れようとする汚職が横行していましたが、新たに水道局に着任した総裁の強いリーダーシップで汚職を撲滅し、各戸への水道メーターの取り付けを進めました。また北九州市上下水道局の協力もあって、わずか15年で100万人を超える9割の市民に、安全な水を24時間、安定的に供給することに成功しました。当時それは「プノンペンの奇跡」と呼ばれ、世界を驚かせました。

シェムリアップの水道を使う子供たち

技術協力における北九州市からの専門家による指導（2点とも今村健志朗撮影）

成功モデルを他都市、地方へ今も協力は継続中

この成功モデルをもとにJICAは同国他都市へのスケールアップを図り、1996年から並行してアンコールワット遺跡で有名なシェムリアップの水道整備計画への支援もスタートさせています。

その後も両市を含む主要都市を中心に人材育成や水道施設の拡充、さらには水道法の立法に関するアドバイスなど同国水道事業への支援を継続してきました(→❷)。

首都の水道はかなり整えられたものの、地方の水道供給には課題が残されています。特に中小規模の地方都市や農村地帯では民間業者が水道事業を運営しており、事業者に対する免許制度の運用が不十分で、水質基準が守られていないなどの課題が見られます。サービスの質を担保するためにも関連法や行政の監督能力を強化していく必要があり、JICAは2018年から2022年にかけて水道行政管理能力向上プロジェクトを実施し、これらの課題解決に向けての協力を行いました。

◉「プノンペンの奇跡」を支えた北九州市上下水道局

日本で水道事業のノウハウをもつのは地方自治体であるため、協力を求められた北九州市上下水道局が1999年から参加し、漏水防止などの技術や水道の管理方法などを現地で指導してくれました。同市の厚い支援がなければ、あれほど早く水道事業を立て直せなかったでしょうし、その後も20年以上にわたってカンボジアの他都市にも職員を派遣し、組織強化や人材育成への協力を続けてくれています。「プノンペンの奇跡」において北九州市上下水道局が果たした役割はとても大きなものでした。

◉こぼれ話

内戦終結後の支援で大変だったのは治安面です。武器なども多くが残ったままで、政治勢力間の対立から生じる銃撃戦などもありました。大規模な武力衝突や暴動などが発生したときには派遣していた専門家らが帰国か隣国への避難を余儀なくされ、プロジェクトの進行がストップしてしまったこともありました。

4章 *Planet* 地球

SUSTAINABLE DEVELOPMENT GOALS

あらゆる場所の
あらゆる形態の
貧困を終わらせる

包摂的で安全かつ
強靱（レジリエント）で持続可能な
都市及び人間居住を実現する

気候変動及び
その影響を軽減するための
緊急対策を講じる

⑳ 防災・復興を通じた災害リスク削減

強靭な国の基盤をつくり、命を守って経済を発展させる

開発途上国の災害リスクを削減し、将来的に防災投資を独自に拡充できる体制を強化することで、自然災害による被害の減少につとめる。

増加傾向にある災害リスクに取り組まないとどうなる?

SDGsワード

❶災害リスクの削減

(Disaster Risk Reduction)

既存の潜在的な生命の損失、資産への被害を軽減するとともに、新たに発生する可能性のあるリスクや残余リスクを防ぐことによって、強靭性を強化し、持続的な発展を達成すること。2015年に仙台で開催された第3回国連防災世界会議で採択された「仙台防災枠組」(世界の防災における指針)の核となる概念で、SDGsにおいてもG1「貧困をなくそう」、G11「住み続けられるまちづくりを」、G13「気候変動に具体的な対策を」で、ターゲットの指標として採用されている。

いつ発生するかわかりにくく後回しにされがちな災害対策

「防災・復興」は災害のダメージを受けやすい貧困層の将来的なリスクを削減し、更なる貧困に陥る負のスパイラルを解消する意味で「人間の安全保障」実現に直結する課題です。それは貧困の解消(SDGsゴール1)に加え、安全かつ強靭で持続可能な都市の実現(ゴール11)、気候変動の影響を軽減(ゴール13)することにも関わり、持続可能な開発の下支えに不可欠な分野です。

開発途上国が急速に発展し、グローバル化が進むなか、都市化や気候変動による災害リスクは増大しており、防災の必要性は高まっています。しかし、災害を招く極端な自然現象の発生する時期や大きさを正確に予見することは難しく、想定を超えることもあります。特に途上国では、災害対策の効果を発生前に正確に把握することが難しいため、対策がどうしても後回しにされがちです。

❷1994〜2019年における世界の災害死者数、被災者数、経済損失の推移における傾向

	先進国	開発途上国
死者数	減少	減少
被災者数	減少	**増加**
経済損失	**増加**	**増加**

※先進国には中国を含む。

出典/JICAグローバル・アジェンダ

集中豪雨や洪水・土砂災害の頻発化・激甚化災害による経済損失が増加傾向に

被害を最小限に抑えるためには、発災後の対応だけでなく、科学的に可能な限り事前に災害リスクを把握し、削減のための対策(DRR→❶)をとることが重要です。近年、地球温暖化による降雨量の増加傾向が明らかとなり、集中豪雨や洪水・土砂災害の頻発化・激甚化が見られます。開発途上国の都市部では十分な災害対策がなされないまま開発と人口集中が進み、また国

境を超えたサプライチェーンや経済活動により産業の集積も進んでいることから、世界的な規模で災害リスクは増大しています。世界全体でも、災害による人的被害が減少傾向にあるのに対し、経済損失は増大傾向にあります（→❷）。避難体制の整備などで人的被害は減らせても、リスクにさらされている状態が変わらなければ、災害のたびに資産やインフラが被災し経済社会活動が停滞してしまいます。

災害リスク削減に必要な「事前防災投資」は開発途上国で喫緊の課題に

日本は過去に多くの治水事業を行ってきており、2005～17年のデータで見れば、同期間の水害による経済損失額（平均額）に対して、その約60%に相当する金額を治水対策にあてています。ところが開発途上国では水害リスクが高いにもかかわらず、治水への事業支出額が極めて少ない国が多く、災害リスクの削減が進んでいない現状があります（→❸）。人的・経済的被害を最小限に抑えるためには、事前の災害対策により多くの国の予算を振り向ける、いわゆる「事前防災投資」を推進することが不可欠なのです。

開発途上国の災害別経済被害（1994～2019）

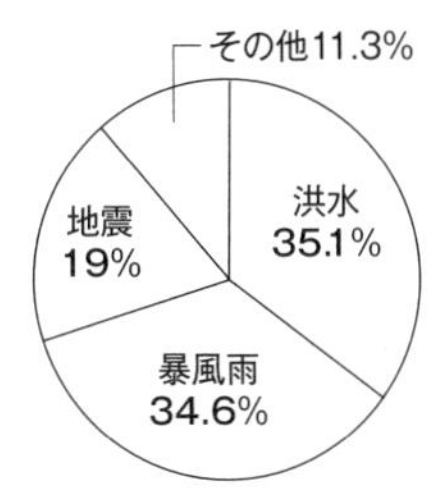

❸途上国における事前防災投資（治水）の状況

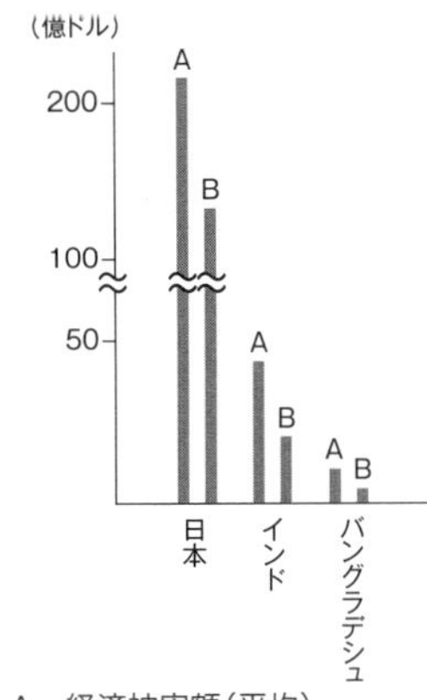

A　経済被害額（平均）
B　治水投資額（2015年）

日本とJICAがこの課題に取り組む理由

日本は自然災害の発生頻度が高いだけでなく、災害の種類も極めて多様です。先人たちは、世界中で発生する災害種のほぼすべてを経験しながらも、同じ被害を繰り返さないという信念の下、防災技術や必要な制度・政策を育んできました。日本が議論を牽引した「仙台防災枠組」では、こうした経験をもとにそれまで被災者の保護・救済の意味合いから国際的には人道問題として扱われる傾向が強かった「防災・復興」を、経済・社会の発展の礎となる開発課題として位置づけました。経済成長と防災の両立を課題とする開発途上国に、防災事業の蓄積をふまえ実践的で優れた防災・復興協力を展開することは日本の使命でもあります。

3つの方針で「防災・復興」に取り組む！

Approach 1
国の基盤を支える構造物への災害対策を中心とした事前防災投資の推進

ひとたび大規模な災害が起これば、人口と資本が集中する大都市圏は経済的、社会的により大きなダメージを受けます。災害被害を少なくするために必要な構造物（ハード）を中心とした対策が、発災前に段階的・計画的にとられるようモデル支援事業（→❶）の実施を通じて、その国にふさわしい防災のあり方や理念の普及・浸透を目指します。

特に河川、砂防、海岸などの人々を災害から直接守るための防災インフラの整備は、国が公共事業として優先的に取り組む必要があります。加えて運輸・交通・電力・水道・通信などのライフライン施設、教育・医療施設といった重要な公共インフラも、災害時にその機能が維持できる設計や整備のための投資が必要です。将来的に自己予算で自立発展的に構造物対策を中心とした災害リスク削減対策を実施していけるよう、これらを所管する政府機関の能力の強化を図ります。

❶JICAは1970年代からフィリピンの治水計画策定やそのための能力強化・人材育成を通じ事前防災投資を下支えしてきた。治水専門部局設立も支援しており、首都マニラ中心部の洪水被害を軽減し、マニラの発展に大きく貢献してきた（詳しくはプロジェクト参照）。

Approach 2
災害リスクの理解及び防災ガバナンスの強化

災害被害をより少なくするためには構造物（ハード）対策が最も有効ですが、その効果的な実施のためには、多様な防災関係省庁、気象観測モニタリング機関、地方自治体などによる総合的な防災対策の計画・実施能力の向上などのいわゆる「防災ガバナンス」の強化が不可欠です。特に開発途上国で不足しがちな人材・予算・権

❷支援対象国がハザードごとに観測、災害リスクの把握、評価する能力を向上させたり、災害リスクを管理する気象・地震観測、予報・警報、防災庁舎などの基盤整備、防災計画策定能力の向上、関係中央省庁・地方自治体間での調整機能の強化などを重点的な事業内容としている。

限などを強化し、各国が防災を推進していくための総合的な体制の確立を図ります(→❷)。災害の予防や適切な備えのためには、観測やリスク評価などを通じた災害リスクの理解と把握が非常に重要です。特に構造物対策だけでは事前に削減しきれないリスク(「残余リスク」)に対応するために、災害リスクが高く危険なところにはそもそも居住しないようにする土地利用などの規制制度の整備、災害対策の初期段階として人の生命を守るための予報・警報システムの整備といった、いわゆる非構造物(ソフト)対策の推進に協力します。

Approach 3
「より良い復興」の推進

災害が発生してしまった後の復旧・復興の過程においても、発災以前からの脆弱性を克服し、将来の災害リスクの削減に向けた取り組みを行うことで、同じような災害被害を発生させない強靭で包摂的な社会・経済システムの再生(「より良い復興」→❸)を図ります。特に、当該国政府に防災理念を普及・浸透させるだけでなく、構造物対策において被災前からのリスクをできるだけ削減し、他の支援機関も巻き込んだ実効的な災害リスク削減事業を展開することで、より自然災害に強い国・社会の再構築に貢献します。

JICAは2015年にネパールで発生した地震災害でも、その復興過程で将来も含めたリスク評価をもとに災害リスクに備えた提言と対策を推進しています。

SDGsワード

❸より良い復興

(Build Back Better)

災害発生後の復旧・復興段階で、次の災害に備え、より強靭な地域や社会システムをつくり上げること。2015年に仙台で開催された第3回国連防災世界会議で採択された「仙台防災枠組」で公式に定義された概念で、SDGsの目標のひとつである「住み続けられるまちづくり」にも深く関連し、世界における防災・復興の取り組みにも取り入れられている。

2030年への目標

ここで掲げたJICAの協力方針は2015年の第3回国連防災世界会議で採択された「仙台防災枠組」の以下の優先行動にも沿うものです。JICAは2030年までに仙台防災枠組の達成を通じた災害リスク削減を目指しています。

優先行動1　災害リスクの理解
優先行動2　災害リスクを管理する災害リスク・ガバナンスの強化
優先行動3　強靭性のための災害リスク削減への投資
優先行動4　効果的な災害対応への備えの向上と、復旧・復興過程における「より良い復興(Build Back Better)」

先を見越した治水対策でマニラ首都圏の洪水リスクを削減

マニラ治水対策（マンガハン放水路、パッシグ・マリキナ川河川改修、パラニャーケ放水路など）

対象国／フィリピン（東南アジア）

解説してくれた人／坂井建太さん（JICA地球環境部）

フィリピン共和国

どんな国？▶東南アジアのマレー諸島の北部に散在する多数の島々からなる。首都のあるルソン島が最大の島で、ミンダナオ島がそれにつぐ。主要産業は農林水産業で、ココナツやバナナなど輸出向けプランテーションと、米やとうもろこしなど国内向け小規模農業からなる。観光、海外出稼ぎ労働者からの送金が外貨獲得源。

どんな課題？▶マニラ首都圏は人口約1348万人（2020年）を抱える同国の政治・経済・文化の中心地だが、台風や洪水の被害に悩まされている。同国では2005〜14年の間に自然災害によってのべ7500万人が被災し、ドイツのNGO「ジャーマンウォッチ」が毎年、世界の自然災害リスクをランクづけして公表する「世界リスク・インデックス」（2021年）で、2000〜19年の期間平均で同国は世界で4番目にリスクが高いとされる。

首都／マニラ
面積／30.0万㎢
人口／1億958.1万人
1人あたりGNI／3850ドル
（日本のおよそ11分の1）

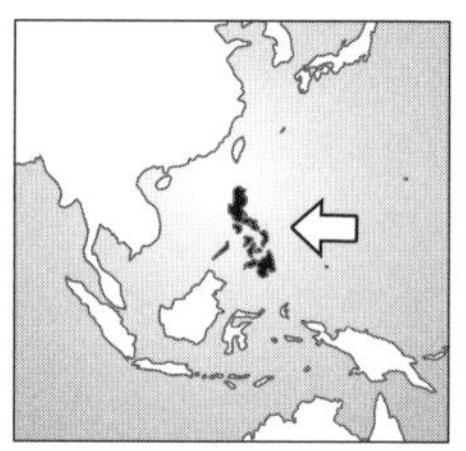

40年にわたる日本の洪水対策支援

マニラ首都圏はパッシグ・マリキナ川（→❶）の河口付近に位置しているため、昔から洪水被害が繰り返されてきました。治水対策は都市の発展に欠かせず、日本は1970年代から40 年以上にわたり洪水対策計画の策定などを支援しています。その最初は「マンガハン放水路」（→❷）の建設で、その後のマニラ発展の礎となりました。その後、JICAは1990年にはマニラ首都圏における抜本的な治水計画の策定を支援しました。

また、2000年からパッシグ・マリキナ川河川改修事業の支援を開始しました。川幅を広げ、川底を掘り、同時に護岸工事を行って強化しています。改修工事は河口から上流に向かって進められ、現在はフェーズ4としてマリキナ川中流部分の工事を行っています。ここでは河川改修に加え可動堰なども建設す

❶フィリピン最大の湖であるラグナ湖を水源としマニラ中心部を流れマニラ湾に注ぐパッシグ川と、マニラ首都圏の東を流れたあと市の南部でそのパッシグ川と合流するマリキナ川を一つの河川として総称した呼び方。

❷マニラ首都圏を洪水から守るためにつくられた人工水路（1988年完成）。マリキナ川の洪水をラグナ湖に迂回させ、下流の市街地の洪水被害を軽減する役割がある。

❸これまでの構造物対策により、2020年にマニラを襲った台風ユリシーズの被害は、対策をまったく行わなかった場合

JICAの支援で改修されたパッシグ・マリキナ川

る予定です(→❸)。

それでも洪水リスクが残るマニラ首都圏

近年では、ラグナ湖沿岸が浸水被害にあうケースも発生しています。2009年9月にフィリピンを襲った台風オンドイでは、マニラ首都圏に隣接するラグナ湖沿岸でも大規模な洪水被害が発生しました。ラグナ湖は多くの河川から洪水が流れ込むこともあり、湖岸周辺の浸水は1カ月以上にわたり続きました。

現在、JICAでは、ラグナ湖の水位をコントロールするための「パラニャーケ放水路」の建設に向けた調査を進めています。ラグナ湖周辺も都市化が進んでいることから、放水路は地下トンネルで建設する予定です。地下50m以深の大深度地下に建設する高度な工事になることから、首都圏外郭放水路(→❹)などで培ってきた日本の高い技術が必要とされています。

日本の技術を学んだ フィリピン人技術者が現地で活躍

日本はフィリピンの治水技術者の育成・技術力向上にも力を入れてきました。水害の多いフィリピンにおいて、自国の治水技術者が育ち、その技術者がフィリピンの様々な場所の治水事業を進めていけることが重要です。

これまで、様々な専門家を派遣し、計画・設計等に関する種々の技術基準の作成や技術者の育成などを通して技術移転を行ってきました。また、フィリピンの治水技術の基幹施設となる治水砂防技術センターの設立を支援しました。今では、治水砂防技術センターで知識・技術を身につけた多くのフィリピン人技術者が活躍しています。

と比較すると約85%に低減できたと試算されている。構造物による対策のほか、工事に合わせ、流域の自治体と協力してハザードマップを作成し、住民に対して洪水時の避難の仕方などを周知するなど防災意識向上の支援も行っている。

❹首都圏を流れる中川、倉松川などの中小河川が洪水になった際にその水を江戸川へ放流する施設。地下50mを6.3キロのトンネルがつなぎ、流れてきた水の勢いを弱めるための巨大な地下水槽は巨大神殿のようだと話題になった。

◉この取り組みで思ったこと

日本が40年にわたってマニラの治水対策を支援してきたこともあり、現地の技術者と話していると「この技術は日本の○○さんに教えてもらった」「このやり方は日本に研修に行ったときに習ったんだ」という声を聞くことがあります。これまでの支援がしっかり根付いていると思うだけでなく、彼らの言葉の端々から日本の技術への高い信頼が感じられ、これまで支援に携わってきた日本人技術者たちの努力があってのことだと感慨深いものがあります。

ハード・ソフト両面から災害多発国の事前防災の取り組みを強化

災害リスク軽減・管理能力向上プロジェクト

対象国／フィリピン（東南アジア）

解説してくれた人／内倉嘉彦さん（オリエンタルコンサルタンツグローバル）

フィリピン共和国

どんな国?▶東南アジアのマレー諸島の北部に散在する多数の島々からなる。首都のあるルソン島が最大の島で、ミンダナオ島がそれにつぐ。主要産業は農林水産業で、ココナツやバナナなど輸出向けプランテーションと、米やとうもろこしなど国内向け小規模農業からなる。観光、海外出稼ぎ労働者からの送金が外貨獲得源。

どんな課題?▶同国は台風・暴風雨、洪水だけでなく、土砂災害、火山噴火、地震など東南アジアにおいて自然災害の多い国の一つである。1991年のピナトゥボ火山の噴火や2013年の台風ヨランダなど、過去約20年間で東南アジアにおける自然災害発生数の3割、被災者数ではその4割を同国が占めている。

首都／マニラ
面積／30.0万km²
人口／1億958.1万人
1人あたりGNI／GNI／3850ドル（日本のおよそ11分の1）

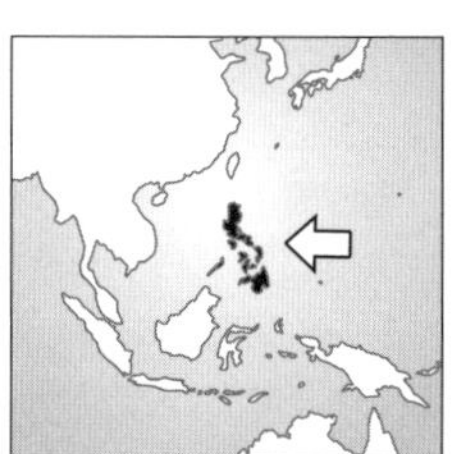

事前防災に取り組み始めたフィリピン まずは担い手の育成から

フィリピン政府では長い間、防災活動の主体は被災後の災害対応でしたが、2005年の国連防災世界会議での「兵庫行動枠組2005-2015」の採択以降、発生後の災害対応から事前防災を重視する方針に転換し、具体的な国家行動計画を策定して防災活動強化への取り組みを進めていました。防災活動を推進するための法的整備や中心的組織の設立が行われたものの、発生後の対応だけでなく災害の予防・軽減も含む多様な活動を実施していくための体制・人材が十分とはいえませんでした。そのためJICAは現地の状況を調査したうえで、2012年からその組織力・人材育成に協力することになりました。

同国政府で災害管理の中心に位置づけられたのは市民防衛局（OCD）という組織でしたが、その能力を調査したところ、新たに制定された防災法の要求を満たすだけの人員や人材育成計画がなく、運営すら困難な状況で、関連機関との役割分担が不明瞭だったり、必要な通信施設・設備の不備など多くの課題が存在していました。そのため、地方レベルの防災計画及び災害対応マニュアルの策定、職員の教育プログラム、コミュニティ防災活動計画とそのためのガイドラインづくり、情報管理システムの構築などを重点に協議しながらワークプランをつくりました。

本邦研修で大阪府の「津波・高潮ステーション」を見学する現地職員たち

ここで重要なのは、現地の組織が人材の育成から施設・設備の確保、組織運営や事前防災の拡充などを自立的に行えるようになることです。それにはまず人材の育成が急務であり、現地職員らを日本に招いての研修などを通じて防災計画の考え方や策定方法などを学んでもらうだけでなく、運営していく上で何が足りていないのかを関係省庁とも話し合いました。

浮かび上がった災害対策への考え方の違い

そうするなかで、災害対策に対する考え方の違いがあることがわかりました。日本側はこれまでの経験から、災害による被害が大きくなれば復興に投じる資金も大きく、復興にかかる時間も長くなり、その結果、経済発展を阻害するので事前防災に力を入れるべきだと考えていました。しかし当時、防災は人命救助など人道的な側面で捉えるのが世界でも一般的で、フィリピンでも同様でした。そのため、研修やセミナーなどで折に触れて事前防災の大切さを説くなど、私たちの考えを浸透させるのに力を注ぐ必要がありました(→❶)。

そうした事情から時間はかかったものの、防災マニュアルやガイドラインはある現地職員とともにつくることができました。ただ、OCDという組織の能力強化に関しては、防災計画などで行き届かなかった部分もあり、十分な成果を得られたとはいえませんでした。

その後、2015年に「仙台防災枠組2015-2030」が採択されました。この新しい枠組みを踏まえて本プロジェクトのフェーズ2が19年からスタートし、OCDのさらなる能力向上、地方防災計画の内容改善などを支援しています。

❶もう一点、課題となったのは現地の人材の流動性であった。プロジェクトの途中で担当者が辞めてしまうことが多く、新たな担当者に対して同じ研修を何度も実施しなければなりませんでした。ガイドラインやマニュアル作りも同様に一から説明する必要があった。

◉取り組みで思ったこと

フェーズ1では、さまざまなことをOCDが独自にできるようにガイドラインやマニュアルなどを作成しましたが、かなりの部分をJICA側が主導していました。そのため現地職員たちに深く理解してもらえていなかったのか、フェーズ2が始まった時点で使われていないものもいくつか見られました。一方でコミュティ防災マニュアルなどは積極的に使われており、災害後の行動を定めた災害対応マニュアルは我々がつくった水害に関するものだけでなく、それをもとに他の災害に対する対応マニュアルを自発的に作成してくれていたのを見て、フェーズ1の成果を感じることができました。

“Build Back Better”(より良い復興)でネパール地震被災後のまちづくりを応援

ネパール地震復旧・復興プロジェクト

対象国/ネパール(アジア)

解説してくれた人/宮野智希さん(オリエンタルコンサルタンツグローバル)

ネパール連邦民主共和国

どんな国?▶世界最高峰エヴェレストを含むヒマラヤ山脈南斜面とヒンドスタン平原の一部からなる。農業が就労人口の約3分の2を占め、観光業が外貨獲得の重要な柱。貿易赤字を海外出稼ぎ労働者からの送金と外国援助で補う。開発途上国のなかでも特に開発の遅れる後発開発途上国(LDC)。

どんな課題?▶2015年4月、首都カトマンズの北西(ゴルカ郡)を震源とするマグニチュード7.8の地震が発生。その後の余震も含め、国内で死者8790人・負傷者22300人、家屋の全壊51万戸、半壊28万戸(2015年6月時点)の惨事となった。発生した地滑りは3300カ所に及び、多数の道路・橋梁が被害を受け、復興の足かせとなっていた。

首都/カトマンズ
面積/14.7万㎢
人口/2913.7万人
1人あたりGNI/1230ドル(日本のおよそ0.03%程度)

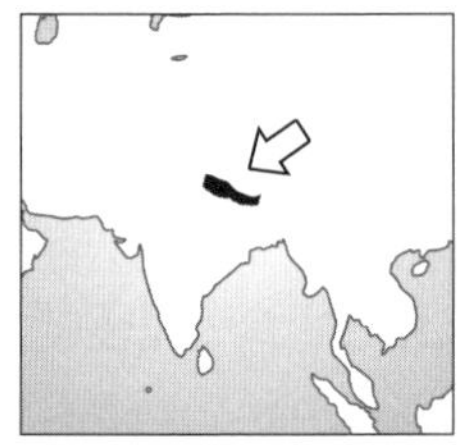

地震に脆弱だった石積みの家屋 繰り返さないまちづくりへ

地震発生後、JICAは現地に調査団を派遣し、復旧・復興支援にかかるニーズ調査や、緊急に対応すべき案件の情報収集を行いました。その結果に基づきさまざまな支援計画が立てられたなか、そのひとつが被害の大きかったゴルカ郡とシンドパルチョーク郡での住宅再建支援(→❶)でした。

両地域の住宅の多くが、日干しレンガや片岩などを積み上げて目地に泥モルタルを使用した耐震性のない脆弱な構造で、技術指導を受けていない地域住民が建てているため建築物の品質もバラバラでした。JICAが復興にあたって重視したのが「より良い復興(Build Back Better)」で、復興の際により災害に強いまちづくりにしようというものです。

ネパール政府もこの考えに賛同し、新たな住宅の建築に対し

❶本プロジェクトのプロセスは、1年目の制度検討フェーズ、2年目の制度整備フェーズ、3年目の着工促進フェーズ、4年目の特別支援フェーズ、5年目の完工証明書配布フェーズの段階を踏んだ。

復興の建設現場を巡回して指導にあたるモバイルメイソンの研修風景

て、2015年地震と同程度の地震に耐えうる耐震建築基準を定め、それを満たせば一世帯あたり30万ルピーの住宅再建補助金が国から支払われるという支援策を打ち出しました。JICAは耐震基準に沿って、現地の建築工法を踏まえて敷地条件から建物の形状や材料、鉄筋などによる垂直・水平方向の補強部材など、耐震性を確保するために最小限守るべき基準や技術指針を作成し、地域住民や職工たちにわかりやすく伝えるため、基準を満たす復興住宅モデルを同国政府に提案し、そのカタログを作成しました。一方で住民や職工たちに、適切な建設技術や補助金制度を普及するための研修を実施したり、再建された建物が耐震基準を満たしているかを審査する政府系技術者らに対する技術トレーニングなども行い、被災者が住宅再建を始められる体制をつくり上げました。

コミュニティで課題を共有する「共助」で着工率が大幅アップ

ところが震災から2年ほどの2017年3月時点で、支援対象地域の着工率は21%と想定より低い数字でした。調査すると、最大の理由は資金の不足で、他には「施工者(石工)が見つからない」「建築資材が高い」などでした。

そのため住民個々人だけで課題を抱えるのではなく、コミュニティ全体で復興の課題に取り組んでもらえるよう促すための「コミュニティ動員プログラム」(→❷)を実施しました。例えば建設資材でも、コミュニティで必要な量をまとめて購入することで、一戸当たりの負担を減らすことができるなど、「共助」という考え方で工夫してもらうのです。

これにより、2018年3月にかけては着工率が80%にまで急伸しました。その前までは、補助金と自己資金(ローンも含む)で再建は可能ではあるものの、躊躇していた人たちがいました。しかし、コミュニティで情報や課題を共有する「共助」によって多くの人たちが後押しをされるかたちで、復興に踏み出すことができたからだと考えています。

❷同プログラムでは、耐震基準に沿った技術をもつ施工者(石工)が見つからないという問題に対し、JICAの支援により各地を巡回しながら新しい建築方法を指導する熟練工(モバイルメイソン)を育成し、各コミュニティに派遣した。これにより再建が飛躍的に増えたものの、それでも再建できない貧困層もいた。彼らに対してはさらに共助を進めコミュニティで余っていた建築資材を提供するなどの工夫をした。

◉こぼれ話

JICAの方針である「より良い復興」は脆弱層にとってハードルが高いのではないか、SDGsの理念である「包摂性」(誰ひとり取り残さない)と相反するのではないかという意見が他の支援国や団体から出たこともあります。しかし、JICAはこの2つの理念を両立できるはずだと考え、本プログラムを通して共助の体制をつくり、それに挑戦しました。

I. 児童・生徒向け

体験ゾーンの展示を通して、「私たちにできること」を考える！

JICA地球ひろば

JICA地球ひろばでは、世界が直面するさまざまな課題や、開発途上国と私たちとのつながりを体感できます。地球ひろば1階にある体験ゾーンでは、そうした多くの課題を、体験型展示（基本展示·企画展示）で学ぶことができます。また、開発途上国の国別紹介と、パートナー（NGO、企業、教育機関、自治体等）展示を、月間特別展示コーナーとして隔月で設けています。

JICA市ヶ谷ビルの外観

SDGsに関する映像を見られる地球ナビ

●団体訪問

総合学習などの時間に開発途上国や国際協力について学習をしている学校の社会見学として、また、修学旅行、その他グループでの学習プログラムに対応した、受け入れプログラム（無料／要予約）をご用意しています（対象:小学校高学年から一般）。

●一般見学

体験ゾーン（展示スペース）は、一般のお客様も自由にご覧いただくことができます。来館者の皆様がより深く展示を理解していただけるよう、展示説明をする地球案内人が常駐していますので、質問などございましたら、お気軽に声をおかけください。

企画展示(過去の例)

■JICA地球ひろば

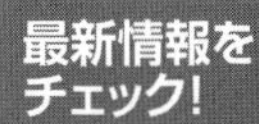

QRコード

所在地:東京都新宿区市谷本村町10-5
(JICA市ヶ谷ビル内)

最寄り駅:各線「市ヶ谷」駅徒歩10分

入場料:無料

TEL:03-3269-2911

■体験ゾーン

開館時間:10時から18時

休 館 日:毎月第1・3日曜日
年末年始

基本展示(過去の例)

全国のJICA国内拠点にも展示コーナーや体験ブースがあります。

QRコード

授業や宿題にも活用できる!
～「国際理解」や「国際協力」について、自分に何ができるか考えるきっかけに～

JICA国際協力中学生・高校生エッセイコンテスト

次の世代を担う中学生・高校生を対象に、開発途上国の現状や開発途上国と日本との関係について理解を深め、国際社会のなかで日本、そして自分たち一人ひとりがどのように行動すべきかを考えることを目的として実施しています。2022年度で中学生の部は27回、高校生の部は61回を数え、「世界とつながる私たち～未来のための小さな一歩～」をテーマとして、中学生の部19832作品、高校生の部24048作品、総数43880作品ものご応募をいただきました。体験や考えをもとにエッセイを書くことで、生徒自らが考えるきっかけになると期待し、授業や夏休みの宿題として取り入れる学校が増えています。

最優秀賞、優秀賞の受賞者へは約1週間の海外研修があり、2022年8月には、夏休みの期間を利用してマレーシアを訪問し、開発途上国における国際協力の現場を視察しました。

参加者は約1週間の研修国での滞在を通して開発途上国の人々の暮らしと文化を体験し、また現場が抱える課題とそれらに対するJICAの取り組みを視察しました。日本では知ることのできない途上国とそこに住む人々の想いを感じ、参加者それぞれが国際協力や世界と自分とのつながりについて深く考える機会となりました。

受賞作が中学校の教科書にも!

従来の「読む道徳」から「考え、議論する道徳」への転換がなされるなか、2019年から学研教育みらい(現Gakken)発行の中学3年生用と廣済堂あかつき発行の中学1年生用の道徳の教科書にJICAエッセイコンテストの過去受賞作品が掲載されています。「国際理解」や「国際協力」について、生徒たちが自分ができることは何かを考え、クラスで話し合う協働学習ができる構成となっています。

■問い合わせ先

JICA広報部　地球ひろば推進課
TEL：03-3269-9022（代）

最新情報をチェック!

QRコード

過去の受賞作品から①

2021年受賞作品　中学生の部　**審査員特別賞**

学校法人國學院大學 國學院大學久我山中学高等学校 3年
多田 路佳さん

手ぬぐいから考えるSDGs

手ぬぐいは私にとって欠かせないものだ。私は中学校で剣道部に入部した。剣道では面をかぶる前に手ぬぐいを頭に巻く。そのためほとんど毎日使うようになり、私にとって身近なものになった。そして、手ぬぐいの存在と良さに気が付いた。私は汗っかきな方だが手ぬぐいは吸水性がよく、私のかいた汗をしっかり吸収してくれる。それに生地が柔らかいので、長時間つけていても頭が痛くなることもない。私は3年間剣道で手ぬぐいを使っているが、何回洗濯しても生地が硬くなることもないし、逆に使い込むほど味が出る。

手ぬぐいは、平安時代からあるともいわれている。しかし当時の布は高価で、祭礼で使われていた。江戸時代には着物を作るときに余った布を無駄にせず利用して、今の手ぬぐいの原型が作られ普及した。手ぬぐいには、長い歴史とともに昔の人の知恵もある。手ぬぐいは使っていると端の糸がほつれてくることもあるがそれは端を縫わないことで乾きを早くし、雑菌の繁殖を防ぐという昔の人の工夫でありそのおかげで今の手ぬぐいがある。平安時代から現代まで手ぬぐいが残っているのは手ぬぐいが使いやすいものだからではないだろうか。今の社会はどんどん新しいものが作られ快適に過ごせるようになったが、一方で環境問題は増えている。そんな手ぬぐいを私はなにかに役立てたいと考えた。

そこで、私は学校の授業でよく学んでいるSDGsと結び付けて考えてみた。手ぬぐいは、17個の目標のうち目標11の「住み続けられるまちづくりを」と目標12の「つくる責任、つかう責任」と関係していると考えた。技術が昔よりも発達し、大量生産と大量消費を繰り返しごみがあふれている現代。多くのものが使い捨てされ、環境に負担をかけている。石油は、あと41年しかもたないとも言われ、資源の限界も近づいている。住み続けられるまちづくりのためにも私たち消費者は使う責任をしっかり理解するべきだ。また手ぬぐいは耐久性が非常に優れ、長持ちする。包み物や手や顔をふく時の道具にも姿を変えることができ、繰り返し使えるので非常に環境に良い。昔の人は今ほど快適な暮らしはしていなかったが、その中でも知識を絞り出し懸命に生きてきた。新しいものを生み出すのも良いが、時には昔の人のように今あるものを最大限に活用していくのも良いかもしれない。千年以上もの間、使い方を変えながらもあり続けるのは手ぬぐいが持続可能なものだからだと思う。そんな手ぬぐいを日本や世界のみんなにも使ってほしい。

私は今日も、手ぬぐいの歴史や昔の人の知恵に誇りを持って手ぬぐいを使っている。私たちは、持続可能な地球のために使う責任を常に考えなければいけない。手ぬぐいのように環境に良いものは何かをしっかり見極め、よいものを長く大切に使い、資源には限りがあるのだと理解していきたい。そして、きれいな地球を未来につなげていきたい。

過去の受賞作品から②

2021年受賞作品　高校生の部 **最優秀賞**（独立行政法人国際協力機構理事長賞）

広島県立加計高等学校 2年

久保 日向太さん

本当のサステナビリティってなんだろう？

「俺、農家になるわ」それは、あまりにも突然の出来事だった。私の父親は25年近く教壇に立って小学生に色々なことを教えていた。趣味は釣りに将棋、パスタと炊き込みご飯を作るのがめちゃくちゃうまい。そんな父親が急に農家になると言い始めたのだ。確かに私の母方の祖父は、お米を作っている農家だし、「後継ぎがいないから辞めよっかなぁ」とはチラホラ呟いてはいた。しかし、あの教師一筋の父親が急に「学校でやりたいことはやり尽くした！」とか言って辞めたのは、私にとってあまりにも衝撃的な出来事だった。

そんな父親が継ぐ予定の祖父の田んぼには、稲刈りの季節がもうすぐやってくる。小学生の頃は、祖父の膝の上でコンバインを操縦するのが楽しみで仕方がなかったし、お米を収穫している祖父の後ろ姿は10年経った今でも私のひそかな自慢の一つだ。そんな祖父の田んぼの近くでは、ここ数年の間に不相応な真っ黒いパネルを見かけるようになってきた。少子高齢化や後継者不足、そういった農村地域が抱える問題が、日当たりが良い大きな土地を必要とする太陽光発電と上手くかみ合ってしまった為だろう。

近年「SDGs」の名のもとに、大量の風力や太陽光発電が作られ、日本政府が掲げる2050年カーボンニュートラルが現実味を帯びてきている。しかし、その輝かしい功績の裏側では、日本の伝統的な田畑が黒いソーラーパネルに変わり、稲を育む水を形成する山々には大きなプロペラが立ち並ぶようになった。不自然なほどに切り崩された山を皆さんも一度は車から目にしたことがあるだろう。私がかつてザリガニ釣りをしていた実家の近くでも、ソーラーパネルの真下でお米を栽培している摩訶不思議な光景がみられるようになった。地球温暖化や海洋酸性化、干ばつに紛 争、そして貧困。数えきれないほどの社会問題が混在している今の地球で、私たちの世代がより真摯にこれらの問題と向き合わなければいけないのは当たり前のことだろう。しかし、それと同時に「SDGs」という大義名分に踊らされ、私たちが古来より受け継いできた伝統的な景観を考えなしに破壊することは決してあってはならないことだと私は思う。後数か月すれば農家の息子になり、田畑という存在がより身近になりつつある今年。改めて私たちが目指す「エコ」や「SDGs」の形を考えるようになった。

夕暮れ時に虫網を片手に田んぼにいき、トンボやザリガニを捕まえていたあの時のような、人としての豊かさを後世に残すのか、それともカーボンニュートラルの為に太陽光発電を優先するのか。正解はどちらか一つではないと思う。片方を疎かにして達成した目標は、決して「持続可能な社会」とは呼べないだろうし、新たな問題を生み出すきっかけになりかねないだろう。例えば、私たちが環境の為といって設置する太陽光パネルは、本当に持続可能なのだろうか？ 製造過程での強制労働から目をそらしていないだろうか。レジ袋の代用のマイバッグを5個も6個も持つことは環境にやさしいのだろうか？ 雑誌のキャンペーンやイベントの度に手に入れた使わないマイバッグが沢山家に眠ってはいないだろうか。良かれと思って寄付をした古着が、現地の服飾産業を破壊してはいないだろうか。こうした片方からみれば良いことも一歩踏み込んだその先に沢山の問題を孕んでいることはあまり知られていない。

「SDGs」という言葉が爆発的に広がった今、どちらか一方を妄信的に優先するのではなく、互いの主張の着地点を模索し貧困問題や環境問題、そして「SDGs」と正しく向き合うことが必要だと思う。本当の意味での持続可能な社会を築くためにまずは、昼間はカーテンを開け、クーラーの温度を一度だけあげてみる。こういった身近な生活の中に沢山ある「ちょっと地球に優しい行動」を心がけるようにしていきたい。

Ⅱ．先生向け

「持続可能な社会の創り手」の育成に！

JICA教師海外研修（教育行政コース・一般コース）

誰もが安心して暮らせる「誰ひとり取り残さない」社会づくりに関わる問題は、世界でも、地域でも、そして学校でも共通の課題です。

本プログラムは、開発途上国の現状や国際協力の現状について、実際に途上国を訪問し、開発途上国の現状・課題、日本との関係、国際協力の現場を体験することで、国際理解教育/開発教育の意義について理解を深め、継続的に国際理解教育/開発教育の実践を行うことを目的としています。また、研修参加者同士の意見交換や知見の共有を通して、研修終了後も継続してさらなる国際理解教育/開発教育の推進を図ることも目的のひとつです。

本プログラムには一般教員対象の一般コース（JICA国内拠点主催）と、学校管理職・教育行政官向けの教育行政コース（JICA地球ひろば主催）の2コースがあります。

教師海外研修

●研修の流れ（2022年度）

①**事前研修**
②**海外研修**
派遣国：エジプト・アラブ共和国
③**事後研修**
④**研修レポート提出**

■問い合わせ先

JICA広報部　地球ひろば推進課
TEL：03-3269-9022（代）

最新情報をチェック！

QRコード

2022年度 参加者の声（教育行政コース）

京都市教育委員会
馬谷陽子 先生

高校教諭
担当科目：英語

自分の経験値を上げる貴重な機会だと思い参加

2018年から京都市教育委員会の指導主事となり、英語担当として京都の市立高校生を対象にしたグローバルリーダー育成研修を引き継ぎました。それまでは、海外で行う英語の語学研修といった位置づけでしたが、現地の人たちが抱える問題を上から目線ではなく、同じ立場から解決しようとするような取り組みや経験ができるようにと趣向を変え、私が企画に携わった2019年の研修はJICAの協力を得て事前研修を実施した上で、参加者がフィリピンの養護施設で２週間住み込みでボランティアを行うことにしました。それを経験した高校生たちの意識は明らかに大きく変わりました。養護施設に来ている子どもたちと関わることで、日本の高校生も「支援って何だろう？」と考え、日本での自分たちの生活や生き方を見つめ直すいい機会になったようでした。

私自身、学生時代にイギリスへ留学したり、教員になってからもアメリカでの研修を経験しましたが、じっくり現地の人々と一緒に何かをするという経験ではなかったため、物足りなさを感じていました。そのため自分の経験値を上げる貴重な機会だと思い、2022年度の本研修に応募しました。

エジプト研修で得たスタディツアーのヒント

訪問国はエジプトで、特に関心を持ったのが日本式教育を取り入れたエジプト日本学校（2018年開校）での視察でした。エジプトは若者の失業率が高く、それとあいまって試験熱が加速し、学力に偏重した教育が行われていましたが、教育改革を掲げる政府が規律や倫理観、協調性を育むために日本の学校で行われている日直や学級会、清掃といった特別活動（特活。現地でもTOKKATSUと呼ばれています）に注目し、JICAなどの協力を得てその普及に取り組んでおり、同校はそのモデル学校のひとつです。

特活を導入したことで自己肯定感や自尊心が上がったという話も聞きましたが、私が実際に話を聞いた女子高生のように「掃除を仕事としている人がい

るし、そもそも掃除の必要がないようにきれいに使うようにしている」という独自の意見があることもわかりました。それは少数派かもしれませんが、そうした生徒たちの意識を変えていくことの難しさを、同じ教員の立場としてこの研修で学ぶことができたように思います。

また、エジプト人の先生や生徒ら多くの人たちと交流する時間が持てました。みなさん、本当に熱意に溢れていて刺激を受けました。現地で技術協力にあたっているJICAの方々からも、体験に基づいた貴重な話をうかがうことができました。

この研修に参加したもう一つの理由に、日本国内の先生方とのネットワークをつくりたいということがありました。2回の事前研修と、現地では1週間程の短い日程ではあったものの、同じ思いを持っている人とはどれだけの時間を過ごしたかに関係なく、強いつながりがつくれるのだと感じました。さまざまな先生方と日本全国に広がるネットワークが築けて、他に代え難い体験をさせていただきました。

今後は高校生向けのエジプト・スタディツアーをぜひやってみたいです。ただの観光ではなく、今回の研修で訪問したエジプト日本学校で日本の高校生が現地教員のアシスタントをするといった、何かを一緒にさせてもらえるボランティアなどを組み込んだスタディツアーが実現できればと考えています。

高校生という多感な時期に外国の人々と深い関わりを持つことは、その人の人生にとってもはかり知れないほどの影響があると思います。さまざまな文化的背景を持つ人々同士でも、願いが同じであれば協働できるということに気づいてくれるような、そんなツアーを実践して広めていきたいです。

世界のリアルとつながる授業実践のために
～多様化する世界の中で生きる力を育む～

国際理解教育／開発教育指導者研修
後援／日本国際理解教育学会

国際理解教育/開発教育指導者研修は国際理解教育/開発教育の授業実践に取り組み、各地域の国際理解教育/開発教育の推進者として活躍が期待される全国の学校教員の方々を対象に実施するプログラムです。参加者の国際理解教育/開発教育に関する知見の蓄積や事例の共有、学習指導案の作成、授業実践を通して、教員としての専門性を高めることを目的としています。さらに参加者が研修終了後も継続して、授業実践の紹介や本プログラムでつちかわれた教員ネットワークによる知見や情報を共有し、各地域で国際理解教育/開発教育を推進することを目指しています。

2018年度からは専門的なアドバイスをいただくため、日本国際理解教育学会の協力をえて実施しています。

●研修の流れ●

前半研修
- 学習指導要領と国際理解教育／開発教育についての講義
- 優れた授業、教材化のポイント（ワークショップ）
- 授業実践から学べる公開セミナー

➡

指導案作成
- 前半研修をふまえ実践したい指導案の作成・提出
- ブラッシュアップ（アドバイザーからのフィードバック）

⬇

授業実践
- 完成した授業案による授業実践
- 他の研修参加者の授業参観（推奨）

⬅

後半研修
- 授業実践から得た学びの共有、意見交換
- 公開セミナー（講演・授業実践事例発表）

■問い合わせ先

JICA広報部　地球ひろば推進課

TEL：03-3269-9022（代）

最新情報をチェック!

QRコード

2022年度 研修参加者の声　VOICE 1

千葉市立稲浜中学校
鎌田理子 先生

実施教科科目：社会科　地理
対象生徒：1年生
単元：世界の諸地域　南アメリカ州（6時間）

汎用性のある指導案づくりを目指して参加

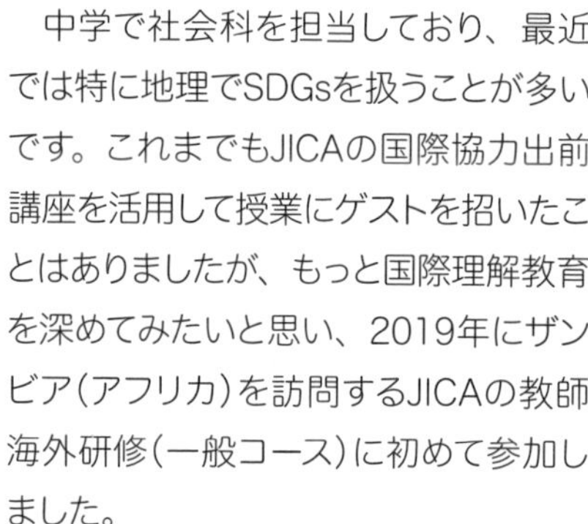

中学で社会科を担当しており、最近では特に地理でSDGsを扱うことが多いです。これまでもJICAの国際協力出前講座を活用して授業にゲストを招いたことはありましたが、もっと国際理解教育を深めてみたいと思い、2019年にザンビア（アフリカ）を訪問するJICAの教師海外研修（一般コース）に初めて参加しました。

教員個人ではなかなか探し出せないような授業用の材料がJICAにはたくさんあることをその研修を通じて知ることができましたし、実際にザンビアでの研修を基にした授業を実践することができました。

自分がつくった指導案を他の先生方にもぜひ実践してもらいたいと思っているのですが、先生方がみなアフリカに行けるわけではありません。そこで、今度はより汎用性のある指導案づくりにチャレンジしてみたいと考え、この研修に参加することにしました。

これまで指導案の書き方をしっかりと学んだことがなかったこともあり、この研修で他の学校の先生にも納得してもらえるような指導案づくりを学べたことは大きかったです。国際理解教育では、面白い話や教材となるいい素材があっても、生徒たちに理解してもらえない難しさがあります。例えば質問の仕方を工夫することで理解が変わってくることなども、研修を通じて学ぶことができました。

授業実践は中学１年の地理で扱う「世界の諸地域」のなかの「南アメリカ州」とし、その地域的特色を諸資料から適切に読み取り、理解することと、同州の今後の環境問題について「持続可能な開発」の観点から自分の考えをまとめることを単元目標として組み立てました。南アメリカ州を選んだのは、1学年生徒に「世界の諸地域」で、どの地域とのつながりを身近に感じるかアンケートをとったとき、同州が最下位だったからです。生徒たちにとって地理的・心理的に遠い存在である地域のことを、彼らが「持続可能な社会の創り手」になるために「自分ごと」としてとらえる姿勢を身につけて欲しかったからでした。

VOICE 1

チリとボリビアからのオンライン授業に生徒たちも興味津々

南アメリカ州にしたもうひとつの理由は、知人がJICA海外協力隊でチリに派遣されたこともあります。この知人に現地からオンラインで授業へゲストティーチャーとして参加してもらおうと考え相談すると、ボリビアの日系人社会で活動しているもう一人の協力隊員を紹介してくれました。そこでこの2人にゲスト参加してもらう6時間の計画を立てました。

ボリビアからのオンライン授業は、戦後のアメリカ軍統治下にあった沖縄からの移民とその子孫が多く暮らす「オキナワ移住地」(現地語でコロニア・オキナワ)がテーマでした。クイズ形式でその名前を生徒たちに当てさせたりしたあと、日系移民について解説していただき、子孫たちも3代目になると日本語が話せなくなるけど、それでも祖父母らの故郷・沖縄への想いは強いといった話をしてくれました。

一方でチリからのゲストティーチャーは、自分が活動をしている地域で盛んな輸出用のアボカド栽培を導入に使い、それが水資源の枯渇を招いている問題を引き合いに、日本とチリの環境問題がどうつながっているかを解説してくれました。生徒からは「チリのことが直接聞けてよかった」といった感想の他に、「チリのことだけだったけど、日本の環境のことに置き換えて考えることができた」「時代や国で立場が違い、ひとつの答えはないという答えにたどり着いた」といった感想もありました。

事前にゲストティーチャーたちと打ち合わせをし、教科書をベースにしながら、現地のオリジナルなテーマとそれをどう関連させて生徒に伝えるかが最も苦労した点でした。ただ私としては、教科書に書かれていることは事実だけど、現実には利害を調整するのが難しい問題があるんだということを生徒たちに知ってほしいという思いがありました。ゲストティーチャーたちもそこを工夫してくれ、その話を聞いた生徒から「SDGsを推進するために環境規制を強めると、仕事を失ったり、食べていけなくなる人たちもいる」という意見がいくつも出たことで、私の伝えたかったことを理解してくれたことはうれしかったです。

南アメリカというとどうしてもアマゾンの熱帯雨林の問題などが授業でも扱われますが、同様の事例を伝えられる素材は他の地域でもたくさんあることを、この授業実践を通じて教えられました。また、教材の中身を研究するだけでなく、教室内での〝方法論〟をもっと考える必要性を気づかされた実践でした。

2022年度 研修参加者の声 VOICE❷

兵庫県立兵庫工業高校
福井千華 先生

実施教科科目：家庭科　フードデザイン（専門科目）
対象生徒：フードデザイン選択者（2・3年）
単元：食品の選択（5時間）

開発教育を工業高校の生徒たちに届けたい

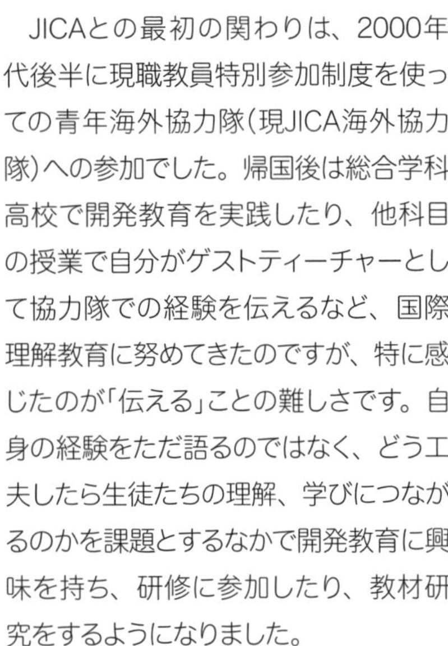

JICAとの最初の関わりは、2000年代後半に現職教員特別参加制度を使っての青年海外協力隊（現JICA海外協力隊）への参加でした。帰国後は総合学科高校で開発教育を実践したり、他科目の授業で自分がゲストティーチャーとして協力隊での経験を伝えるなど、国際理解教育に努めてきたのですが、特に感じたのが「伝える」ことの難しさです。自身の経験をただ語るのではなく、どう工夫したら生徒たちの理解、学びにつながるのかを課題とするなかで開発教育に興味を持ち、研修に参加したり、教材研究をするようになりました。

その後、工業高校への異動で開発教育を実践する機会が減ってしまったことが、この研修への応募のきっかけです。工業高校の生徒たちは卒業後に多くが就職するため、彼らにとって高校は教育を受ける最後の機会になるかもしれません。そんな生徒たちの視野を在校中に少しでも広げてあげられたら、という思いがありました。

工業高校で開発教育を実践するには、同じ科目を担当する他の先生方にも協力してもらわなくてはいけません。その場合、教員間で内容や進度をそろえる必要があるため、教員個人の経験に強く依存した授業内容では展開が難しくなります。海外経験のない先生や、開発教育の経験のない先生でも実践しやすい授業内容を、この研修を通じて考えたいと思いました。

工業高校では異文化理解等の選択科目がないため、自分が担当する家庭科の専門科目「フードデザイン」の単元である「食品の選択」で実践することにしました。1学期に「食を取り巻く現状」で食料問題や食料自給率などを教科書ベースで扱ったところ、生徒たちが深くまで理解できていないと感じたこともあり、それらをもう一度振り返りながら世界と食のつながりについて知り、正しく食品を選択できる力を身につけてもらうことを狙いとしました。

VOICE❷

フォトランゲージで生まれた活発な議論

研修での大きな収穫は、アメリカの写真家グレッグ・シーガルの“Daily Bread”(日々の糧)という写真集の存在を教えてもらったことです。これは世界の国々の子どもたちが1週間に食べたものと一緒に写され、作品からは文化や経済的背景の違いなどが様々な視点からくみ取れるよう工夫されています。この写真集を素材とし、生徒を数名ずつのグループにわけ、こちらの問いかけに生徒らが様々に推察するフォトランゲージという手法を用いました。

国によって食べているものは違いますが、例えばフライドポテトやハンバーガー、ピザ、パスタなどが共通して入っている点に目をつけた生徒や、日本は世界のなかでも食のバリエーションが豊富な点に気づいた生徒もいました。そうした視点から浮かび上がったのは、どこの国でも海外、国外でつくられたものを食べており、一方では富裕層が肉類中心でジャンクフードといった加工食品の多い、健康的とはいえない食生活なのに対し、貧しい人々の方がそうしたものを摂取できない分、自然の素材を活かした質の高い食生活を送っているという点でした。

また生徒たちに1週間の食事を記録させ、そのなかに畑でとれたものや緑色の素材はどれだけあるか、加工食品の種類やその原材料をチェックしてもらいました。授業のまとめには、私たちが適切な食品を選択するためには正しい食の知識を得る必要があること、また加工食品などともうまくつきあいながら、自分で料理をつくる力があれば選択肢が増えることなどを学び、その後に学習する調理操作や食事バランスガイド、献立作成へとつながる展開にしました。

グレッグ・シーガルの“DAILY BREAD”

詳しくはJICA広報誌(※)をチェック!

QRコード

内容がカリキュラムから逸脱しすぎないようリンクさせるのが難しかった点ですが、写真を見ながらグループで議論するのが新鮮だったのか、普段より活き活きと楽しそうな意見交換を通じて、食のグローバル化や、地球環境に配慮した食のあり方にも触れてもらうことができました。研修で知り合った先生方からも非常に多くの刺激を受けることができ、そのネットワークを今後も活用したいです。

※JICA Magazine 2021年12月号 https://jicamagazine.jica.go.jp/article/?id=202112_9s

学校や地域で「多文化共生の文化」をつくるには?
～対話を通じて考える～

「多文化共生の文化」共創プログラム

近年、日本で暮らす外国人は増加傾向にあり、外国につながる児童生徒も増加しています。本プログラムは、多文化共生の場や学びがより求められる状況を踏まえ、児童生徒を取り巻く学校や地域で、どのように多文化共生を推進し、実現していけるかについて、参加者同士が対話を通して考え、共創していく内容となっています。

開発教育の授業実践や外国につながる児童生徒と関わった経験のある教員が、実際に多文化共生の現場をフィールドワークで経験し、他の参加者の経験などを共有しながら、学びを深めます。また、参加者同士がそれぞれの所属校での取り組みや学校環境などを把握して、ネットワークを構築し、外部との連携方法などを探っていくことを目指します。

●研修の流れ

第1回	1日目	アイスブレイク ダイアログ(対話)テーマ「自分と多文化共生」 フィールドワーク	
	2日目	公開セミナー ワークショップ チームごとのダイアログ	全体共有

第2回		アイスブレイク チームごとのダイアログ 発表・フィードバック・質疑応答 プログラム総括 プログラム成果品(冊子)用原稿提出 「多文化共生の文化」を創るアイディアのまとめ

■問い合わせ先

JICA広報部　地球ひろば推進課

TEL：03-3269-9022(代)

2022年度【第1回目・1日目】レポート

住民の約4割が外国人 新宿・大久保でフィールドワーク

JICA市ヶ谷ビルの研修会場には、全国から小中高20名の教員や教育委員会担当者が集合。司会役の進行で全員が自己紹介したあと、グループごとに分かれて、「自分と多文化共生」「多文化共生の取り組み事例、外部連携の事例」を各自が発表し、活発な質疑応答が行われました。

この日のメインイベントは、東京都で最も外国籍人口の割合が大きい新宿区にある、韓国屋台グルメなどでおなじみの大久保エリアのフィールドワークです。まず、早稲田大学文学学術院准教授で『新大久保に生きる人びとの生活史』などの著書がある箕面在弘氏(文化人類学・フィールド教育論)によるフィールドワークで重要な視点についての講義をオンラインで視聴し、その後グループごとにルート決めなどの作戦会議を行いました。

JR大久保駅の改札を出ると、中国や韓国、ネパールなど様々なレストランや食材店が立ち並ぶ通りがあります。土曜日ということもあり、行き交う若者で大混雑。まず最初に目指したのは大通りから少し入ったところにある、横浜中華街のような門構えの色鮮やかな東京媽祖廟。台湾や中国で航海・漁業の守護神として信仰される道教の女神・媽祖を祀る廟です。

各グループで食事をしたあと、次に向かったのは新宿区立大久保図書館。大久保地区は外国人住民の比率が4割に上るため、23言語に及ぶ書籍・絵本を所蔵しています。

同図書館ではスタッフがやさしい日本語で話したり、外国人利用者向けにやさしい日本語の本を読むワークショップや外国語による「おはなし会」を開催するなど、多文化共生へのさまざまな工夫について館長さんからうかがいました。

さらに外国人住民のサポートや国際相互理解の促進を事業とする(公財)新宿未来創造財団を訪問し、日本人ボランティアを活用して、日本語が不自由な親子や外国人子弟へのさまざまな学習支援をしている状況などについて解説を受けました。最後にJICA市ヶ谷ビルに戻り、フィールドワークで学んだことなどを報告しあい、共有しました。

新宿区立大久保図書館のさまざまな取り組みを館長が解説

参加者の声

越智由佳 さん
愛媛県立新居浜南
高等学校教諭

私が今年度から勤務している高校は、ユネスコスクール加盟校で、ジェンダーの問題や、SDGsの推進に力をいれています。愛媛では、まだ、外国につながる生徒の数は少ないのですが、今後増えることを想定し、準備しておきたいと思い、昨年に続いて、本研修に参加しました。

これまで、JICAを通して、外国人留学生や、JICA海外協力隊OBを招いたり、愛媛出身のミャンマー人でデフサッカーのコーチをされている方をゲストスピーカーとしてお迎えして、経験談を話していただき、生徒たちの国際理解につなげてきました。

昨年のフィールドワークは、日系ブラジル人の方が多く暮らす横浜市鶴見地区でした。そこで働く先生が、「外国につながる子どもの支援だけではなく、家庭で宿題をみてもらえない日本の子どもにも同じように支援ができる環境づくりが必要です」と話されていたのがとても印象に残りました。

誰一人取り残されないような、みんながハッピーでいられる社会の実現のために、この研修で学んだことを生かして、これからも教育活動に励みたいと思います。

多彩なゲストで教室と世界をつなぐヒントがいっぱい!
～未来を担う力を育てるために～

開発教育オンラインセミナー

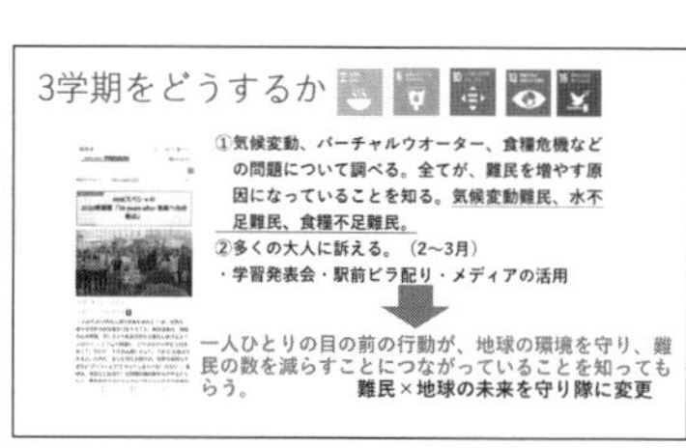

JICA開発教育オンラインセミナー

JICA地球ひろばでは、国際理解教育・開発教育や総合的な探究の時間の充実化を図りたい、あるいはこれから取り組みたいと考えている方を対象にオンラインセミナーを実施しています。毎回多彩なゲストをお迎えし、「持続可能な社会の創り手」の育成、社会に開かれた教育課程、主体的・対話的な深い学び、多文化共生などについて学びを深めます。

開催概要（2022年度）**テーマ「教室から世界をつなぐヒント」**

●世界を知る「探究の問いづくり」のヒント

山藤旅聞さん　新渡戸文化中学校・高等学校　副校長（学校デザイナー・生物教諭）

●「多文化共生の文化」を学校（教室）につくるヒント

海老原周子さん　国際協力推進員（外国人材・多文化共生）・JICA東京高崎分室

●児童・生徒が自ら世界とつながるヒント

尾木直樹さん　教育評論家／法政大学名誉教授ほか

●校外学習で世界とつなぐヒント

佐藤秀樹さん　JICA地球ひろば総括主任（所属：公益社団法人　青年海外協力協会）

津山直樹さん　東京外国語大学非常勤講師

●学校と企業をつないで世界を広げていくヒント

岩岡寛人さん　鎌倉市教育長

サブゲスト：川坂俊一さん　鎌倉市立西鎌倉小学校教諭

●好奇心から世界とつながるヒント

高橋歩さん　作家・自由人

■問い合わせ先

JICA広報部　地球ひろば推進課

TEL：03-3269-9022（代）

QRコード

JICAボランティア経験者が教室にやってくる!

国際協力出前講座

学校等に、主にJICA海外協力隊経験者を講師として紹介し、開発途上国の実情や日本との関係、開発途上国での自らの経験や国際協力についてお話しします。学校を中心に、毎年全国で、約15万人が受講しています。

開発途上国の現場での実体験に基づいた話を聞くことができ、国際協力や途上国の文化や暮らしはもちろんのこと、環境、道徳、スポーツ、キャリア・進路など、ご希望のテーマや内容、時間に応じて講座を組み立てることができます。総合的な学習の時間、各教科や特別活動での国際理解教育、教員やPTA、自治体などの研修でご活用ください。

国際協力出前講座の講師の話を熱心に聞く生徒たち

■問い合わせ先

全国のJICA各拠点

最新情報をチェック!

QRコード

Ⅲ. 国際協力に参加しよう!

海外でボランティアしてみよう!

JICA海外協力隊

JICA海外協力隊*は、開発途上国で現地の人々と共に生活し、同じ目線で途上国の課題解決に貢献する活動を行っています。これまで世界98カ国に5万5000人以上の隊員を幅広い分野に派遣してきました。

自分の持っている知識、技術、経験などを生かせるのがJICA海外協力隊の特徴です。派遣期間は原則2年間ですが、1カ月から参加できる短期派遣制度もあります。赴任先で隊員は、教育から医療、農業、格差や環境問題まで、派遣された職種に応じて現地のさまざまな課題に取り組んでいます。任期を終えて帰国した後も、現地で培った経験を生かして、日本をはじめさまざまな国や分野で活躍することが期待されています。JICA海外協力隊の経験は、「日本や世界をよくしたい」と願うあなたにとっての新たなスタートです。

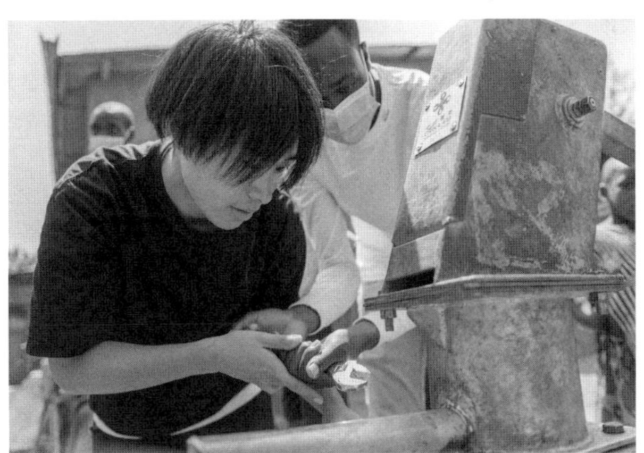

ルワンダで井戸の修繕指導を行う隊員　©JICA

*JICA海外協力隊には青年海外協力隊、シニア海外協力隊のほか、中南米を中心とした日系社会青年海外協力隊、日系社会シニア海外協力隊があります。

●JICA海外協力隊の3つの目的

◎開発途上国の経済・社会の発展、復興への寄与

◎異文化社会における相互理解の深化と共生

◎ボランティア経験の社会還元

●9つの活動分野

計画・行政	国・地域に関わる活動
農林水産	食べ物や自然に関わる活動
鉱工業	ものづくりに関わる活動
人的資源	教育やスポーツなど人を育てる活動
保健・医療	いのちに寄り添う活動
社会福祉	福祉に関わる活動
商業・観光	マーケティングや観光に関わる活動
公共・公益事業	生活サービスに関わる活動
エネルギー	エネルギーに関わる活動

■応募に関するお問い合わせ先

JICA海外協力隊募集事務局

TEL：045-410-8922（2025年3月まで）

最新情報をチェック!

インスタグラム、ツイッター、フェイスブックでも情報発信しています。「JICA海外協力隊」で検索!

QRコード

だれでも一人ひとりが国際協力に参加できる場、それが「世界の人びとのためのJICA基金」です!

市民・法人の皆様からお預かりした寄附金は、開発途上国・地域の人々の貧困削減や生活改善・向上のため、また日本国内の多文化共生社会の構築推進、外国人材受け入れ支援のために活動されているNGO団体等に活用されます。

詳しくは

■JICA寄附サイト

QRコード

■寄附金を活用した活動について

QRコード

JICA基金に関するお問い合わせ先

JICA国内事業部
「世界の人びとのためのJICA基金」

TEL：0800-100-5931
受付時間：平日10：00～12：30、13：30～17：00

途上国の人々に 必要とされる物を送ろう!

「世界の笑顔のために」プログラム

日本では当たり前のように身近にあり、使われないまま眠っている物を必要としている人々が世界にはいます。「世界の笑顔のために」プログラムでは、開発途上国で必要とされている、スポーツ、日本文化、教育、福祉などの関連物品を皆さまからご提供いただき、JICA海外協力隊や在外事務所を通じて、現地の人々へ届けます。

皆さまのお気持ちが、世界の人々の笑顔につながります。寄贈物品が世界各国に届くと、現地の人々から皆様にお礼状が届きます。お礼状を通じて、世界の笑顔があなたの身近に感じられます!

同プログラムで送られた野球用品を手にする現地の子どもたち(ベリーズ) ©JICA

プログラムの流れ

〜参加申し込みからお礼状が届くまで〜

1. 募集対象の物品を確認する
↓
2. 参加申込書を送る
↓
3. 寄贈品を指定倉庫に郵送する
↓
4. 寄贈品が現地に届く
↓
5. 現地から礼状が届く

■応募に関するお問い合わせ先

JICA青年海外協力隊事務局
「世界の笑顔のために」プログラム係
TEL：03-5226-9196
（受付時間：平日10：00〜12：30、13：30〜17：00）

QRコード

地球ひろば展示ゾーンでボランティアをしてみよう!

JICA地球ひろば　ボランティア地球案内人

活動場所：東京・名古屋

JICA地球ひろば／なごや地球ひろばには「地球案内人」と呼ばれるガイドがいます。「体験ゾーン」の展示を説明したり、国際協力に関する相談に乗ったり、各種イベントの運営を行っています。その地球案内人をお手伝いしてくれるボランティアの方々を「ボランティア地球案内人」と呼んでいます。みなさんも、地球案内人のお手伝いをしながら、国際協力やJICAのことを学んでみませんか。

体験ゾーンで来訪者に解説する地球案内人

●主な活動内容

◎地球ひろば体験ゾーン（展示施設）での一般訪問者の展示案内補助

◎団体訪問プログラムの受け入れ対応、展示案内補助

◎展示入れ替え時の補助

◎地球案内デスク業務補助（資料整理、発送補助、アンケート入力など）

◎セミナー・イベントでの受付などの運営補助

◎広報活動、展示物案内表示の作成等

■お問い合せ

【東京】

地球案内人デスク　0120-767278

最新情報をチェック!

QRコード

【名古屋】

なごや地球ひろば　TEL：052-533-0220

最新情報をチェック!

QRコード

国際協力の仕事をのぞいてみよう!

PARTNER

国際キャリア総合情報サイトの"PARTNER"には、国際協力で活躍する先輩方を取り上げたコンテンツがあります。国際協力に興味を持ったきっかけ、これまでのキャリア、仕事の内容、やりがいなど、国際協力の仕事を具体的にイメージするのに役立ちます。国際協力への関わり方やそこにたどり着くまでの道筋、国際協力に関わる人たちのリアルを知りたい方は、ぜひ一度のぞいてみてください。

また、PARTNERでは、JICAや政府機関、国際機関、国内外の社会課題に取り組むNPO／NGOや企業が開催するセミナーなどのイベント情報を掲載しています。国際協力や社会課題について学びたい人、すでに活動している人や団体とつながりたい人に役立つ情報です。PARTNERはみなさんの「世界への一歩」を応援しています。

最新情報をチェック!

QRコード

海外でプロジェクトに挑戦!

草の根技術協力事業／NGO等活動支援事業

草の根技術協力事業

日本のNGO、地方公共団体、大学、民間企業等がこれまでに培ってきた経験や技術を生かして企画した、途上国への協力活動をJICAが支援し、共同で実施する事業です。JICAが政府開発援助(ODA)の一環として行うものであり、開発途上国の地域住民の経済・社会の開発または復興に寄与することを目的としています。事業の実施にあたっては、JICAとNGO等(事業実施団体)との間で業務委託契約書を締結し、JICAがNGO等に事業を委託する形で実施します。

草の根技術協力事業

最新情報をチェック!

QRコード

NGO等活動支援事業

国際協力活動を実施しているNGO等の団体のみなさんが、より効果的で発展的な事業を実施・推進するため、JICAではさまざまな形で研修等のプログラムや活動サポートを行っています。

NGO等活動支援事業

最新情報をチェック!

QRコード

JICA×SDGs
国際協力で「サステナブルな世界」へ

2023年6月20日　第1版第1刷印刷
2023年6月30日　第1版第1刷発行

編者　国際協力機構（JICA）
発行者　野澤武史
発行所　株式会社山川出版社
〒101-0047
東京都千代田区内神田1-13-13
電話　03(3293)8131［営業］
電話　03(3293)1802［編集］
振替　00120-9-43993
https://www.yamakawa.co.jp/

印刷・製本　図書印刷株式会社
写真・資料提供　JICA他
インタビュー・執筆　水島吉隆、田口由大、高橋哲朗
装幀　Malpu Design（清水良洋）
本文デザイン　グラフ

造本には十分注意しておりますが、万一、乱丁・落丁本などがございましたら、小社営業部宛にお送りください。送料小社負担にてお取り替えいたします。
定価はカバーに表示してあります。

ISBN 978-4-634-15234-2